本书得到以下项目资助

内蒙古大学高层次人才科研启动项目（10000-21311201/183）

教育部人文社会科学研究项目（21YJC890053）

百米骊探

中国优秀男子100米短跑选手
核心竞技能力特征

魏婷 ———————— 著

ZHEJIANG UNIVERSITY PRESS
浙江大学出版社
·杭州·

图书在版编目(CIP)数据

百米骊探：中国优秀男子100米短跑选手核心竞技
能力特征/魏婷著. —杭州：浙江大学出版社，2023.12
ISBN 978-7-308-22799-5

Ⅰ.①百… Ⅱ.①魏… Ⅲ.①短跑—运动员—竞技状
态—研究—中国 Ⅳ.①G822.125

中国版本图书馆 CIP 数据核字(2022)第 114788 号

百米骊探：中国优秀男子100米短跑选手核心竞技能力特征

魏　婷　著

策划编辑	吴伟伟	
责任编辑	陈思佳(chensijia_ruc@163.com)	
责任校对	宁　檬	
封面设计	雷建军	
出版发行	浙江大学出版社	
	(杭州市天目山路148号　邮政编码310007)	
	(网址：http://www.zjupress.com)	
排　　版	杭州星云光电图文制作有限公司	
印　　刷	广东虎彩云印刷有限公司绍兴分公司	
开　　本	710mm×1000mm　1/16	
印　　张	17.25	
字　　数	280 千	
版 印 次	2023 年 12 月第 1 版　2023 年 12 月第 1 次印刷	
书　　号	ISBN 978-7-308-22799-5	
定　　价	78.00 元	

前　言

根据"办赛精彩,参赛也要出彩"的重要指示,竞技体育的重要使命是使强项更强,恶补短板,全面提升竞技能力。运动训练是提高竞技能力的重要途径,所有竞技项目的选手都需要刻苦的系统训练才能攀登竞技高峰。中国男子短跑项目取得历史性突破,整体实力有所提升,抓住主要矛盾有利于客观把握其专项训练规律。

一、研究目的

本书以运动训练学等基础理论为依据,探讨中国优秀男子 100 m 短跑核心竞技能力特征,即核心竞技能力的表现特征和训练特征,明确中国男子 100 m 短跑选手的核心竞技能力的内涵、主导构成要素特征及其内在关联,旨在丰富中国 100 m 短跑项目专项训练的理论基础,为专项训练提供理论与实践支撑。

二、研究方法

本书以中国优秀男子 100 m 短跑选手的核心竞技能力为研究对象:采用文献资料法对 100 m 短跑选手的核心竞技能力进行梳理和系统综述;运用专家访谈法获取中国优秀男子 100 m 短跑选手核心竞技能力的第一手资料和论据;采用问卷调查法对其核心竞技能力相关指标进行筛选和确定;运用测试法测量国家短跑队队员的体能、技能和心理能力等相关指标;采用录像拍摄解析法对中国优秀男子 100 m 短跑选手的关键技术指标进行解析;运用灰色关联分析法对中国优秀男子短跑选手核心竞技能力相关测试指标进行关联分析;采用克鲁斯卡尔－沃利斯非参数检验对中国优秀男子 100 m 短跑选手核心竞技能力相关测试指标进行解析;采用分层聚类法分析中国优秀男子短跑选手核心竞技能力相关指标,确定距离矩阵,生成层次树状谱系图。

三、研究发现

第一,中国优秀男子100 m短跑选手的核心竞技能力测试指标体系由体能(身体形态、生理机能、身体素质)、技能和心理能力构成。

第二,中国优秀男子100 m短跑选手的平均身高为179 ± 4.96 cm,平均体重为72.33 ± 5.00 kg,平均体脂百分比为15.79% ± 2.42%,平均克托莱指数为404.39 ± 19.81 g/cm,平均下肢长为105.58 ± 2.54 cm,髂宽/肩宽×100、踝围/跟腱长×100普遍较小;肺活量为4482 ± 25.14 mL,心率为70.31 ± 3.58 次/min。中国优秀男子100 m短跑选手专项速度及速度耐力素质各指标与运动成绩的灰色关联度由高到低依次是(括号内为灰色关联度):蹲踞式60 m听枪起跑(0.788)、蹲踞式30 m听枪起跑(0.708)、站立式150 m跑(0.706)、站立式60 m跑(0.668)、行进间60 m跑(0.658)、站立式30 m跑(0.649)、站立式300 m跑(0.563)、行进间30 m跑(0.529)。中国优秀男子100 m短跑选手专项力量及力量耐力素质各指标与运动成绩的灰色关联度(括号内为灰色关联度)为:立定三级跳远(0.802)最高,半蹲(0.588)最低。中国优秀男子100 m短跑选手柔韧素质各指标与运动成绩的灰色关联度(括号内为灰色关联度)为:坐位体前屈(0.874)最高,纵叉(0.652)最低。中国优秀男子100 m短跑选手灵敏素质各指标与运动成绩的灰色关联度(括号内为灰色关联度)为:20 m后退跑(0.956)最高,20 s立卧撑(0.564)最低。

第三,起跑加速阶段蹬伸步数与中国男子短跑选手成绩呈中度负相关,途中跑阶段步长指数与运动成绩呈高度负相关。在2017年全运会(中华人民共和国第十三届运动会)、2018年全国田径大奖赛(肇庆站)和2019年田径世锦赛(世界田径锦标赛)选拔赛男子100 m短跑决赛中,运动员在起跑阶段的平均步长($H = 1.099, p > 0.05$)及步长指数($H = 3.608, p > 0.05$)、起跑后的加速阶段的平均步长($H = 0.806, p > 0.05$)及步长指数($H = 1.572, p > 0.05$),以及冲刺跑阶段的平均步长($H = 1.233, p > 0.05$)及步长指数($H = 0.957, p > 0.05$)均未见显著性差异。在途中跑阶段,平均步长无显著性差异,而步长指数有显著性差异。与此同时,全程步长无显著性差异,而全程步长指数有显著性差异($H = 10.296, p = 0.006$)。起跑阶段(0—30 m段)

的平均步频有显著性差异($H=6.695,p=0.035$)。2018年全国田径大奖赛(肇庆站)和2019年田径世锦赛选拔赛的起跑阶段平均步频未见显著性差异,但平均步频均显著低于2017年全运会决赛选手的平均步频。起跑后的加速跑阶段(30—60 m段)的平均步频($H=1.21,p>0.05$)、途中跑阶段(60—90 m段)的平均步频($H=4.865,p>0.05$)以及终点跑阶段(90—100 m段)的平均步频($H=2.727,p>0.05$)均未见显著性差异,全程平均步频未见显著性差异($H=0.971,p>0.05$)。2019年田径世锦赛选拔赛和2018年全国田径大奖赛(肇庆站)决赛选手的分段速度均显著低于2017年全运会决赛选手的分段速度($p<0.005$),10—20 m段的平均速度有显著性差异,20—30 m段的平均速度有显著性差异,整体起跑能力有显著提升,在90—100 m段的平均速度有显著性差异。2018年全国田径大奖赛(肇庆站)选手90—100 m段的平均速度显著高于2017年全运会决赛选手的平均速度($p=0.013$)。

第四,中国优秀男子100 m短跑选手的心理能力各指标与运动成绩的灰色关联度由高到低依次是(括号内为灰色关联度):个体失败焦虑(0.866)、主动性(0.855)、坚韧性(0.846)、社会期待焦虑(0.837)、躯体焦虑(0.799)、自信心(0.794)、自制性(0.788)、自觉性(0.777)、果断性(0.761)。

第五,苏炳添组在2018—2019年度冬训期间,训练课共计178次,其中,体能训练课91次,技能训练课74次,心理训练课13次。谢震业组在2018—2019年度冬训期间,训练课共计165次。其中,体能训练课85次,技能训练课66次,心理训练课14次。

四、研究结论

第一,中国优秀男子100 m短跑选手核心竞技能力构成要素包括体能、技能和心理能力,三者呈相互影响、相互融合、相互作用、相互制约的紧密关系。

第二,中国优秀男子100 m短跑选手体能表现特征:在身体形态特征方面,身材中等,皮下脂肪少,体脂百分比低,下肢长,大腿较小腿短,髋关节围度窄,脚踝纤细且扁平,髂宽/肩宽×100、踝围/跟腱长×100小;在生理机能特征方面,磷酸肌酸激酶活性在训练第 5 周达到高峰值,在第 1 周达到低谷值,在第 1 周和第 5 周磷酸肌酸激酶活性具备统计学差异,血清睾酮活性在第 3—7 周逐渐有显著提升;在身体素质特征方面,绝对速度 > 反应速度 > 加速速度,反应力量 > 快速力量 > 最大力量 > 力量耐力,坐位体前屈的柔韧素质测试综合评价最高,20 m 后退跑的灵敏度 > 跨栏架(8 个)的灵敏度 > 30 s 象限跳的灵敏度 >20 s 立卧撑的灵敏度。

第三,中国优秀男子 100 m 短跑选手技能表现特征:整体趋向于步长、步频均衡型;全程步长指数小,步频指数大;起跑阶段、起跑后的加速跑阶段和途中跑阶段平均步长小,步频快,冲刺跑阶段步频急剧下降,步长继续增大,并达到最大值,中国优秀短跑选手要增强步长能力的训练;在分段速度方面,30 ~ 80 m 段、90 ~ 100 m 段的分段速度有显著性差异,前 30 m 的分段速度无显著差异,整体平均速度曲线呈波浪形双高峰趋势,90 ~ 100 m 段速度下降率高;在全程平均触地时间和腾空时间方面,平均触地时间为 107.50 ±5.12 ms,平均腾空时间为 109.30 ±5.77 ms,支撑时间占比与腾空时间占比分别为 49.22% ±1.15%、50.78% ±1.15%。

第四,中国优秀男子 100 m 短跑选手核心竞技能力的训练特征:在体能训练特征方面,体能训练占总训练课次的 50.93%;在技能训练特征方面,苏炳添组比谢震业组技术训练的比例高 1.38%,两者差距不显著,均较为重视技术训练与技术短板的补足,技术训练方法重点采用超速训练(11.7 m/s)、小栏架固定间距跑、助力训练与阻力训练;在心理能力训练特征方面,苏炳添组 2018—2019 年度冬训期间心理技术训练所占比例为 7.52%,谢震业组 2018—2019 年度冬训期间心理训练所占的比例为 8.31%,采用的心理训练方法包括意志品质训练、注意力集中训练、模拟训练、恢复训练、呼吸节奏训练和肌肉放松训练。

目　录

1 引 言

1.1 选题背景

1.1.1 强化强项,恶补短板,全面提升竞技能力的备战要求

"办赛精彩,参赛也要出彩"的重要指示要求运动员强项更强,恶补短板,全面提升竞技能力。运动训练是提高竞技能力的重要途径,所有竞技项目的选手都需要不断地刻苦系统训练才能攀登竞技高峰,这也是竞技体育精神的魅力所在。运动训练的重要使命是科学、系统地挖掘运动员潜力,促进选手成材,提高竞技水平,优化竞技状态,使运动员适应比赛需求,保持稳定的竞技状态,延长运动寿命,最终取得理想的运动成绩。

国家田径队始终以国家体育总局提出的"使强项更强,恶补短板,全面提升竞技能力"为备战指导思想,紧紧围绕准、细、精、实的备战要求,以科技助力为抓手,引进优秀外教,组建复合型团队,借助 Kistler、Optojump、1080 sprint、Keiser、Gymawave 等先进科研仪器设备,积极构建"冠军模型",对短跑、跳跃、投掷等 11 个重点项目的重点选手在技术和体能方面存在的问题进行全面诊断与分析,进行针对性训练,取得了明显成效。

2019 年,国家体育总局明确把 4×100 m 接力、男女 100 m 跑列为 2019 年田径世锦赛、2020 年奥运会(奥林匹克运动会)重点项目,主要目标是高点定位,实现新突破(达 A 标、B 标人次增多)。随着中国田径运动的迅速发展,特别是以苏炳添、谢震业等为核心的中国男子短跑队取得了骄人成绩,最令国人振奋,创造了中国短跑最好时代:谢震业在 2017 年全运会男子 100 m、200 m 成为双料冠军,2018 年在于法国蒙特勒伊进行的田径精英赛上以 9.97 s 刷新个人最好成绩;苏炳添以 9.91 s 荣耀亚洲,成为中国短跑最

坚实的中流砥柱,是中国 100 m 短跑史上跑得最快的选手,以及刘翔退役之后又一个现象级的中国田径选手。2018—2019 年,苏炳添、谢震业、吴智强、许周政、梁劲生等接连刷新个人赛季最好成绩,为男子 100 m 短跑的薪火传承实现了活力激发。

1.1.2 中国男子短跑项目取得历史性突破,整体实力有所提升

就男子 100 m 项目而言,张培萌在 2013 年田径世锦赛上 10.00 s 的优异成绩追平黄种人纪录。在 2017 年之后,全国 TOP 12 选手中有 10 名选手大幅提高了个人最好成绩,其中,苏炳添以 9.91 s 的成绩追平了亚洲男子 100 m 纪录,随后谢震业以 9.97 s 的成绩夺冠于钻石联赛(世界田联钻石联赛,原国际田联钻石联赛)。在男子 200 m 项目上,谢震业在 2019 年钻石联赛的 200 m 比赛中以 19.88 s 的成绩获得冠军,创造新的亚洲纪录,成为第一个跑进 20.00 s 的黄种人。许周政以 10.12 s 的运动成绩突破个人最佳成绩;吴智强以 10.17 s 的优异成绩也达到国际级运动健将标准,并创造个人最佳成绩;梁劲生以 10.18 s 的优异成绩突破个人最佳成绩;江亨南以 10.29 s 的成绩获得全国田径冠军赛暨大奖赛总决赛冠军,并突破个人最佳成绩。目前,中国男子 100 m 跑进 10.20 s 的选手逐渐增多,达到国际级运动健将标准的选手也与日俱增,整体实力有了显著提升。

李庆、袁国强、田玉梅、周伟、兰迪(外籍)等教练接受了专访,多数教练认为:目前中国男子短跑的整体实力得到大幅提升,突破了"人种论"与"身体条件不合适"的思想桎梏,100 m 最佳运动成绩和平均运动成绩曲线均呈现良好下降趋势。中国短跑队需要负重前行,抓住机遇,继续追赶世界水平,未来仍具备极大可能进入世界第一梯队。中国优秀男子 100 m 短跑选手会伴随全球化和国际化贯通训练模式的迅速发展成长起来。国家体育总局先后制订了"1516 计划"和"东京奥运登峰计划"等,为新时代可塑之星赋予了优质的训练、比赛和医疗康复等资源,并进行全程系统性统筹管理,依托国家支撑、政策导向、科学后备选材等,男子 100 m 项目未来有可能不断实现突破。

余维立在国家体育总局训练三部(短跨、跳跃项目)备战东京奥运会工

作总结中认为,竞技能力特征研究命题的提出是出于国际国内同类研究成果的需要和中国竞技运动发展的需要,对苏炳添、谢震业、吴智强等优秀短跑选手核心竞技能力特征的揭示有利于我们深刻认识短跑运动的规律,有利于抓住提高专项成绩的主要矛盾,有助于最大限度地挖掘选手的身心潜力。随着中国优秀男子短跑选手 100 m 项目跑进 10 s 次数的逐渐增多,对中国优秀男子 100 m 短跑选手的核心竞技能力进行整体系统性分析,可以深化对 100 m 短跑专项本质特征的理解。随着历史磨砺与短跑专项前沿理论和实践的快速更迭,竞技能力内化为运动训练的核心,更易维系 100 m 短跑项目持久稳定的聚合力。探寻中国优秀男子 100 m 短跑选手核心竞技能力特征已成为现今中国田径项目,特别是一些潜在优势项目和落后项目的紧要任务。

1.1.3 抓住主要矛盾有利于客观把握男子 100 m 短跑项目的专项训练规律

从辩证法角度来看,主次矛盾的辩证关系原理提示我们要集中力量寻找主要矛盾,也就是"核心问题""关键着力点""首要地位"的主要矛盾,紧紧把握住主次矛盾的辩证关系,分清主次,统筹兼顾,方可处理好复杂矛盾的重点环节。主次矛盾的辩证关系原理强调,占据主导地位和支配地位的矛盾的主要方面决定着事物的本质属性,故我们在面对复杂事物时,必须掌控住矛盾的主要方面,这样才能够抓住事物的本质规律。同时,也要重视矛盾的次要方面。矛盾的主要方面和次要方面在某种前提下能够相互转化,相互影响。在运动训练学体系中,竞技能力的重要地位毋庸置疑,而男子 100 m 短跑项目又有其专项特殊性,紧抓主要矛盾对客观掌握男子 100 m 短跑项目的训练规律非常重要。

核心能力理论是现代管理学科的重要结晶。"核心"的英文是 core,是指在事物发展过程中,起主导作用、决定作用、关键作用和最重要的那一部分内容。换言之,事物若无核心,就会转瞬即逝,失去存在的意义和价值。核心能力是指在整个能力系统中发挥主导作用和最重要作用的能力,具有关键性、稀缺性、独特性和不可替代性。这种能力并不是单一的能力,而是深度拓展基础能力后形成的综合能力。因此，中国优秀男子 100 m 短跑选手核心竞技能力特征研究要以核心能力理论与主次矛盾的辩证关系原理为理论依据，结合运动训练学理论的原理，探索中国优秀男子 100 m 短跑项目的本质规律，明确其核心竞技能力及其决定要素、主导要素的相互关系，解析中国优秀男子 100 m 短跑选手核心竞技能力的表现特征，并对其核心竞技能力的训练特征，即训练内容、负荷量度、训练方法与手段等方面进行翔实分析。

1.2 选题依据

1.2.1 紧抓事物的主要矛盾是把握系统发展变化规律的基础

马克思认为，任何事物均普遍联系、相互影响、相互制约，要坚持重点论和两点论的辩证统一。所以在训练过程中，要牢牢掌握发挥决定性影响的主导竞技能力，特别是核心竞技能力。

中国知名学者田麦久指出，研究任何过程，若存在着两个以上矛盾的复杂过程的话，就要用全力找出它的主要矛盾。抓住事物的主要矛盾有利于客观准确把握运动训练规律。[1]邓运龙提到，核心就是事物结构中的重点、中心和主要矛盾，核心竞技能力的提出，满足重点论与两点论的辩证统一要求。[2]唯物辩证法的重点论，即在认识复杂事物时，要紧紧把握住事物发展的主要方面和主要矛盾(发挥主导作用、最关键作用的要素)。核心竞技能力是竞技能力结构中的主要构成要素、主要矛盾，在处理事物主要矛盾的同时，其他矛盾也会随之解决。

男子 100 m 短跑项目是由众多要素共同构成的复杂网络系统，系统内的每个构件瞬息万变，均在不停地发展更迭，系统内外环境的变化都有可能影响整个竞技能力系统结构的功能。男子 100 m 短跑系统如何能够更加健康、科学、全面地进行运转，重点由竞技能力结构中的核心子系统和核心竞技能力每项要素的相互关系决定。因此，研究男子 100 m 短跑项目竞技能力系统，就必须牢牢把握住竞技能力系统中核心子系统，分析核心子系统的地位及其与其他子系统的关联，探索影响中国男子 100 m 短跑项目发展的核心要素。

1.2.2　中国男子短跑项目高点定位的实践需求

近年来,中国优秀男子短跑选手进步迅速,表现出雄厚的个人与团队实力,苏炳添、谢震业等选手在奥运会、世锦赛选拔赛以及各类洲际大赛中争金夺银,整体展现出超强实力,但对优秀男子短跑选手的理论研究明显滞后于实践发展的需求,且优秀男子短跑选手作为"请进来,走出去"发展战略的成功案例,其成功的核心竞技能力和训练经验值得借鉴与推广。对中国优秀男子短跑选手训练实践过程进行观察、记录和整理,能够为本书研究的顺利开展提供丰富素材,也能够为各等级短跑运动员提供理论指导。

男子 100 m 短跑是中国田径领域备受瞩目的运动项目,自 1932 年"中国奥运第一人"刘长春远赴美国参加奥运会以来,经过袁国强、郑晨、李涛、陈文忠、周伟、苏炳添、张培萌和谢震业等几代短跑健儿筚路蓝缕的不懈追求,"跑进 10 s"由曾经不可触碰之梦变成了现实可能,短跑界不断进行自我反思、辩证与超越,最终收获了中国短跑时代耀眼瞬间。从中国优秀男子短跑选手的纵向发展史能够看出,整个发展历程跌宕起伏,但也在博采众长的曲折过程中积极求进。中国短跑纵向发展史足以证明成功与失败的训练实践贯穿整个优秀男子短跑选手的训练系统。近几年中国优秀男子短跑选手的历史最佳战绩足以证明其奥运会、世锦赛和全运会等重大赛事的备战实力,而从整体上对优秀男子短跑选手核心竞技能力及其构成要素训练特征予以科学研究的成果寥寥无几,对中国顶尖选手训练成功经验和规律的总结与归纳十分匮乏。

1.2.3　100 m 短跑专项训练理论体系亟须完善的现实诉求

2017 年是 2020 年东京奥运会备战周期的开局之年,也是国家田径队深入贯彻落实"使强项更强,恶补短板,全面提升竞技能力"备战思想的起始之年,准确认识运动项目的本质规律是项目发展的关键。在备战 2020 年东京奥运会的动员会上,国家体育总局领导干部明确提出"要秉持辩证、发展的动态思维,深刻理解竞技项目的客观规律"。所有优势项目能够持续保持高峰状态的根本原因，就是不断地探索专项客观规律，革故鼎新，去粗取精。由中国优秀男子短跑选手波浪式发展的曲折趋势可知，其失败的根源在于对该项目竞技能力的主导特征尚未实现成熟的精准把握。中国田径男子短跑队由苏炳添、谢震业、许周政、梁劲生、吴智强和江亨南等组成，是国内乃至世界优秀的训练队伍，其训练实践特征及核心竞技能力特征具有高度的代表性，对于国内各省份以及地方的短跑训练队建设具有极高的参考与借鉴价值。

1.2.4　100 m 短跑项目未来发展的迫切需求

竞技能力的提高能够有效提升运动员的参赛水平，优化其竞技表现。在运动员整体竞技能力结构中发挥主导地位和作用的子竞技能力被称为核心竞技能力。就男子 100 m 短跑项目而言，研究中国优秀男子 100 m 短跑选手的主导竞技能力结构特征及其相互关系，能够使我们清楚地认识和把握男子 100 m 短跑项目的本质规律。深层次地理解中国优秀男子 100 m 短跑选手竞技能力系统结构及其决定要素、重点要素和基础要素具有较强的理论与实践价值，有助于科学制订训练计划，从而有针对性地进行重点训练和专项训练，对于中国男子 100 m 短跑项目的未来发展具有较强的现实指导意义。

基于此，本书试图立足于系统的观点，深层挖掘和分析中国优秀男子 100 m 短跑选手竞技能力系统结构中的核心竞技能力及其相互关系，重点突显该系统中的核心内容，认识和理解中国优秀男子 100 m 短跑选手核心竞技能力的每个构成要素及其相互之间的联系，准确把握男子 100 m 短跑项目的本质规律，以为中国男子 100 m 短跑项目的系统化训练提供理论借鉴。本书将对中国优秀男子 100 m 短跑选手的核心竞技能力特征进行深度阐释，对影响竞技能力的每项子能力进行分层梳理，找出男子 100 m 短跑项目的核心竞技能力，并阐明核心竞技能力的主导地位及其与每项子能力的相互联系，明晰男子 100 m 短跑项目的专项本质规律，提升男子 100 m 短跑选手训练的靶向性和可操控性，继而逐渐提高训练质量。

1.3 选题的目的与意义

1.3.1 选题目的

第一,本书以运动训练学等基础理论为依据,探讨中国优秀男子100 m短跑选手的核心竞技能力特征,即核心竞技能力的表现特征和核心竞技能力构成要素的训练特征,明确中国男子100 m短跑选手的核心竞技能力的内涵、主导构成要素特征及其相互间的关联,旨在丰富中国100 m短跑项目的专项理论基础,为专项训练提供理论与实践支撑。

第二,本书从100 m短跑的专项训练实践视角出发,探讨每个核心竞技能力构成要素所占权重,以确定中国优秀男子100 m短跑选手的核心竞技能力,并对其各要素特征进行系统论证和阐释,为中国优秀男子100 m短跑选手核心竞技能力训练实践提供必要的实践应用基础。

第三,本书从实践应用视角出发,试图深层次探索100 m短跑项目的核心竞技能力特征,旨在实现训练的系统化、高效化和精细化,为中国优秀男子100 m短跑选手核心竞技能力特征训练实践提供理论和应用支撑。

1.3.2 选题意义

对中国优秀男子100 m短跑选手核心竞技能力特征进行系统剖析,首先,有助于理性审视国内短跑竞争环境,为中国100 m短跑项目专项训练提供理论借鉴与参考;其次,综合多种研究方法,拓宽了中国男子100 m短跑选手核心竞技能力研究方法范畴;最后,有助于辩证客观地理解中国男子100 m短跑项目的核心竞技能力特征与发展规律,以期为中国100 m短跑项目的可持续发展提供借鉴和指导。

本书的研究样本独特,着重对中国一线男子100 m短跑选手的体能(身体形态、生理机能、身体素质)、技能、心理能力的表现特征和训练特征进行系统化解析,并进行较为翔实的理论与实践研究。本书以中国优秀男子100 m短跑选手训练、比赛表现特征为着眼点,对其核心竞技能力的训练特征进行纵深探究,以期为中国不同水平、不同等级的男子100 m短跑选手提供参考依据和现实借鉴。

1.3.3　选题的理论价值与应用价值

本书拓宽研究视域,立足于中国优秀男子100 m短跑选手训练和竞赛时所呈现出的体能、技能、心理能力表现特征及其竞技能力的发挥水平,基于理论与实践耦合视角,对中国优秀男子100 m短跑选手核心竞技能力特征进行解析,并对其整体的核心竞技能力表现特征和训练特征进行概括与阐述,旨在丰富100 m短跑项目的专项理论体系,为中国男子100 m短跑项目的专项发展提供崭新视角。

本书的研究样本为中国短跑集训队核心成员,多数为国际运动健将,优于(10.50 s)国家健将级标准。构建中国优秀男子100 m短跑选手核心竞技能力特征的理论与框架体系,能够为中国各地区、各单项奥林匹克基地、基层体育运动学校的各等级100 m短跑选手的训练实践提供决策依据和现实借鉴。本书通过定量与定性解析,甄别中国优秀男子100 m短跑选手的优势、劣势,提炼并遴选相关指标,旨在为运动训练实践提供现实参考依据。

2 文献综述

2.1 相关概念的理解与界定

事物的概念是对客观事物的抽象概括,它以人所获得的概念为出发点,并赋予这个事物一个名称。明晰概念界定的功能是用某种符号或名称命名某个事物,使之区别于其他事物。

2.1.1 100 m 短跑的内涵诠释

参照世界田联(World Athletics Federation)的官方定义,短跑按照其外延,涵盖60 m、60 m 跨栏(男子、女子)、100 m、100 m 跨栏(女子)、110 m 跨栏(男子)、200 m、400 m、400 m 跨栏(男子、女子)、4×100 m 接力(男子、女子)、4×400 m 接力(男子、女子)项目。100 m 短跑项目是一项运动强度大、对心血管系统功能要求高、机体无氧代谢水平高、在最短时间内跑完100 m 的运动项目,其间,主要由 ATP、CP 供能。人体肌肉中 CP 的含量及合成速率是100 m 短跑选手进行训练与竞赛的物质基础。100 m 短跑是田径运动项目中距离短、速度快、人体运动器官在无氧状态下完成的极限强度的周期性竞赛项目,是典型的无氧代谢运动。[3-4]

100m 短跑是田径赛中距离最短的比赛,也被誉为"挑战人类速度极限"的比赛。截至2020 年,男子100 m 短跑的世界纪录为博尔特在2009 年柏林田径锦标赛上创造的9.58 s。100 m 短跑的运动特性是:人们同时以最快的速度在确定的跑道上跑完100 m,并以最先跑完者为优胜;在人体机能供能方面,表现为主要以无氧代谢方式供能。[5-6]

综上所述,在100 m 短跑项目中,人体运动器官及内脏器官在大量缺氧的前提下完成最大负荷强度的工作。100 m 短跑是田径运动的基础项目,并且对于其他运动项目的发展发挥重要作用。

2.1.2　竞技能力

国内外学者在 20 世纪末期对竞技能力进行了各个层面的研究,取得了比较丰富的成果。运动训练学专家田麦久于 1984 年首次提出竞技能力的概念,在 2000 年《运动训练学》中将这一概念界定为选手参加竞赛的本领(或能力),具体蕴含体能(身体形态、生理机能和身体素质)、运动技术能力(掌握动作的本领)、竞技战术能力(事先采取的战略手段和策略等)、心智能力,竞技能力是这四种子能力的综合外在表现。[7]

有研究提到,竞技能力是根据选手的训练水平而逐步实现参赛目标的能力,重点涵盖心理能力、体能、运动技能、运动智能四个维度。[8] 也有研究将竞技能力界定为选手体能、技能、心理能力三类能力的整体发展水平,明确指出竞技能力的本质实际上是选手的运动训练能力,涵盖体能(身体形态、生理机能和身体素质)、运动技术能力(掌握动作的本领)、竞技战术能力(事先采取的战略手段和策略等)、心智能力。[9] 这种定义整合了专家学者们对竞技能力的表述,进一步明晰了竞技能力的内涵和外延,也是目前能够被运动训练学领域的专家学者一致赞同的概念界定。

在竞技能力研究方面,中国学者也做出了不少贡献。过家兴提出,竞技能力涵盖身体形态、生理机能、身体素质、运动技术、竞技战术、竞赛品质和智力水平。[10] 1986 年,田麦久和过家兴撰写的《运动训练学》指出,竞技能力由"体能、技能、智能和心理能力"所组成。[11] 1988 年,《运动训练科学化探索》提出,竞技能力是指"运动员参训和参赛所获得的能力",可进一步拓展划分为体能、技能、智能与心理能力。[12] 周西宽在《体育学》中指出,竞技能力是身体形态、生理机能、身体素质、技能、战术、心理能力和智能的综合。[13] 1999 年,徐本力撰写的《运动训练学》一书提出,竞技能力是指运动员为赢得理想运动成绩所必须具备的能力,是体能、技能、战术、智能、心理能力的综合能力。[14]

从以上文献资料能够得知,虽然对竞技能力的概念和结构系统的具体划分仍然没有统一的看法,但伴随着科技与经济的双重发展,跨学科、跨领域的融汇极大地推动了学者们对竞技能力的系统结构之间的联系、竞技能力的内涵及外延等方面的研究,并且使我们对竞技能力结构中核心竞技能力及其各子能力的主导成分有了更为明晰的认识。明确竞技能力结构中核心竞技能力及其相互之间的联系,有助于我们抓住主要矛盾,深入探索男子100 m 短跑项目的本质内涵与发展规律。

2.1.3 核心竞技能力

核心竞技能力指的是在选手整体竞技能力当中,发挥核心决定性作用的子能力或者子系统,能够在整体竞技能力当中充分发挥主导优势作用。多数研究提到,所谓"核心"即事物系统的中心和主要部分。核心竞技能力是指在运动员整体竞技能力结构中发挥主导作用和决定性作用的子能力,核心竞技能力的改变会导致运动员整体竞技能力系统结果的改变,是竞技能力结构的主导要素。[15-21]因此,结合相关资料,本书将核心竞技能力特征界定为运动员竞技能力中,发挥最关键的、决定性作用的几种子能力的叠加与综合所表现出的特征。考虑到运动训练理论源自运动训练实践,本书通过德尔菲法筛选与确定运动员竞技能力构成要素对专项竞技的重要程度或贡献率,得出男子 100 m 短跑选手的核心竞技能力特征,以更好地认识专项的竞技特点和竞技规律。

2.2 竞技能力基础理论的相关研究

本书通过查阅国家图书馆、北京体育大学图书馆、中国知网(CNKI)、全文期刊网、万方数据、维普期刊资源、Springer、ProQuest 等,对文献进行检索、筛选与甄别。本书应用 CNKI 数据库,检索时间范围为 1970—2019 年,以"竞技能力""运动员竞技能力""竞技能力特征""竞技能力构成要素"等为关键词进行高级检索(学科类型为体育类),以"performance ability""athletic ability""competitive characteristics""elements of performance ability"为关键词,应用 EBSCO、Metacrawler、Alta Vista、Web of Science、GSSI、外文网址及数据库检索出 147 篇与本书相关的外文文献。

本书整合相关课题、图书、学术报告以及学术期刊,立足于现有的研究成果来审视竞技能力特征及其结构的发展图景,借此探索选手竞技能力的整体发展情况及赓续路径,发现有关竞技能力等相关层面的理论与实践研究锐增(见表2.1)。

表 2.1　竞技能力研究文献统计

单位:篇

检索方式	关键词	核心期刊	博士学位论文	硕士学位论文	会议文章	合计
"竞技能力"为篇名	无	524	40	542	336	1442
"选手竞技能力"为主题	无	248	6	482	134	870
无	"竞技能力"或"运动员竞技能力"	337	9	194	150	690
"竞技能力"为篇名	"竞技能力"或"运动员竞技能力"	325	9	190	150	674
"运动员竞技能力"为主题	"竞技能力"	188	15	158	88	449
"运动员竞技能力特征"为篇名	无	305	10	166	134	615
"竞技能力构成要素"为篇名	无	62	0	93	11	166
"核心竞技能力特征"为主题	"核心竞技能力特征"	3	3	0	1	7

2.2.1　竞技能力的构成要素研究

竞技能力构成要素的网络化演进过程从肇始建立的三分法[22]、四分法[23],渐趋拓展延伸到五分法[24]和六分法[25](见表2.2)。从运动训练学的哲学视角出发,分析竞技能力构成要素的发展演变过程,可以揭示竞技能力训练实践的共性训练规律:遵循由现象到本质、由共性到个性、由抽象到具体及由局部到整体的逻辑层次结构。多数研究均通过五分法对选手进行了体能分析、运动学分析、战术运用分析、心理学分析以及运动智能等层面的分析。[26]仇乃民从项目运动本质出发,以科学研究、统计等方法为工具,构建了科学、实用的竞技能力结构模型,重点对优秀选手竞技能力要素构成模型中指标体系的确定及其要素构成模型指标的统计学筛选结果进行了定量研究,探索了优秀选手整体竞技能力结构的训练实践变化过程。[27]

表2.2 竞技能力构成要素的主要观点

观点	要素
四要素	体能、技能、心理能力、智能
七要素	身体形态、机能、素质、技术、战术能力、心理能力、智能
六要素	体能、技能、战术能力、智能、心理能力、思想作风
三要素	体能、技能、心理能力
五要素	体能、技能、战术能力、心理能力、智能
新五要素	体能、技能、战术能力、心理能力、知识能力

在竞技能力的构成因素中,整个运行进程中的每个子因素都会影响整个结构系统运行,而有效协调系统内部各因素之间的关系并确定其比例具有重要价值。[28]多数研究依据层次逻辑法对竞技能力要素构成进行细分,提出竞技能力要素构成体系中的最高层次应涵盖体能、技能及心理能力,并提到某些选手训练效果理想,但是参加正式竞赛过程中临场发挥会突然出现偏差,这就要求选手不仅要注重其日常训练效果,更要重视临场发挥的能力。[29-35]国内专家学者对竞技能力构成要素的研究成果丰硕,无形中丰富了竞技能力相关内涵的理论基因。

2.2.2 竞技能力应用文献关注焦点及发文趋势的相关研究

2.2.2.1 竞技能力关注焦点的相关研究

本书利用信息化工具,整理出了竞技能力主题的大量文献,并以"竞技能力"为关键词进行检索,结果显示竞技能力的理论研究者以中国学者居多。竞技能力理论研究的关注度由高到低依次为:竞技能力、运动员、体育工作者、球类运动、运动训练、教练员、运动成绩、竞技运动、竞技体育、运动竞赛、体能训练、中华人民共和国、竞技状态、运动训练学、篮球运动员、竞技水平、优秀运动员、竞技能力结构理论、足球运动员、制胜因素、训练方法、体育比赛、人口素质、竞技表现、竞技能力系统、核心竞技能力(见图 2.1)。竞技能力的关注焦点大概划分为三类:一是竞技理论类(运动训练等);二是竞技运动类(篮球、足球、田径、竞技健美操、体育舞蹈、网球以及乒乓球等);三是竞技表现类(运动成绩、竞技运动和竞技体育等)。从上述有关竞技能力相关理论的关注焦点能够看出,有关核心竞技能力的研究发展较慢,同时也说明核心竞技能力特征的研究空间和潜力较大。

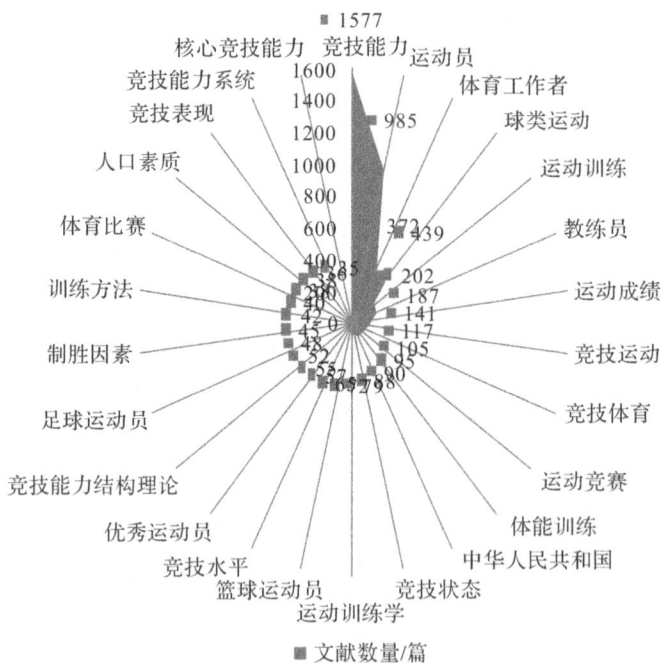

图 2.1　以竞技能力为主题的文献聚类图谱

2.2.2.2　竞技能力发文量与发文的相关研究

本书利用网络信息化文献工具搜集整理大量文献资料,发现:竞技能力的发文量在 2000 年为 30 篇;2002—2004 年,相关发文量呈上升趋势;2005年,发文量为 70 篇,继续上升;2005—2009 年,发文量均在逐步上升;2009年,有关竞技能力的发文量到达一个转折点,约为 140 篇;2010 年,发文量迅速下滑;2011—2013 年,发文量保持平稳;2015 年,发文量急剧下滑,下滑幅度较大;2016 年,发文量又一次达到高峰,为 168 篇,形成又一个转折点;2017—2019 年,发文量再次保持相对稳定,相较 2016 年锐减(见图 2.2)。

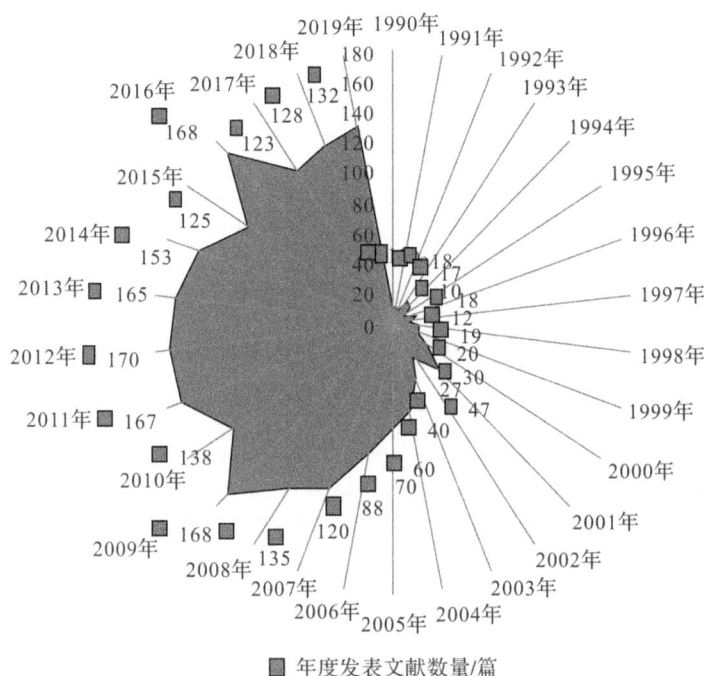

■ 年度发表文献数量/篇

图 2.2　基于关键词竞技能力聚类的发文数量年份图谱

2.3　国内不同项群的竞技能力特征研究现状分析

2.3.1　不同项群的竞技能力特征研究现状分析

竞技比赛制胜的重点是掌握竞技表现特征,而其特征具备可控与不可控、稳定与起伏等特性,但因为项群特征是竞技表现特征的主体构件,每类项群所包含的每种项目又展现出不同的竞技能力特征[36],国内学者根据运动项目的特点,分别对每类项群或项目及其竞技能力特征进行了细分和研究。

运动训练的项群根据竞技能力主导因素可划分为体能主导类、技能主导类、技战能主导类及技心能主导类项群,下面分别进行阐述。

15

2.3.1.1 体能主导类项群的竞技能力特征研究现状分析

相关研究表明,田径的短跑、跨栏等项目是体能主导类速度性项群的主要项目。与其他项群相比较,速度性项群对选手在体能方面具有非常高的速度、力量素质要求,特别是爆发力量、最大力量、反应力量发挥主导作用。[37]

也有学者按照项群理论认为,体能主导类速度性项群的竞技能力特征表现出以运动员身体素质、技术能力为核心,以心理能力为基础,战术能力和智能为两翼协同发展的特征。体能主导类速度性项群的构成要素具有非衡特点,战术能力和运动智能在整个竞技能力系统中的作用水平、水平等级与贡献度最低,故要根据专项的实际情况,靶向性地辨别竞技能力要素的作用等级。[38]

赵鲁南研究发现,体能主导类速度性项群在参训和参赛两个方面都具备各自的分项特征,同时还具备显著的集群特征,清晰理解和掌握体能主导类速度性项群的竞技能力特征是斩获理想成绩的法宝,也是科学组织训练的重要前提。在掌握项目竞技能力特征的基础上,要系统、合理地遴选训练方法、训练内容、训练负荷等。[39]

2.3.1.2 技能主导类项群的竞技能力特征研究现状分析

王宏分别对技能主导类表现难美性项群的竞赛项目类别特征、竞赛内容特征、参赛结果影响因素进行了研究,并提出表现难美性项群的竞技能力是由体能、技能、战术以及心理智能等四个维度构成的。从体能特征来看,体态优美,神经系统灵敏,动作协调性好,柔韧性好;从技能特征来看,时空感知能力较强,动作控制精准,需要合理编排动作,扬长避短;从战术特征来看,在规则限定下战术表现自如,充分将韵律、动作与情感相互交织为一体;从心理智能特征分析,具备良好的想象力、创造力以及本体感觉,能够自我纠错,不断提高技术动作的准确性和美感。[40]

郭秀文和田麦久对表现难美性项群各单项的竞技能力特征进行了分析,并根据每个项目的个性特征进行了研究,并总结和归纳出了具有普适性、共性的竞技能力项群特征和共性规律。[41]

2.3.1.3 技战能主导类项群的竞技能力特征研究现状分析

李静发现，技战能主导类同场对抗性项群的竞技能力特征可以划分为体能特征、技能特征、战术特征和心智能特征，并对其训练要求进行了相应分析。[42]高玉花对技战能主导类同场对抗性项群的竞技能力特征及其训练要求进行了分析，认为：从体能特征来看，同场对抗性项群中，运动员的速度力量、绝对力量和力量耐力能力很重要，其对反应速度和动作速度要求极高；从技能特征来看，技术具备攻防两重性，步法是制胜的基础，要求运动员技术要有攻击性，命中率和得分率高，要抓住机会得分；从战术特征来看，运动员要根据场上形势及时判断路线、位置、时空和轨迹特点并灵活应对；从心智能特征来看，运动员要具备随机应变、遇事不乱、节奏清晰、动作简捷灵敏、独立作战的能力及敢拼敢干的意志品质，还要具备相应的文化知识。[43]

2.3.1.4 技心能主导类项群的竞技能力特征研究现状分析

马驰研究表明，在整个竞技能力结构中，技能与心理能力对于射击、射箭运动员来说是发挥最关键作用的主导竞技能力，身体形态、生理机能和身体素质权重居中（具备重要作用，而不是决定作用），心理和智能权重系数差异大，需要在安静和喧闹环境下，不断提高运动员的心理承受能力、注意力、稳定能力、应变能力以及抗干扰能力，要求运动员采用自我暗示、自我唤醒、自我表象等方法，主动屏蔽无关刺激的影响，在心理能力稳定的情况下瞄准与击发，提高技能表现的准确率和稳定性。[44]

2.3.2 不同项群的竞技能力特征研究现状小结

各项群的竞技能力特征及其所涵盖竞技子能力的权重表现均有所差别，且各项竞技子能力的作用等级和贡献也不同。因此，在训练过程中，要充分把握项目的竞技能力构成要素，结合专项运动特征适当调整，有所侧重地提高运动员竞技能力，最终使运动员实现训练目标，赢得理想的运动成绩。[45-48]

有研究发现，不同项群的运动成绩与名次受竞技能力系统结构的影响，而竞技能力系统是动态的复杂系统,多层次,多环节,并且竞技能力构成要素各自的作用等级也不相同,每个项群都有其各自的主导本质特性。因此,运动训练主体要按照竞技能力主导特征,科学合理地安排训练方法和负荷,并结合所属项群各单项的专项特征与制胜规律,进行竞技能力的开发和培养。要用客观、辩证的眼光去审视、掌握每个项群所类属的每个项目的竞技能力特征,按照主、客观条件的不同,有所区别地去研究。[49]

2.4 国内外 100 m 短跑选手竞技能力特征的相关研究

2.4.1 国内外 100 m 短跑选手身体形态特征的研究

国外有关 100 m 短跑选手的研究起步较早,基本是从 1960 年左右就已经展开了对短跑项目(100 m)的研究,1990—2019 年重点围绕短跑项目(100 m)的运动损伤及康复(骨骼肌等)、技术诊断(采用高精密生物力学测量设备等)、运动成绩、训练效果、运动表现评估、心理监控、生理学机制、训练手段、选材以及力量素质等内容进行了论述和解析。

多数有关 100 m 短跑选手身体形态的研究聚焦对 100 m 短跑选手身体形态指标的定性研究,并没有具体的定量解析。刘芳和袁革对近 20 年来 95 名国内外优秀选手进行了分析,将运动成绩在 10 s 及以内的选手划分为 A 组,将运动成绩大于 10 s 的选手划分为 B 组,发现 A 组和 B 组的优秀选手的体重、身高及克托莱指数没有显著性差异($p > 0.05$)。[50] 也有研究发现,身材高矮对于 100 m 短跑项目的选手产生的影响较小。目前研究对于 100 m 短跑选手的身体形态并没有具体的精细化定量描述,均是以代表性选手作为例证来定性证明。彭学增和秦宁秋通过峰度偏度法检验对 13—15 岁的 100 m 短跑选手的骨龄、下肢 C/下肢 H 等指标进行了分析,并提出要增强 100 m 短跑选手踝围/跟腱长的权重,以便为逐层输送优秀短跑苗子提供借鉴依据。[51] 李龙和杜翠娟运用测试方法对田径项群中的各个项目的身体形态进行了研究,采用希思卡特分类法,根据内胚、中胚和外胚层分值的大小来确定选手的身体形态,并认为 100 m 短跑选手和男子 100 m 短跑选手在跟腱长短、臂长与身高的比例以及下肢指数等维度上有统计学差异($p < 0.01$)。[52]

100 m短跑选手通常是中等身材,肌肉强劲有力且呈束状,大腿比小腿略短,踝关节围度较小,大腿较长但长度小于踝围。

有研究者聚焦在对训练年限较长的100 m短跑选手通过训练所产生的身体适应性变化的阐释[53-54]。有研究表明,100 m短跑选手在慢速最大收缩中涉及的肌肉能力相似,然而选手表现出与高速收缩相关的肌肉收缩力量值较小。研究发现,100 m短跑选手的快肌纤维比例较低,由于腿较长且较轻,较低的骨骼肌收缩的速率可能会对此进行补偿。[55-57]袁运平和张良力对100 m短跑选手的形态学指标进行了描述性研究,提出100 m短跑选手通常是中等身材,肌肉强劲有力且呈束状,大腿比小腿略短,踝关节围度较小,并对大腿长、踝围、脚趾、髂腰肌以及股后肌群等进行了深度描述。[58]陈海英等对100 m短跑选手竞技能力的各要素进行了运动生理学分析,通过多元回归分析检验了各项指标的相关系数,并提出与100 m短跑项目选手成绩联系最为密切的是四大肌群,即股四头肌、背屈肌、足底屈肌和大腿屈肌。[59]

于开峰和华道远通过多元回归因子分析,构建了30余名短跑选手的竞技能力与身体形态的评价模型,在训练实践中取得了理想效果,并为后续100 m短跑项目的理论与实践的深度拓展搭建了坚实桥梁。[60]

2.4.2　国内外100 m短跑选手生理机能特征的研究

运动生理学的研究表明,在100 m短跑项目中起关键作用的是ATP + PCR供能系统,其占据核心位置。100 m短跑项目的重要研究成果还包括多组间歇训练的能量消耗情况分析。有研究通过实验证明,100 m短跑项目中,能量消耗系统在间歇过程中的恢复水平发挥着主导作用,间歇时间越长,速度降幅越小,血尿素氮增幅越小。[61]

在专项训练进程中,机体会产生诸多生理生化反应和变化,机体对训练刺激会产生连锁应激反应,持续从事特定项目的系统训练将会使机体的生理器官、细胞、骨骼和肌肉的结构与功能产生相应的生理适应,继而逐渐形成专项生理机能属性。[62-65]100 m短跑项目竞争渐趋激烈,部分中外体育科研工作者逐渐开始进行100 m短跑选手生理机能层面的研究。除曾远生在2018年的研究[66]以外,多数相关研究均发表于1994—2002年,表明目前对于100 m短跑选手生理机能层面的研究并不多。曾远生对福建省体工队选手的生理机能指标进行了相应解析，重点对四项基本指标，即血清肌酸激酶（CK）指标、血尿素氮（BUN）指标、血清睾酮（T）指标、血红蛋白（Hb）指标，进行了实验研究。结果表明，100 m短跑选手的血红蛋白值略微减少与血清肌酸激酶活性存在非常显著的相关性（$p < 0.01$），随着运动训练以及最佳竞技状态的逐渐形成，100 m短跑选手的各项基本生理生化机能指标都达到较高水平。

另外，王维群对北京市15—17岁100 m短跑选手的生理机能等进行了研究，发现心率越低，心脏机能越强。[67]心率指数和运动成绩显著相关，即运动成绩好的选手，负荷量度大，心率恢复快。[69]

国外针对100 m短跑选手生理机能层面的研究相对丰硕，研究成果重点聚焦在能量代谢、肌肉系统以及心血管层面。有研究表明，骨骼肌适应100 m短跑训练主要依靠两种类型的骨骼肌纤维——慢肌纤维（ST）和快肌纤维（FTa、FTb、FTc），长期训练及锻炼可能会让这两种骨骼肌纤维发生变化。100 m短跑训练降低了ST的比例并相应增加了FTa的比例，而耐力训练可以将FTb转换为FTa，并增加ST的比例。ST主要在次最大强度期间发挥作用，而FT在运动强度接近$VO_{2\,max}$或糖原储备耗尽时被募集。[70]也有研究表明，100 m短跑项目与高血浆丙氨酸水平相关，专项训练会促使支链氨基酸（BCAA）氧化速率提高和磷酸肌酸激酶（CK）含量增加，并能够引起糖酵解和氧化酶的连锁反应，导致红细胞磷酸果糖激酶（PFK）、磷酸化酶、乳酸脱氢酶和甘油醛脱氢酶活性增强。[71]另有研究发现，100 m短跑选手的FT中的肌酸磷酸盐（CP）活性和ATP水平高于ST，在80 m段落，100 m优秀短跑选手能够比普通级别的竞争者更为快速、充分地利用磷酸盐，但这可能是由遗传因素而非训练造成的。[72]

另外，也有研究对13名训练有素的100 m短跑选手的血尿素氮浓度以及血浆乳酸脱氢酶（LDH）和CK的活性进行测定，结果发现，100 m短跑选手的平均速度与LDH活性之间存在显著的相关性（$r = -0.56, p < 0.05$），但平均冲刺速度与血尿素氮浓度峰值（$r = -0.09$）以及LDH活性（$r = -0.40$）

均无关。平均冲刺速度与 H 型 LDH 活性负相关($r = -0.66, p < 0.05$),与 M 型 LDH 活性正相关($r = 0.66, p < 0.05$)。这表明,训练能够抑制酶从组织进入血液,并且在训练有素的 100 m 短跑选手中,CK 和 LDH 活性可能能够更好地体现身体表现。[73]

2.4.3 国内外 100 m 短跑选手身体素质特征的研究

身体素质是选手各器官、系统功能与结构的外在彰显。随着 100 m 短跑专项训练结构的日臻完善,科研工作者对 100 m 短跑选手的身体素质开启了研究探索道路。

国内针对 100 m 短跑选手身体素质多进行的是描述性研究。冯敦寿对 100 m 短跑选手的专项速度训练方法、专项速度的分类、专项速度的一般规律以及绝对速度、场地气候条件等和运动成绩的联系进行了较为充分的探讨,并对 100 m 短跑选手的足长指数和速度的联系进行了阐述,用回归方程及方差分析得出,足长指数大于 0.56 的 100 m 短跑选手具备更好的速度和步频能力。[74]崔玉芝研究发现,无氧功率、PWC170 相对值、相对力量等对青少年 100 m 短跑选手的速度能力具有较大影响。[75]吴向明认为,速度素质是 100 m 短跑项目的精髓,他对 100 m 短跑的专项速度结构进行了分类,并对 100 m 短跑项目的专项速度结构的影响因素进行了阐述。[76]苑玲伟和董慧娟采用灰色关联法对 100 m 短跑专项以及非专项的选手进行了实验操作研究,发现肩部屈肌群力量对于 100 m 短跑选手的贡献率最高,肩部伸肌群力量次之。[77]李双成研究发现,100 m 短跑选手的运动成绩、速度能力与髋部周围肌群力量存在天然的联系,牵引跑和助力跑对于提升 100 m 短跑选手的专项速度素质与专项力量素质非常重要。[78]马勇占和王培广研究发现,30 m 起跑加速、60 m 行进间跑练习对于提高 100 m 短跑专项速度素质具有重要价值。[79]

目前国内外研究者普遍认为,100 m 短跑选手速度素质和速度耐力素质可以通过后期专门性训练有所提高。国外有学者特别强调,力量素质训练对 100 m 短跑选手具有关键作用,腿筋膜、内收肌力量是对 100 m 短跑选手最高速度贡献率较高的指标。[80]

100 m 短跑选手专项力量素质训练重点涵盖三个层面的训练模块:一般力量训练(实现肌肉肥大和神经元激活)[81]、特定速度力量训练(速度—力量)[82]和特定极限力量训练(冲刺相关练习)[83]。相关研究指出,力量素质和速度素质本质上是彼此相关的,因为它们是由相同的供能系统提供能量的。[84]重阻力训练会导致 IIb 型纤维转变为 IIa 型纤维,因此教练必须致力于在特定冲刺训练模块和非特异性训练模块之间实现最佳平衡。教练员和科研人员必须根据冲刺训练的每个特定阶段选手的表现能力,考虑每个人的特定力量训练需求。

有研究发现,100 m 短跑选手下肢力量的增强对最大速度有积极的转移效应。最大速度提升的程度受到许多客观因素及阻力训练变量的影响,可用效应量(ES)来反映下肢力量的增强对最大速度的影响。[85-87]

最大增量能够使得精英级男子 100 m 短跑选手的冲刺速度和跳跃高度大幅提升,虽然预计女子选手也会出现类似的效果,但这还有待阐明。[88]有研究表明,最大力量训练(MST)在很大程度上增强了 100 m 短跑选手的最大力量,然而,最大力量训练并未导致对最大速度或跳跃高度的任何转移。[89-90]

另外,有研究发现,成年男子 100 m 短跑选手的柔韧素质伸展训练对运动成绩的影响是不确定的。该研究的目的是检查柔韧素质拉伸训练对 100 m 短跑选手的影响,共有 48 名选手被随机分为专业组和业余组,在速度训练课程的开始和中间(6 周)进行静态拉伸,在训练前后进行灵活性测试和 30 m 蹲踞式起跑,以评估拉伸与未拉伸选手的最大速度能力。研究结果表明,训练前的静态拉伸会影响 10 m($p = 0.0100$)和 30 m($p = 0.0005$)的加速时间。两组训练后的冲刺距离均超过 10 m(0.7%;$p = 0.0400$)和 30 m(1.5%;$p = 0.0007$)。拉伸和最大速度训练的参与者对拉伸引起的短跑阻碍更具抵抗力。[91]多数研究认为,提升 100 m 短跑速度素质的训练方法有很多类,包括重复训练、爆发性运动和力量训练。传统上,发展速度和爆发性力量的训练模式包括快速重复力量和低负荷力量,而 100 m 短跑选手的力量训练包括最大力量训练和低速重复力量训练,通常在 3—5 组重复 4—6

次(4—6RM≥85%的负荷强度)。

也有研究发现,通常最大力量训练的高负荷低速力量训练对于提高最大力量是有效的,并且还能够较大程度地改善男子100 m短跑选手的整体肌肉力量和快速力量。这种训练方式背后的基本原理源于1RM与运动速度的关系,即快速力量和位移速度、跳跃高度之间的重要关系。[92]与专项训练原则相反,在非专项运动训练中,最大力量训练与特定运动本身相结合,比单独训练快速力量和最大力量更有效。有研究显示,100 m短跑选手的力量训练可以通过对所涉及肌肉的神经驱动来解释,因为100 m短跑选手的力量训练是以最大预期速度和接近运动单位募集上限负荷进行的。该研究表明,平衡性和100 m短跑选手运动成绩存在相关性($r=0.46,p<0.05$),平衡性和短跑选手冲刺能力之间也存在相关性($r=0.72,p<0.05$)。该研究还发现,功率和平衡性之间不存在相关性($r=-0.25,p>0.05$),功率和重复冲刺能力之间存在相关性($r=-0.56,p<0.05$)。[93]

2.4.4 国内外100 m短跑选手运动技术特征的研究

国外针对100 m短跑项目技术层面的研究重点聚焦在技术特征,即步频、步长、全程节奏与分段各参数指标等。[94-96]国内学者余维立提到,影响100 m短跑选手的运动成绩及竞技状态最关键的两个因素是伸髋和着地技术。伸髋是中国优秀男子100 m短跑选手亟须改善的技术环节,而训练内容和专项技术联系往往不够紧密,忽略了臀大肌和半腱半膜肌等肌群的力量训练。[97-98]另外,谢慧松和刘胜兵强调,步长问题一直是中国与世界顶级100 m短跑选手存在差距的重要原因之一。[99]步频较快是中国优秀男子100 m短跑选手的优势,但世界级100 m短跑选手仅需要43±0.5步就能够跑完全程,而中国选手却需要多跑6±0.5步,差距较大。[100-102]

王志强等通过生物力学测试对100 m短跑选手途中跑技术的步幅、步幅指数、支撑反作用力、步频及步频指数等各项指标进行了解析,对支撑腿和摆动腿的下肢各关节角度进行了定量解析,指出途中跑环节的蹬摆技术在时空维度的精确协同是100 m短跑技术的关键。[103]孙为民和王国强对中美优秀100 m短跑选手的途中跑技术进行了相应的分析,对优秀短跑运动员的步幅结构与支撑时相对应的的下肢、躯干关节角度进行了对比分析,其研究结果表明中国 100 m 短跑选手着地缓冲技术、扒地效果欠佳。[104]

谢慧松对 100 m 短跑选手着地、腾空、后蹬、摆臂以及躯干的运动学指标进行了详细解析,提出蹬伸角度、着地瞬间速度取决于支撑腿踝关节的力量,应增强"以摆促蹬"技术的训练,并建立了途中跑技术的模型。[105]骆建对 100 m 短跑选手的着地缓冲技术进行了生物学测试,并对中国 100 m 短跑项目落后的原因进行了探讨,认为 100 m 短跑项目的竞赛发挥水平关键在于选手获得与维持最大速度的能力。[106]

多数专家、学者将 100 m 短跑项目的全程技术划分为起跑阶段(0—30 m)、起跑后的加速跑阶段(30—60 m)、途中跑阶段(60—90 m)和终点冲刺跑阶段(90—100 m)。[107]大量研究已经证明,在 100 m 短跑项目的整个跑动过程中,跑速由步长和步频共同决定,步长从第 3 步开始逐渐增加,直到实现最大速度的平稳阶段,而步频约在 30 m 处达到最大值。步长主要受限于下肢长度,而步频重点受制于双腿的转动惯量、转动力矩、后蹬力量和速度、局部稳定肌群(多裂肌、横突间肌、棘间肌等)以及髋关节的灵活性。步长和步频主要依赖于生物力学因素,即支撑腿触地时间、摆动腿腾空时间以及腿部刚度等。调控步频是一种颇为常用的训练手段,基本原则是增强选手的"神经—肌肉"快速转换能力,然而这种手段的功效还有待验证。[108-110]

有研究发现,100 m 短跑技术的运动学特征是:核心区为上下肢异侧交叉协调、运动链的全部区域,髋部以及大腿构成主要动力区域,主要参与动力肌群是髋部与大腿肌群。股后肌群是参与跑、跳、跨等各种动作的主要肌肉,在运动中承受很大的负荷,股后肌群的生理横断面积比大腿前股四头肌要小。[111]

有研究表明,世界顶尖 100 m 短跑选手提速的动力源泉主要是髋部、踝关节的力量,在高速跑时腿支撑和蹬地过程中,身体重心与地面垂直面之前髋关节的力量起主要作用,在垂直面之后踝关节成为力量的主要来源,而膝关节的角速度、伸力矩、冲量和做功均明显小于髋关节与踝关节。[112]也有研究表明,当今世界优秀短跑选手更趋于以髋关节和踝关节为主导的用力关节。从运动学和力学角度来看,100 m短跑项目技术涉及"拉伸—缩短"周期结构中恢复下肢肌腱的弹性能量。[113]目前已经有学者提出了不同的范例来模拟生物跑步机械,最常提到的是弹簧质量模型。

在100 m短跑项目整个跑动过程中收集现场数据较为困难(例如,在60—100 m的段落处拍摄的费用较高,并且技术层面上更难操作)。[114]有研究提出了正弦波方法,主要是基于运动力学参数来确定双腿交替跑动过程中的刚度,即下肢长、跑速、触地时间和腾空时间等参数。理想的起跑至加速跑阶段,通常基于第2次起跑姿势后身体重心的速度来进行分析。[115]蹬离起跑器阶段被定义为脚从起跑器蹬离的时间段落,初始着地阶段被定义为选手从脚触地的瞬间到同一只脚蹬离地面的时间段落,腾空时期被定义为选手双脚与地面尚未进行接触的时期,触地被定义为第一帧选手的脚与赛道产生接触,而腾空被定义为第一帧脚完全离开地面或起跑器。[116]

柴国荣和高连峰对100 m短跑选手起跑反应速度进行了相关阐述,提出反应时是影响速度素质的重要因素。[117]李平和魏晓光对100 m短跑选手的放松技术进行了分析,提到放松技术与100 m短跑选手的协调性、准备活动、骨骼肌的弹性、松弛度以及柔韧性有着紧密联系,并对中国与世界短跑强国之间的差距以及未来训练应注意的问题和短跑项目发展趋势进行了分析。[118]骆建对训练水平迥异的100 m短跑选手的全程技术节奏进行了生物力学实验,发现全程技术节奏对100 m短跑选手的专项速度影响很大,并提到100 m短跑选手的技术节奏趋于高速平稳单峰式。[119]

姜自立等研究发现,100 m短跑选手采用"前脚后蹬"的蹲踞式姿态,对于提高快速爆发性具备最为关键的意义,并认为100 m短跑选手的技术动作要流畅、连贯、放松。[120]王志强等对100 m短跑选手的下肢肌电贡献特征进行了解析,发现高抬腿练习与选手下压着地技术显著相关。[121]

李铁录运用主客观评定法对体能主导类速度项群中的100 m短跑技术进行探讨,发现该方法能够较为稳定客观地进行评定并切实帮助选手的技评达标;另外也对北京市高校100 m短跑运动队的体能、技术情况进行了研究。[122]王健对世界顶级 100 m 短跑选手的速度动态变化节奏进行了梳理、对比与分析。[123]詹建国等对中国 100 m 短跑选手陶宇佳的后程加速度进行了探讨,并提出了加强后程冲刺能力的方法、手段和建议。[124]程其练等对牙买加选手博尔特创造世界纪录的成功秘诀进行了深入探索,从生理机能层面、身体形态层面、运动技术层面等进行了总结,发现先天遗传因素是关键因素,如腿长、步幅大是博尔特的制胜法宝。[125]

谢慧松和刘胜兵对专项速度的内涵以及外延进行了全新诠释,对专项速度结构和亚极限强度进行了深入剖析,并对国内外 100 m 短跑选手专项速度曲线进行了详细探讨,对 100 m 短跑选手进行了每 10 m 分段速度的测定,提出 100 m 短跑选手在 30 m、60 m、90 m 段落均会出现高峰转折点。[126]

苑廷刚等采用视频全景分析法对苏炳添在钻石联赛上海站的 100 m 短跑技术特征最后 10 m 冲刺进行了分析,并对步长和步频的均衡性发展对于改善技术的意义进行了探讨。其研究发现,压肩过早导致苏炳添步长增大,这是苏炳添最后 10 m 冲刺存在瓶颈的关键原因,其认为数字化管理及人工智能是 100 m 短跑选手取胜的保障。[127]

国外科研工作者对 100 m 短跑项目技术进行解构诊断时,基本均采用高精尖生物测量仪器进行实验或半定性、半定量研究,如采用激光和雷达测量仪器,对世界顶级 100 m 短跑选手($\leqslant 10$ s)在最大速度段、途中加速段和最后冲刺段加速的运动学或动力学指标参数进行测量,对 100 m 短跑先进技术的可靠性或有效性进行评估,提取绝对可靠性、相对可靠性和有效性数据并绘制成表格。其中,可靠性的变异系数(CV)$\leqslant 10\%$,组内相关系数(ICC)或相关系数(r)$\geqslant 0.70$。[114]

有研究发现,100 m 短跑选手的理论最大水平作用力(ICC $= 0.64$)的夜间开放空间测量可靠性较低,并且激光测量的短跑加速度(偏差高达 0.41 m/s)的前 5 m 期间报告的速度有效性较低。[115]也有研究认为,只有当测试人员对测试协议以及涉及 100 m 短跑选手的相关指标、高采样率($\geqslant 200$ Hz)足够熟悉,同时,对蹬离起跑器的起始位置和各个阶段平均速度进行了精准测量,才能确保研究结果的可靠。到目前为止,国内外还没有关于建立短跑加速能力动力学测量标准的有效性报告,雷达导出的动力学数据的有效性尚未明确。[116]先进的测试技术能够帮助我们深入了解 100 m 短跑选手的最高速度能力、途中加速能力等方面的运动学和动力学决定因素,建立数据的可靠性和有效性,特别是途中加速阶段的相关数据指标,对于确定 100 m 短跑项目各类技术的实效性非常有用。[128]

有研究提到,科学研究人员、100 m 短跑选手、教练员和管理者训练的出发点与落脚点是改善 100 m 短跑技术和运动成绩并避免损伤,认为 100 m 跑速由步频和步长的乘积决定。近年世界级的男子 100 m 短跑选手的跑速超过 12 m/s,步频为 4.5—5.9 Hz,步长/身高(步幅指数)为 1.3—1.4(世界顶级男子 100 m 短跑选手在参赛情况下,实际步长约为 2.8 m)。[129]深度探索和掌握 100 m 短跑比赛的体能要求,其目的是为增加 100 m 选手体能储备奠定基础,同时也是甄别中国优秀男子 100 m 短跑选手生理、形态特征的重要基础。技术特征在极大程度上能够赋予选手竞赛优势。应当积极借鉴国外先进的训练理念、经验以及短跑竞技能力的非线性特征,实施适合个性化特征的训练计划(技术均衡、特长突出)。[130]

国外精英级男子 100 m 短跑选手的个体特点不同,教练员和相关人员会根据选手的个性化特征(体能、技术以及心理等)制订对应的靶向性个性化训练策略,而以集体授课为辅,例如 100 m 短跑选手的部分训练课中,教练员会根据每位选手的特征对其体能进行个性化的指导和训练。从支腾比来看,世界选手支腾比为 1∶1.2,世界级选手腾空时间较短。[131]

改善和优化运动技术被世界精英级男子 100 m 短跑选手视为其职业生涯的技术追求。从理论上讲,潜在的机制能够增强神经驱动、神经激活速率和骨骼肌群协调控制层面的专项适应性,能够有效提高力量发展速率和既有的技术水平。影响世界精英级男子 100 m 短跑选手技术训练的重要因素包括反应时间、肌电活动、肌力产生、神经因素和骨骼肌的结构等。[132]

搜集和整合有关国内外精英级 100 m 短跑选手运动技术、运动成绩发展与变化的科学研究文献发现,100 m 短跑成绩很大程度上取决于遗传特征,然而,选手力量、技术和速度耐力素质是可训练的要素。在如何运用较为普遍的训练原理(进度、专项性、周期和个性化)和不同的训练方法(技术训练、力量训练、体能训练)、训练模式,以及如何科学应用训练原则和方法等方面,理论与最佳实践之间存在相当大的差距。在训练实践中,与单一训练模式相比,个性化多维训练模式在选择运动技术和力量训练内容(力量的训练方式、持续时间、负荷强度、恢复能力以及训练课安排量等)方面的良好效果较为突出。[133]

有研究提到,100 m 短跑选手蹬离起跑器后就会产生相当大的加速度。世界级的100 m 短跑选手在蹬离起跑器后的瞬间速度可以达到最大速度的1/3,时间大约只占总比赛时间的5%。100 m 短跑选手取得最优成绩的关键在于腾空期下肢快速摆动能力和支撑期由地面产生的弹性势能。[134]国外学者采用运动生物力学的指标与测试手段,对比 20 世纪80—90 年代男子100 m 短跑优秀选手后发现,从生物力学的角度解析,髋部力量的增强性代偿削弱了膝关节力量的启用动员,有助于步长的增加,更能使能量节省化和经济化。[135]有学者通过研究发现,根据100 m 短跑选手的动力学特征,支撑腿迅速蹬地时间约为 0.09—0.11 s,加速环节以增快步频为首要目标,并根据肌肉工作过程中的时相轨迹,采用精密技术仪器装置,对选手的肌群用力特征进行了定量描述。[136]

艾康伟将100 m 短跑项目按照速度变化节奏划分为 3 个速度段,即加速段、最大速度段以及速度耐力段,并对世界优秀 100 m 短跑选手进行了精确分段现场测试。[137]另有相关研究从运动生物力学角度分析了100 m 短跑项目的专项起跑速度,提出增强起跑双腿的蹬地力量、爆发力以及加快蹬地的动作速度,可使蹬离起跑器的时间锐减。[138-139]

2.4.5 国内外100 m 短跑选手心理素质特征的相关研究

由于关于短跑战术和智能的相关核心论文文献为 0 篇,因此本部分仅对100 m 短跑心理方面展开综述。经过检索发现,100 m 短跑心理层面的相关研究较少。学者们分别从100 m 短跑选手的赛时心理状态量表的制订、赛前失眠的心理学要素、赛后心理状态的自我调整、心理选材、心理训练等方面进行相关研究。[140]

李玲和方程对陕西省体工队的 15 位 100 m 短跑选手进行对照实验发现,赛前失眠的选手达 53.3% 。[141]孙达平和傅彬研究发现,要注意 100 m 短跑选手赛前、赛中、赛后的参赛情绪调整,其中,赛中心理状态不佳容易导致选手注意力不集中,继而全程节奏较为轻易地被对手干扰和打乱,因此要想保持清醒的精神状态,应加强对 100 m 短跑选手的表象、自我暗示等层面的训练。[142]

有学者对 100 m 短跑选手的心理素质进行研究发现,100 m 短跑项目是成绩起伏最大的项目,比赛中起跑反应稍有落后,就容易导致选手出现心理焦虑、心理紧张和心理恐慌等,因此在遴选 100 m 短跑选手时,通常选择注意力较为集中、做事富有果断性、反应灵敏的选手。[143-145]郭强对100 m 短跑选手的心理训练进行了研究,对 100 m 短跑选手的反应时间、动作速度及节奏感、注意力集中与稳定性、赛前心理强化及竞技状态发挥等层面分别展开了阐述,并提出建议。[146]有研究对 30 名体工队的 100 m 短跑选手进行了定性描述,找出了导致选手赛前失眠的因素,并提出了改善选手赛前情绪的心理学建议和对策。[147]

国外对于 100 m 短跑选手心理层面的相关研究大多是通过实验操作干预来完成的,已经进行了许多探索性尝试来理解 100 m 短跑选手的心理。用计算机监控选手的比赛情绪,或试图将 100 m 短跑选手竞赛或者训练所产生的情绪反应纳入计算机系统、虚拟形象或机器人中,并提出积极正面的竞赛情绪训练作为一种以"当前"为导向形式的心理训练,会影响 100 m 短跑选手的参赛认知过程。但是,很少有研究干预检查、评定心理练习对 100 m 短跑选手生理和心理的绩效指标或运动成绩的影响。[148]

相关研究指出,100 m 短跑选手动机激励理论的假设行为是面向目标而言的,行为调节被视为是渐进的,而不像本能模型那样是被动的。100 m 短跑选手激励措施的价值取决于激励行为。根据期望时间价值模型,个别短跑选手更喜欢行为选择,这些选择可使实现的价值(激励)和实现的可能性(期望)的乘积最大化。综上,动机激励的最新理论都建立在期望值理论的基础上,但理论上的简单迭代却缺少选手动机、性格等个体差异化案例。[149]

100 m 短跑比赛渐趋紧张激烈,对短跑参赛选手的心理负担和考验也越加显著,除了要发挥理想的竞技状态,还要在国内、国际重要赛事取得优异成绩。通常,大量优秀选手在日常训练中,成绩较令人满意,但是每逢大赛却因心理状态调整欠妥而发挥失常,甚至连自身日常训练成绩都达不到。

心理能力的训练是教练员以及心理咨询师等从业者与优秀男子 100 m 短跑选手有效互动的必要条件。教练沟通、反馈和特定的口头指示在短跑技术发展中起着不可或缺的作用。尽管现有研究中强调了外部注意力(对期望的运动效果的关注),以增强运动表现和技能学习,但教练员在练习中除了使用口头提示来强调内部关注的焦点(身体的运动)外,还会提供富有哲学艺术色彩的励志寓言、比喻,以期使选手建立对训练和比赛的信心。考虑到训练实践过程中言语的选择与表达,如教练员向选手解释运动模式变化以及动力输出之间的相互关系,心理、艺术和科学似乎确实融合在一起。[150]

鉴于优秀男子 100 m 短跑选手需具备强大的心理素质方能够承受渐趋激烈的竞赛,心理素质的训练就尤为关键,特别是在赛前,多数选手赛前反应较为显著,在此期间对选手进行心理建设和心理素质的强化训练就显得至关重要,心理治疗师和心理咨询师在这方面发挥了导向作用。最早提出对 100 m 短跑选手进行心理学研究的学者是德国心理学家迪马特,其强调,100 m 短跑项目选手在短时间内跑完全程的能力要求参赛选手不能麻痹大意,需要高度集中注意力,以汇集更多的运动神经元参与动员。

此外,教练员通常采用鼓励的方式(积极、正面的信息刺激),以使选手在心理上做好准备,并树立信心。成功的教练员会采用整体策略,将选手生理、技术和精神方面的因素纳入训练过程。个性化的心理训练方法强调并非所有选手都是相同的,不同选手的情况和背景也不相同。100 m 短跑项目的本质特性要求选手要有过硬的心理素质和自信心。[151]专注的选手具有良好的心理能力和本体感受能力,这对于选手取得好成绩至关重要,因此首先必须提高选手的技术水平,增强选手的竞技能力。具有充沛的专项体能,就不会畏惧激烈对抗的比赛,而且掌握了大量特长技术,就会增强选手们的自信心。在运动训练过程中与选手共同深入探讨项目的规律,能让选手充分地相信自己的教练,相信教练的技术、战术和临场指挥能力,就能够充分增强选手的自信心。

有研究采用 Kaiser-Meyer-Olkin 检验(KMO 检验)进行了心理量表探索性因子分析,试图探寻短跑运动员参赛时影响其心理状态的关键要素及其贡献率,并认为短跑选手在比赛过程中心理负担和刺激的强度在常态化训练中是无法模拟与客观感知的。[152]

部分研究认为预测未来的体育表现本质上是复杂的,选手的发展轨迹很少是线性的,因为认知和运动技能是与选手个人的表现环境的动态相互作用、相互交织与发展的。[153]多数研究强调,100 m 短跑选手在竞赛中过分焦虑,会导致技术动作变形,全程节奏紊乱,肌肉僵化,反应迟钝,心慌,焦虑以及神经冲动释放频率降低,因此教练员要注重运动心理训练。100 m 短跑选手的心理能力体现在以下方面:一是在性格的意志特征层面,优秀选手在勇敢、坚毅、独立、好胜、好强方面表现突出;二是在性格的情绪特征层面;三是在性格的怀疑特征层面。在训练中增强下肢力量、柔韧性以及心理能力训练,有助于提高选手的运动成绩。[154]

2.5　国内核心竞技能力特征的研究现状

核心竞技能力研究主要围绕篮球、羽毛球、网球、高尔夫、排球、拳击、乒乓球、短道速滑、射击、水球等运动项目,研究重点是围绕运动训练和竞赛监控来进行拓展与延伸的。本书研究时,以"核心竞技能力"为关键词,以体育核心期刊文章(6 篇)、博士学位论文(6 篇)、普通期刊文章(12 篇)、会议论文(4 篇)、硕士学位论文(6 篇)等形式公开发表的文献,共计 34 篇,尚未查阅到 100 m 短跑选手核心竞技能力的相关研究。因此,对中国优秀男子

100 m 短跑选手的核心竞技能力特征进行研究，能为其他运动项目的持续发展拓宽创新视界。整合核心竞技能力的发展现状及发展趋势，有助于为研究的顺利开展获得理论依据和佐证资料。

核心竞技能力是指在运动员竞技能力当中，发挥最关键的、决定性作用的几种子能力的叠加与综合。核心竞技能力是运动员在参赛过程中起支配、决定性作用的运动能力，是运动员所承载的竞技能力的主要矛盾及其主要方面，是运动训练中发展竞技能力和监控训练质效的关键与核心。[155-156]

有研究将核心竞技能力定义为在构成运动项目的主导竞技能力中起核心作用的运动能力。它主要决定着运动项目的性质，是运动训练的方向与主流。核心竞技能力支配、决定着运动项目的性质。[157]

有研究对田径中跑运动员的核心竞技能力进行了解析，认为中跑选手的核心竞技能力特征重点体现在专项体能、专项技能以及专项心理层面。中跑选手通常身材纤细瘦长，皮下脂肪少，耐力素质水平高，有氧代谢能力较强，具备较强的心理素质与顽强的意志品质，这些特质对于中跑运动员取得理想成绩意义重大。[158-159]除必须提升选手的技术水平和体能以外，还需要多方面增强中跑运动员的心理素质，使之不畏惧激烈紧张的竞赛，适当掌握一些特长技术，厚植自信心，并要具备勇敢、坚毅和独立的良好心理品质。[160]

有研究发现，排球选手的核心竞技能力重点表现为：扎实的基本功、娴熟的排球技巧（二传技术、扣球技术等）、丰富的大赛经验、沉稳的性格、变化灵活的战术、场上随机应变的能力。[161]为了便于认识和理解核心竞技能力，以手势模型来直观体现。竞技能力通常采用下位概念来反映，即体能、技能、战术、心理能力和智能，类似人体的五根手指。手掌与拳头体现着竞技能力整体性质和功能，以竞技能力系统的整体结构为出发点，依据唯物辩证法主次矛盾分析的方法论原理，能够甄别出核心竞技能力（见图 2.3）。

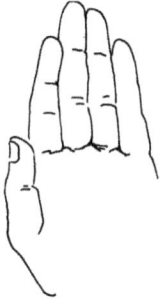

①竞技能力的构成要素   ②体能的形态、机能和运动素质

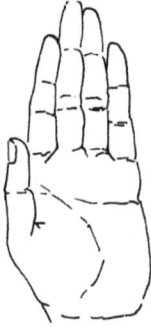

③竞技能力的组成因素与相互关系   ④竞技能力的主导要素与其他组成要素

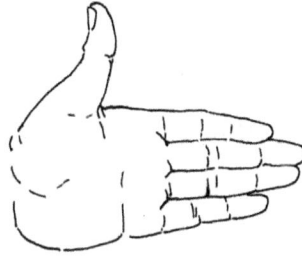

⑤竞技能力的整体性质与功能   ⑥竞技能力中的核心竞技能力

图2.3 核心竞技能力手势模型[162]

注:根据邓运龙《认识与发展核心竞技能力》统整改编。

2.6　国内外男子 100 m 短跑选手运动成绩发展趋势研究

2.6.1　中国男子 100 m 短跑选手运动成绩发展趋势的研究

100 m 短跑项目是田径赛事中竞赛段落最短的项目,同时被认为是最挑战速度极限的项目,其专项特征要求参赛者用最快的速度完成赛事安排和规定的长度距离,率先完成竞赛的选手为获胜者。[163]

目前,中国男子 100 m 短跑项目处于新老队员交替时期,未来依然亟须奋力拼搏,尽管与世界顶级优秀选手存在霄壤差距,但已渐使该差距缩减。[164]

1929 年 6 月,刘长春在辽宁以手计时 10.80 s 创造男子 100 m 短跑的运动成绩后,运动水平逐渐上升,但与世界水平仍有较大差距,平均水平在 10.40 s 上下浮动。[165]进入 21 世纪,中国短跑重新释放活力基因,可塑新星不断涌现,跑进 10.30 s 的选手日渐频现,突破 10.30 s 的选手共计 13 人次,跑进 10.30 s 以内共计 25 次,平均水平逐渐由 10.40 s 朝着 10.30 s 进阶和迸发,特别是在周伟、张培萌、苏炳添、谢震业等优秀选手的先锋领衔下,中国田径 100 m 最好成绩突破了 10.20 s 的壁垒,进而从张培萌接近 10.00 s,到有 2 人先后突破 10.00 s。搜集整理的大量文献及统计数据表明,中国近年来 100 m 短跑运动成绩无论是在超风速和正常风速情况下,破 10 s 的次数渐趋增多,足以彰显出中国在 100 m 短跑飞人大战中的存在感。

1978 年,袁国强在河北以 10.61 s 的优异成绩创造了中国电计时第 1 个全国纪录;2013 年 8 月,张培萌在田径世锦赛中,跑出了 10.00 s 的运动成绩,让国人开始憧憬"突破 10 s 大关";2015 年 5 月,苏炳添在美国尤金凭借 9.99 s 的璀璨夺目成绩,成为首位跑进 10 s 的中国人;2018 年 6 月,谢震业又让国人为之沸腾,在法国以 9.97 s 的辉煌成绩(+0.9 m/s)刷新全国纪录,成为中国第 2 位闯进 10 s 大关的选手。此外,苏炳添于西班牙马德里以

9.91 s的成绩斩获桂冠,并且追平亚洲纪录(AR),将中国100 m短跑的竞技水平逐渐提升至世界水平。

2.6.2 世界优秀男子100 m短跑选手运动成绩发展趋势的研究

世界田径男子100 m短跑的运动成绩演变整体上划分为11 s时代、10 s时代、9 s时代3个时间段。11 s时代肇始于美国运动员伯克以11.80 s的运动成绩于1896年第1届现代奥运会开创的首个男子100 m世界纪录。而后,1964年,美国运动员海斯以9.90 s的运动成绩于东京奥运会成功突破10 s关卡,成为世界田径历史上100 m短跑首位跑进10 s的选手,但因为超风速,成绩尚未予以认可,但9 s时代已然悄然而来。1973年前后,共计15人次接近9.90 s,如海因斯跑到9.95 s。1988年,刘易斯以9.92 s的运动成绩打破海因斯的纪录,并于1991年将100 m短跑运动成绩刷新到9.86 s。1994年,伯勒尔将纪录缩短了0.01 s。1996年,被誉为"黑豹"的贝利以9.84 s创造了崭新的世界纪录。其后,在1999年雅典承办的国际田径大奖赛中,格林以9.79 s的运动成绩再度刷新世界纪录。由此,世界男子100 m短跑运动成绩的发展逐渐呈现出蓬勃之势。

2005年,来自牙买加的鲍威尔以9.77 s的成绩打破世界纪录,宣告了美国选手在100 m跑项目统治时代的落幕。2008年5月,博尔特闪耀登场,先是于世界田径大奖赛(纽约)以9.72 s的运动成绩刷新世界纪录,后同年8月于北京奥运会以9.69 s再度刷新其自身保持的世界纪录,并包揽北京奥运会男子100 m、200 m和4×100 m的金牌,宣告了牙买加在100 m短跑项目的统治地位。2009年8月16日,在田径世锦赛100 m"飞人大战"中,博尔特大步流星,以9.58 s的成绩独占鳌头,较大幅度突破了男子100 m的世界纪录,并且成为第1位电动计时3次突破世界纪录的选手。其后,伴随着巨星退役以及部分参赛选手年龄的逐渐攀升,世界100 m短跑运动成绩暂时处于下滑期(见图2.5)。

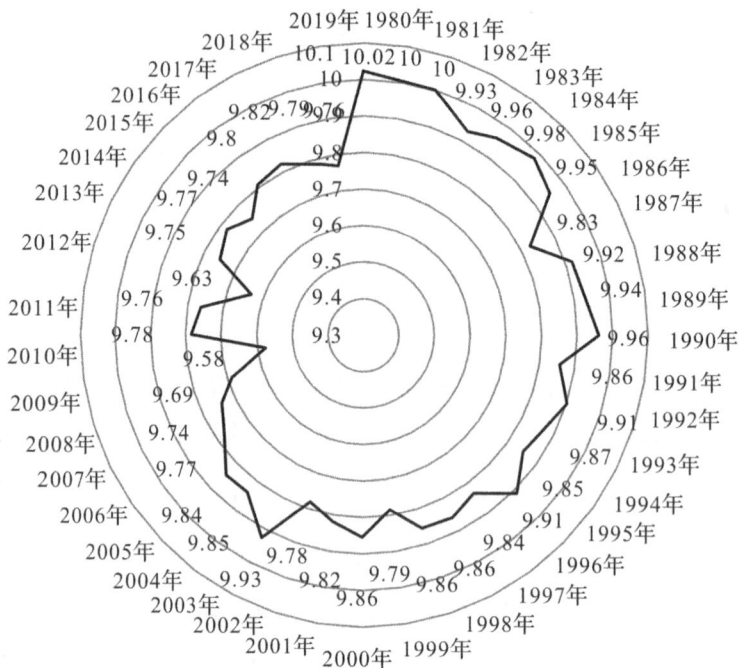

图 2.5　世界男子 100 m 短跑选手年度最佳成绩(s)(电动计时)

注:数据源自 World Athletics 官网和 CSSCI 体育类核心论文。

截至 2019 年 10 月,世界 100 m 短跑纪录依然是牙买加选手博尔特于 2009 年田径世锦赛创造的 9.58 s。2018—2019 年赛季的世界最佳成绩是 9.79 s,该成绩是由美国 100 m 短跑选手科尔曼创造的,该选手是世界短跑历史第 8 人。另外,世界短跑史上"最强 7 人"是:博尔特、盖伊、布雷克、鲍威尔、加特、刘易斯和格林。中国男子 100 m 短跑项目纪录(NR)是苏炳添在 2018 年 6 月 22 日国际田联世界田径挑战赛(马德里站)创造的 9.91 s。

我们相信,伴随着现代科技的信息化、选材的科学化、选手训练的系统化、管理人员的责任化以及医疗康复等的精细化,100 m 短跑项目会再度腾飞。从图 2.6 能够得知,中国、世界优秀男子 100 m 短跑年度平均运动成绩发展与时间总体呈线性关系,以世界男子 100 m 短跑选手的平均运动成绩为因变量(Y),年份为自变量(X),世界优秀男子 100 m 短跑选手的平均运动成绩随着年份的逐年增长呈下降趋势(决定系数 $R^2 = 0.6482$, $p < 0.001$),即

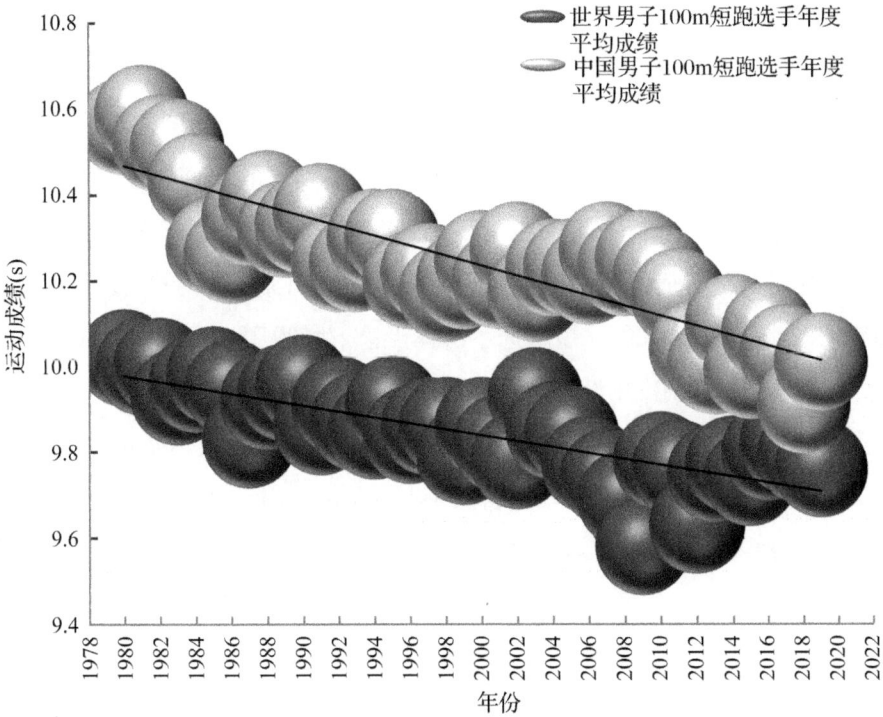

图2.6 世界与中国男子100 m短跑年度平均运动成绩

注:数据源自 World Athletics 官网、中国体育年鉴等资料。

$$Y = -0.0069X + 23.588 \qquad (2.1)$$

以中国男子100 m短跑选手的平均运动成绩为因变量(Y'),年份为自变量(X'),得到回归方程(决定系数 $R^2 = 0.7834, p < 0.001$):

$$Y' = -0.0116X' + 33.512 \qquad (2.2)$$

上述2个回归方程表明:伴随着年份渐趋增长,世界与中国优秀男子100 m短跑选手各年度的平均运动成绩具备极其显著的统计学差异($p < 0.001$)。中国优秀男子100 m短跑选手平均运动成绩的变化幅度较大($R^2_{中国} = 0.7834 > R^2_{世界} = 0.6482$)。同时,世界男子100 m短跑选手竞技表现的稳定性高,平均成绩保持在9.85 s以内。

2.7 文献述评

本书以中国优秀男子100 m短跑选手核心竞技能力特征为切入点,对中国优秀男子 100 m 短跑选手核心竞技能力的表现特征和训练特征进行系统分析。本章围绕研究目的,对竞技能力基础理论、不同项群竞技能力特征、100 m 短跑选手竞技能力特征和核心竞技能力特征展开了文献综述。

竞技能力是运动员专项发展的基础,但梳理以往的研究发现,对不同项群竞技能力特征的分析深度不够,系统研究偏少,研究数据不够系统全面,基本停留在专项特征的定性描述和总结。在 100 m 短跑选手竞技能力特征方面,多数学者针对 100 m 短跑选手身体形态、生理机能和身体素质方面的研究聚焦于定性描述,并没有准确的定量解析;在运动技能方面,只有单独的运动学描述,研究方法受限;在心理能力特征方面,有关 100 m 短跑选手的心理研究偏少,且没有具体的指标测试和评估。对于 100 m 短跑项目核心竞技能力特征触及偏少,存在探讨不够深入、系统等问题。综上归纳,整体发现:

第一,研究对象运动水平不高。大多数研究对象集中在一级或者二级短跑选手,有关国内顶尖短跑选手的研究少。

第二,研究方法受限。多数研究因为研究方法运用不够综合,研究视域、研究深度、研究思路受到局限,导致研究过程与结果分析不够深刻。

第三,系统性研究不足。现有研究中有关男子 100 m 短跑选手竞技能力特征与核心竞技能力特征的成果屈指可数,研究框架不够系统,研究内容偏重定性描述,研究方法运用受限,存在探讨的深度和系统性不够等问题。

第四,定量研究偏少。多数学者针对 100 m 短跑选手体能、技术、心理等能力方面的研究基本为单纯的定性描述论证,并没有准确的定量解析。

综上,本书针对中国优秀男子 100 m 短跑选手核心竞技能力特征进行定量与定性解析,纵深挖掘中国优秀男子 100 m 短跑选手核心竞技能力的表现特征和训练特征,明晰每个核心竞技子能力之间的相互关系,旨在丰富中国短跑专项训练理论体系,为各等级 100 m 短跑选手提供借鉴。

3 研究设计

3.1 研究对象、方法和技术路线

3.1.1 研究对象

本书以中国优秀男子 100 m 短跑选手核心竞技能力特征为研究对象，以 2017—2019 年全运会、全国田径大奖赛、亚洲田径锦标赛以及田径世锦赛（含选拔赛）上短跑成绩小于等于 10.40 s 的短跑选手为研究对象，其从整体上代表了现阶段中国男子 100 m 短跑的最高水平。

3.1.2 研究方法

3.1.2.1 文献资料法

本书根据研究内容，借助各类检索系统整理了有关 100 m 短跑项目的文献资料和网络资源，并按照主题对相关文献进行了重点研读，为开展研究奠定了扎实的理论基础。

目前，对国内一线重点男子 100 m 短跑选手的研究成果缺乏整理和统计（苏炳添、谢震业、许周政、吴智强、梁劲生等中国男子 100 m 短跑选手的科研动态结果等）。本书在中国知网、北京体育大学图书馆以"100 m 短跑""100 m 短跑运动员（选手）""短跑竞技能力""100 m 短跑竞技能力""100 m 短跑体能""100 m 短跑运动技术""短跑运动学分析""100 m 短跑心理特征""100 m 短跑训练方法"等为关键词进行中文高级检索，以"100 m dash""sprints athletics ability""100 m dash athletics ability""100 m dash physical ability""100 m dash athletics skill""100 m dash kinematics analysis""100 m dash psychology characteristic""100 m dash training method"等为关键词进行

外文高级检索,同时筛选、整理和总结国内外关于男子 100 m 短跑选手核心竞技能力特征方面的研究。文献检索起止日期为 1980 年 1 月 1 日和 2019 年 5 月 17 日。本书择取与自身研究相关程度较高的 724 篇文献进行了研读,以其中 278 篇作为重点,并阅读了 100 m 短跑项目的训练、监控、运动生物力学分析、运动生理学、信息科学、计算机评价系统及成材规律的多元模式等方面的专著 70 余部,登录国际田联官方网站、中国田径协会官方网站查阅了 100 m 短跑比赛、训练、监管等方面的相关信息,对国内外优秀男子 100 m 短跑选手的历年成绩进行了采集和整理,获得了重要的参考信息和理论依据。

3.1.2.2　专家访谈法

本书以半结构访谈为主,利用出差、比赛、调研等契机,通过专家咨询、网络手段、书面表达、电话沟通、面对面交流等形式,对中国 100 m 短跑领域及运动生物力学领域共 12 名专家学者进行了访谈:对中国田径协会、国际田联发展中心领导进行访谈;对 21 名国内外著名田径 100 m 短跑项目教练员进行了访谈,对国内外运动训练理论专家以及运动心理学、体能训练和运动生理学监控与测量学等专家进行了详细的专题访谈,探析了专家学者对于国内外 100 m 短跑项目核心竞技能力特征的看法及对于核心竞技能力构成的理解,咨询了 100 m 短跑项目的不同技术特征与发展导向,以及 Dartfish、APAS 三维运动技术解析系统、日本松井秀治人体惯性参数模型及低通滤波法的原理与应用。

本书针对研究需要设计访谈专题,与访谈对象沟通协调,保证时间充足,以优化访谈效果,现场听取记录并进行整理(见表 3.1)。

表 3.1　访谈专家信息($N = 33$)

序号	姓名	工作单位	职称/职务	研究方向
1	田麦久	北京体育大学	教授	运动训练学
2	陈小平	国家体育总局	教授	运动训练学
3	李铁录	北京体育大学	教授	短跑理论与实践
4	米　靖	北京体育大学	教授	运动训练学

续表

序号	姓名	工作单位	职称/职务	研究方向
5	谢慧松	北京体育大学	教授	短跑理论与实践
6	柴国荣	北京体育大学	教授	短跑理论与实践
7	李　庆	清华大学	教授	短跑理论与实践
8	袁国强	广东省田径运动管理中心	国家级教练	短跑运动训练
9	苑廷刚	国家体育总局	研究员	运动生物力学
10	于　冰	北卡罗来纳大学	教授	运动生物力学
11	尹贻杰	国家体育总局	领队	短跑运动训练
12	周　伟	北京体育大学	国家级教练	短跑运动训练
13	周　越	北京体育大学	教授	运动生理学
14	曲　峰	北京体育大学	教授	运动生物力学
15	张莉清	北京体育大学	教授	运动训练学
16	张力为	北京体育大学	教授	运动心理学
17	许占鸣	北京体育大学	副教授	田径理论与实践
18	杨　辉	北京体育大学	国家级教练	短跑运动训练
19	Randy	国家体育总局	外籍教练	短跑/三级跳远
20	Gio	国家体育总局	外籍教练	短跑运动训练
21	田玉梅	广西田径运动管理中心	国家级教练	短跑运动训练
22	苏炳添	暨南大学	副教授	短跑运动训练
23	张怀川	北京体育大学	讲师	短跑运动训练
24	曹晓培	北京大学	国家级教练	短跑运动训练
25	陶宇佳	上海体育学院	高级教练	短跑运动训练
26	刘朝旭	福建田径运动管理中心	国家级教练	短跑运动训练
27	李　山	西安体育学院	教授	短跑理论与实践
28	吴玉钦	广州体育学院	教授	短跑理论与实践
29	李玉章	上海体育学院	教授	短跑理论与实践
30	张庆文	上海体育学院	教授	短跑理论与实践
31	林　松	沈阳体育学院	教授	短跑理论与实践
32	王文武	山西师范大学	教授	短跑理论与实践
33	张　振	山西师范大学	副教授	短跑理论与实践

3.1.2.3 问卷调查法

本书采用德尔菲专家调查法,通过半结构式访谈,结合当前100 m 短跑项目发展的趋势与现状,设计了专家和教练员调查问卷。一是针对具有高级职称的田径方向的教师就理论与实践问题进行调查;二是对不同层次、不同水平的运动单位、运动队从事短跑专项运动训练的教练员进行问卷调查。专家和教练员对 100 m 短跑专项的各测试指标比较熟悉,符合德尔菲专家调查法的基本要求。

问卷处理过程包括问卷发放和回收、有效问卷筛选、问卷信度检验、问卷统计分析等环节。本书先访谈部分专家,初步筛选指标,设计出针对专家的调查问卷,包括两部分内容:第一,反映专家、教练员对本书研究相关内容的意见和观点;第二,根据科研要求邀请专家、教练员、运动员进行填答,确定指标后分别对国家体育总局、北京体育大学、清华大学、上海体育学院、北京大学、西安体育学院、广州体育学院、沈阳体育学院、苏州大学以及山西师范大学等单位的专家和教练员展开正式问卷调查。问卷采用电子邮件、快递寄送形式进行发放与回收。根据针对教练员调查指标的取舍意向,题型分为封闭式和开放式两种,本次调研为封闭式。

2019 年 3 月,本书对 15 位专家进行了第一轮问卷调查,邀请专家和教练员进行指标筛选。发放问卷 15 份,回收有效问卷 15 份,回收率与有效率均是 100% 。根据第一轮专家的指标筛选意见和建议,我们对指标进行调整与修改后,编制第二轮问卷,根据反馈结果对核心竞技能力构成要素评价的初级指标进行优化,然后再进行第二轮的问卷调查。调研专家、教练员基本情况见表 3.2 和表 3.3。

2019 年 4 月,本书再次邀请专家和教练员进行第二轮指标筛选。发放问卷 12 份,回收有效问卷 12 份,回收率和有效率为 100% 。根据专家和教练员对每项指标的赋分情况,我们最终确定了中国优秀男子 100 m 短跑选手核心竞技能力构成要素的一级指标、二级指标和三级指标。具体测试指标筛选过程、方法等见"4.2 中国优秀男子 100 m 短跑选手核心竞技能力的构成要素"。

表3.2　第一轮测试指标专家和教练员信息($N=15$)

序号	姓名	工作单位	职称/职务	研究方向
1	李铁录	北京体育大学	教授	短跑理论与实践
2	柴国荣	北京体育大学	教授	短跑理论与实践
3	李 庆	清华大学	教授	短跑理论与实践
4	曹晓培	北京大学	副教授	短跑理论与实践
5	许占鸣	北京体育大学	副教授	短跑理论与实践
6	张怀川	北京体育大学	副教授	短跑理论与实践
7	周 伟	北京体育大学	国家级教练	短跑运动训练
8	周玉斌	北京体育大学	国家级教练	短跑运动训练
9	田玉梅	广西田径运动管理中心	国家级教练	短跑运动训练
10	刘朝旭	福建田径运动管理中心	国家级教练	短跑运动训练
11	杨 辉	北京体育大学	国家级教练	短跑运动训练
12	陶宇佳	上海体育学院	高级教练	短跑运动训练
13	王文武	山西师范大学	国家级教练	短跑运动训练
14	张 振	山西师范大学	副教授	短跑理论与实践
15	张 杰	山西师范大学	副教授	短跑理论与实践

表3.3　第二轮测试指标专家和教练员信息($N=12$)

序号	姓名	工作单位	职称/职务	研究方向
1	李铁录	北京体育大学	教授	短跑理论与实践
2	柴国荣	北京体育大学	教授	短跑理论与实践
3	李 庆	清华大学	教授	短跑理论与实践
4	曹晓培	北京大学	副教授	短跑理论与实践
5	周 伟	北京体育大学	国家级教练	短跑运动训练
6	周玉斌	北京体育大学	国家级教练	短跑运动训练
7	田玉梅	广西田径运动管理中心	国家级教练	短跑运动训练
8	张怀川	北京体育大学	副教授	短跑理论与实践
9	陶宇佳	上海体育学院	高级教练	短跑运动训练
10	刘朝旭	福建田径运动管理中心	国家级教练	短跑运动训练
11	林 松	沈阳体育学院	教授	短跑理论与实践
12	王文武	山西师范大学	国家级教练	短跑运动训练

"中国优秀男子 100 m 短跑选手心理能力"调查问卷采用现场发放形式分发给中国优秀男子 100 m 短跑选手,运动员填写完成后现场收回问卷。心理能力测量具体选取了《运动认知特质焦虑量表》《优秀运动员意志品质评价量表》和《特质运动自信心量表》,共发放 12 份,回收问卷 12 份,回收率为 100%,有效问卷为 12 份,有效率为 100%。

为保证问卷调查的合理性和有效性,本书邀请了 12 名具备高级职称的专家和教练员进行问卷内容效度与结构效度检验(见表 3.4)。对问卷内容效度的专家及教练员反馈统计表明,高度概括与概括比例分别为 83.33%、8.33%(见表 3.5)。对问卷结构效度的专家反馈统计表明,非常合理、合理比例分别为 91.67%、8.33%(见表 3.6)。

表 3.4　问卷效度检验专家和教练员信息(N = 12)

序号	姓名	工作单位	职称/职务	研究方向
1	李铁录	北京体育大学	教授	短跑理论与实践
2	柴国荣	北京体育大学	教授	短跑理论与实践
3	李 庆	清华大学	教授	短跑理论与实践
4	余维立	国家体育总局	国家级教练	短跑运动训练
5	周 伟	北京体育大学	国家级教练	短跑运动训练
6	周玉斌	北京体育大学	国家级教练	短跑运动训练
7	田玉梅	广西田径运动管理中心	国家级教练	短跑运动训练
8	张怀川	北京体育大学	副教授	短跑理论与实践
9	陶宇佳	上海体育学院	高级教练	短跑理论与实践
10	刘朝旭	福建田径运动管理中心	国家级教练	短跑运动训练
11	林 松	沈阳体育学院	教授	短跑理论与实践
12	王文武	山西师范大学	国家级教练	短跑运动训练

表 3.5　问卷内容效度的调查统计

指标	N	高度概括	概括	基本概括	不太概括	不概括
人员分布	12	10	1	1	0	0
人员分布比例/%	100	83.33	8.33	8.33	0	0

表 3.6　问卷结构效度的调查统计

指标	N	非常合理	合理	基本合理	不太合理	不合理
人员分布	12	11	1	0	0	0
人员分布比例/%	100	91.67	8.33	0	0	0

问卷的统计指标在检验一次之后,鉴于被调查访问对象的聚集难度,难以再次进行检验。因此,本书采用内部一致性系数法来计算问卷的信度系数,通过此种方法计算出的信度系数能够反映出测验内部的一致性。问卷的信度运用 Cronbach's α 信度系数检验,计算方法为

$$\alpha = \frac{N}{N-1}\left(1 - \frac{\sum S_i^2}{S_x^2}\right)。$$

其中, S_i^2 为问卷题目分数的方差, S_x^2 为测验总分的方差, $\sum S_i^2$ 为方差和。通过检验,教练员选手及专家指标三个问卷的 Cronbach's α 分别为 0.857、0.835 及 0.872,问卷信度高。

心理能力测试问卷具体选取《运动认知特质焦虑量表》《优秀运动员意志品质评价量表》和《特质运动自信心量表》,这些都是比较成熟的心理测量量表,具备较高的问卷信效度。本书对测试量表进行了内部一致性检验,Cronbach's α 都大于 0.8,能够满足研究的测试要求(见表 3.7)。

表 3.7　运动认知特质焦虑、意志品质和特质运动自信心量表信度检验

量表	Cronbach's α
《运动认知特质焦虑量表》	0.827
《优秀运动员意志品质评价量表》	0.838
《特质运动自信心量表》	0.859

3.1.2.4　录像拍摄解析法

依据运动生物力学测量原理与评价方法,并结合短跑专项特点,我们对2017 年第 13 届天津全运会、2018 年全国田径大奖赛首站(肇庆站)以及2019 年田径世锦赛选拔赛(沈阳站)男子 100 m 决赛进行了现场拍摄:咨询

北京体育大学运动生物力学专家，联合国家队短跑科研团队（苑廷刚研究员、姜自立博士和王国杰博士等团队成员），按照专业科研服务标准，根据高速摄像原理，对决赛现场进行拍摄。

（1）100 m技术分析录像数据采集方案与程序

本书根据《体育科学研究方法》的基本原则和原理，咨询了北京体育大学运动生物力学测量与评价以及短跑领域的专家教授，根据专家建议，选取2017年第13届天津全运会、2018年全国田径大奖赛首站（肇庆站）以及2019年田径世锦赛选拔赛（沈阳站）男子100 m决赛进行现场拍摄。

拍摄装备为9台相同型号的松下LUMIX-DMC-FZ300高速相机（拍摄频率＝240幅/s，分辨率≥720×480 kbps，焦距≥600 mm），我们在看台最高点位置进行拍摄。将1、2、3、4、5号相机安置于100 m跑道5 m、15 m以及25 m处的垂直位置进行定点定焦拍摄（帧速率240 fps），取景范围各是0—10 m、10—20 m、20—30 m、47—55.5 m以及55.5—64 m，同时将6—9号相机安置于100 m跑道21.5 m、47 m、72.5 m以及100 m处的垂直位置进行扫描拍摄，取景范围都在0—100 m。全部相机的快门速度（shutter speed）都小于1/1000 s，在光线允许的前提下，重点考虑1/1600 s以下的快门速度，主要采用二维标定框架分别对100 m决赛0—10 m、10—20 m、20—30 m、47—55.5 m以及55.5—64 m段落分道次进行分别贴点标定（30—100 m段落以女子100 m栏间8.5 m的分割线作为标定点），标定框架拍摄时间不少于10 s，准确明晰标定点的顺序，比赛前、后分别标定1次。比赛过程中，1—9号相机要从"各就各位"开始直到完成比赛，不停机连续拍摄，然而6—9号相机需先拍摄到发令枪闪光后再开始连续跟拍场上比赛中的100 m男子短跑选手。

2017年第13届天津全运会、2018年全国田径大奖赛（肇庆站）、2019年田径世锦赛选拔赛（沈阳站）男子100 m决赛拍摄现场的具体标记点和机位布局见图3.1。

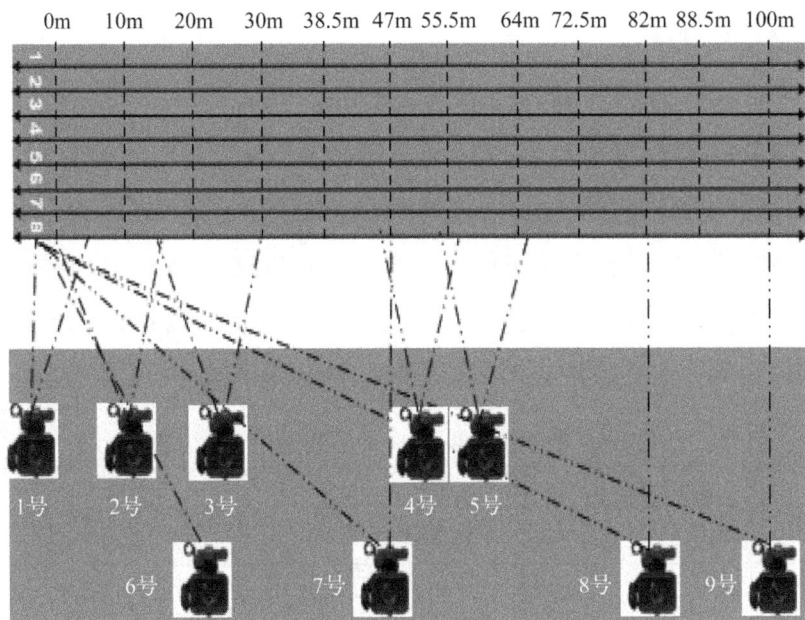

图 3.1 拍摄现场的具体标记点和机位布局

（2）100 m 录像解析法

在解析过程中,本书使用日本松井秀治人体惯性参数模型,选取了 21 个关节点,数据平滑系数为 14。我们运用 Dartfish 8.0 运动视频技术解析系统以及 Kinovea 技术视频解析包对中国优秀男子 100 m 短跑选手的关键技术步态参数、分段速度等进行跟踪拍摄以及逐幅解析,将解析出的数据通过 Excel 2010 软件储存在计算机中。

本书对中国优秀男子 100 m 短跑选手的全程关键技术步态参数变化特征进行了相关解析,包括平均步长、平均步频、步长指数、步频指数、分段速度、触地时间和腾空时间等。根据《田径运动高级教程》,本书将中国优秀男子 100 m 短跑选手的全程技术环节划分为起跑阶段（0—30 m 段）、起跑后的加速跑阶段（30—60 m 段）、途中跑阶段（60—90 m 段）、终点冲刺跑阶段（90—100 m 段）,并对其各个阶段的关键技术指标进行了对应的解析,即全程总步数、平均步长、步长指数、平均步频、步频指数、分段速度、支撑时间、腾空时间等。

3.1.2.5 测试法

（1）中国优秀男子100 m短跑选手的界定

根据目前中国男子100 m短跑的竞赛现状与发展趋势，通过咨询100 m短跑领域的专家教授以及国家级短跑教练员的意见，本书将2017—2019年以来曾在中国全运会、全国田径大奖赛、亚洲田径锦标赛以及田径世锦赛（含选拔赛）上100 m短跑成绩小于等于10.40 s（优于国家健将级10.50 s的标准）的男性选手界定为中国优秀男子100 m短跑选手（见表3.8）。

表3.8　中国优秀男子100 m短跑选手个人信息

姓名	从事短跑专项训练年限/年	身高/cm	所属代表队	出生年份	籍贯	毕业院校
苏炳添	16	172	广东队	1989	广东中山	暨南大学
谢震业	14	184	浙江队	1993	浙江绍兴	浙江大学
许周政	12	183	上海队	1995	上海普陀	华东理工大学
梁劲生	12	187	广东队	1996	广东深圳	华南理工大学
吴智强	12	175	湖北队	1994	内蒙古通辽	北京体育大学
张培萌	17	187	北京队	1987	北京海淀	北京体育大学
江亨南	12	175	海南队	1995	海南安定	清华大学
莫有雪	12	180	广东队	1996	广西柳州	暨南大学
徐海洋	10	175	江苏队	1992	江苏宿迁	南京航空航天大学
褦达军	7	175	四川队	1998	广东中山	中山大学
王　煜	12	178	北京队	1994	湖北武汉	清华大学
全英瑞	8	179	湖南队	1997	湖南永州	中南大学
糜　弘	12	179	湖南队	1993	湖南湘西	湖南大学

（2）测试对象基本情况

本书对参加2017年第13届全运会男子100 m短跑决赛、2018年全国田径大奖赛首站（肇庆站）男子100 m短跑决赛和2019年田径世锦赛选拔赛男子100 m短跑决赛的12名运动员进行测试，并要求其短跑成绩小于等于 10.40 s(成绩要优于国家级运动健将标准)。

(3)测试指标的确定

本书整理和归纳了国内外的文献资料信息,参考了现有的国内外有关 100 m 短跑运动项目的研究成果,依照 100 m 短跑的项目特征、现状趋势和中国训练实践经验,进一步筛选出中国优秀男子 100 m 短跑选手核心竞技能力特征及其构成要素的评价指标,并根据德尔菲法,邀请短跑领域及相关研究领域的资深专家以及教练员进行指标甄选。

本书的研究是针对中国优秀男子 100 m 短跑选手而组织开展的。优秀选手仅在国家队集训期间,能够集中,日常训练均回归其所从属的代表队。国家体育总局体育科学研究所研究人员(苑廷刚研究员、王国杰博士、姜自立博士等)以及中国田径协会短跑队的相关负责人(尹贻杰领队等)针对中国优秀男子 100 m 短跑选手的训练实践、参赛情况等进行了长期跟踪解析和调研,为本书研究指标的准确性提供了重要保障。此外,他们也经常进行实地调研,对中国优秀 100 m 短跑选手进行访谈。中外教练员以及科研工作者关于中国优秀男子 100 m 短跑选手的身体形态、生理机能等的准确数据以及中国优秀男子 100 m 短跑运动员对本书研究的全力配合和协助,为本书提供了理论与训练实践支撑。

根据德尔菲法,结合专家和教练员的意见,本书具体确定指标如下。

①身体形态指标

身高、体重、体脂百分比、克托莱指数、髂宽/髋宽×100、踝围/跟腱长×100、髂宽/肩宽×100 等(由运动员和教练员提供)。

②生理机能指标

白细胞、红细胞、血红蛋白、红细胞比容、平均红细胞体积、平均红细胞血红蛋白量、红细胞平均血红蛋白浓度、红细胞体积分布宽度、血尿素氮、磷酸肌酸激酶、磷酸肌酸激酶(稀释 10 倍后)、血清皮质醇、血清睾酮、肺活量、心率(由运动员和教练员提供)。

③身体素质指标

蹲踞式 30 m 听枪起跑、站立式 30 m 跑、蹲踞式 60 m 听枪起跑、站立式

60 m 跑、行进间 60 m 跑、行进间 30 m 跑、站立式 150 m 跑、站立式 300 m 跑、深蹲、半蹲、纵跳摸高、立定跳远、立定三级跳远、立定十级跳远、高翻、平板卧推、坐位体前屈等。测量细则见附录。

④技术能力指标

二级指标 5 项，即全程节奏技术、起跑技术、起跑后的加速跑技术、途中跑技术、终点冲刺跑技术；三级指标 10 项，即平均步长、平均步频、步长指数、步频指数、腾空时间、腾空时间占比、触地时间占比、分段速度等。具体测量细则见附录。

⑤心理能力指标

个体失败焦虑、躯体焦虑、社会期待焦虑、自信心、特质运动任务自信心、特质运动应对自信心、果断性、坚韧性、主动性、自觉性、自制性指标。采用量表如《运动认知特质焦虑量表》《优秀运动员意志品质评价量表》《特质运动自信心量表（ASCI）》进行测量。由于中国优秀男子 100 m 短跑选手处于集训期，我们等选手训练完后再单独去找每一位选手，其在安静状态下认真填写调查量表（见附录）。

（4）测试方法的确定

在开展正式测试前，本书根据第一轮专家的访谈建议，于 2018 年 11 月 17—20 日，以北京体育大学男子 100 m 短跑专项的 8 名学生作为预测试对象，就每项测试指标的手段及需要注意的问题等进行预测试，逐渐完善个别测试指标，有序衔接各测试程序和步骤，并以此为依据制订测试细则，保障测试数据的精确度和可靠性。

（5）测试工作的安排

国家短跑集训队备战重大赛事的标准较高，短跑选手肩负着国家的重大使命和职责，因此，我们在不影响其训练的前提下开展测试。

在选手接受测试前，测试人员需要对受试选手进行动员，使选手清晰明确本测试的目的及其协同配合的关键性作用，督促选手及相关测试工作者认真完成测试任务。

　　身体形态测试由国家短跑队科研专业技术人员(3 位)、博士(3 位)和体育测量专业硕士(3 位)协同完成,并细化分工,以确保测量误差最大限度减小;生理机能测试由国家体育总局体育科学研究所专业人员进行检测(测量时间为 2018 年 12 月 25 日,测试地点为国家体育总局田径管理中心)。

　　生理机能数据由运动员和教练员提供(测量时间为 2018 年 12 月 25 日,测试地点为国家体育总局体育科学研究所)。身体素质测试由国家短跑队科研专业技术人员(3 位)、博士(3 位)和体育测量专业硕士(3 位)协同操作,全部测试工作者均经过测试培训,严谨地根据测试细则进行操作,以保障测试环节的质量(测量时间为 2018 年 12 月 25 日,测试地点为国家体育总局田径管理中心田径场)。

　　技术测试结合短跑专家和教练员的意见,最终确定采用比赛现场追踪拍摄的形式,对选手的全程与各分段技术进行拍摄,采用 Dartfish 8.0 运动视频技术解析系统以及 Kinovea 技术视频解析包对 100 m 短跑选手的指标参数进行研究。

　　心理测试均取自运动心理学研究领域较为著名、资深的专家力荐的覆盖范围较广和应用普及度较高的心理学量表。测试于安静的环境中进行,严格根据量表的测试方案进行操作,并通过现场测试提交的形式完成(测量时间为 2019 年 4 月 25 日)。

　　每个测试设备在测试前、中均多次进行校对,以保障数据可靠性。

3.1.2.6　数理统计法

　　根据科研要求,本书使用 SPSS 22.0 软件和 Excel 2010 软件对相关数据进行统计分析,明确显著性水平,并进行描述性统计分析。在问卷调查和测试数据方面,本书进行了差异性检测(克鲁斯卡尔-沃利斯检验,即 Kruskal-Wallis 检验)、独立样本 t 检验、相关性分析、回归分析、分层聚类分析等,以辨别统计分析结果是否具有统计学意义,并利用 SPSS 22.0 等软件对相关数据进行筛选和解析。所有数据的显著性水平均采用国际标准 $X \pm SD$ 表示平均值及其标准偏差。本书使用 Engauge Digitizer、Protovis 和 Sigma. js 等软件获取文献中的数据或测试数据以制作数据图表。

(1)肯德尔的协调系数(W)分析

在收集和整理相关参考文献的基础上,本书首先筛选指标水平,将专家意见集中度和专家意见协调度作为优化科研指标的规则与依据。

专家意见集中度用 M_j 表示,它表示匹配的第 j 个指标的平均得分。平均值越大,表明指标的权重越大。m_j 表示对第 j 个指标进行评估的专家总数,而 C_{ij} 是第 j 个指标上的第 i 个专家的得分值,有:

$$M_j = \frac{1}{m_j} \sum_{i=1}^{m_j} C_{ij} \tag{3.1}$$

变异系数(V_j)通常称为离散变量系数,它可以预测所有专家对第 j 个指标相对重要性评价的离散程度。如果在指标筛选期间,变异系数(V_j)$\geq$ 0.25,则表明该指标的专家协调度不足,因此,本书将变异系数小于 0.25 作为检验指标的必要条件之一,$V_j = S_j/M_j$,S_j 是第 j 个指标的标准偏差,统计计算方法为:

$$S_j = \sqrt{\frac{1}{m_j} \sum_{i=1}^{n} (C_{ij} - M_i)^2} \tag{3.2}$$

专家意见协调度是指专家意见的变异度和协调系数。协调系数(W)反映了参与访谈的总体专家(m 位)对每个指标(n 个项目)的权重值评估的协调程度。当 W 对应的 p 小于 0.05 时,意味着专家在评估指标方面获得了集中统一的评分。基于协调系数(W),可以确定专家咨询结果的真实性。协调系数(W)在 0—1 的范围内,并且其值越趋于 1,意味着专家的共识水平越高。协调系数的计算公式如下:

$$W = \frac{12}{m^2(n^3 - n) - m \sum_{i=1}^{n} T_i} \sum_{j=1}^{m} d_j^2 \tag{3.3}$$

其中,n 是指标数量,m 是专家总数,d_j 是 j 指标水平与所有指标水平的算术平均值之间的差,T_i 为修正系数。

如果协调系数的显著性检验结果为 $p < 0.05$,表明专家的统一程度良好,指标筛选结果能够提取或者采用;相反,无法提取或采用结果。

$$\chi^2 = \frac{12}{mn(n+1) - \frac{1}{n-1}\sum_{i=1}^{n} T_i} \sum_{j=1}^{m} d_j^2 \qquad (3.4)$$

（2）Kruskal-Wallis 检验

本书进一步检验2017年第13届全运会、2018年全国田径大奖赛首站（肇庆站）和2019年田径世锦赛选拔赛男子100 m短跑决赛运动员的运动成绩、全程总步数、步频及步频指数、步长及步长指数、分段速度等均值是否具备差异性。Kruskal-Wallis 检验（K-W 检验）适用于小样本数据处理，故本书采用 Kruskal-Wallis 检验。方差分析需要满足正态性和方差齐性的假设，当样本不满足这些条件时可以使用非参数的 K-S 检验，该方法与 Wilcoxon 秩和检验类似，可视作其扩展，可以检验多个样本所来自的总体分布是否相同。KW 为秩和统计量：

$$KW = \frac{组间平方和}{全体样本的秩方差} \qquad (3.5)$$

$$组间平方和 = \sum_{i=1}^{k} n_i \left(\frac{R_i}{n_i} - \frac{n+1}{2} \right)^2 \qquad (3.6)$$

$$全体样本的秩方差 = \frac{1}{n-1} \sum_{i=1}^{k} \sum_{j=1}^{n_i} \left(R_{ij} - \frac{n+1}{2} \right)^2 \qquad (3.7)$$

其中，$\frac{n+1}{2}$ 是整体样本的秩平均，R_i 是第 i 个样本的秩和，n_i 是第 i 个样本的观察数，R_i/n_i 是第 i 个样本的秩平均。由此，

$$KW = \frac{组间平方和}{全体样本的秩方差}$$

$$= \frac{12}{n(n+1)} \sum_{t=1}^{k} n_t \left(\frac{R_t}{n_t} - \frac{n+1}{2} \right)^2$$

$$= \frac{12}{n(n+1)} \sum_{t=1}^{k} \frac{R_t^2}{n_t} - 3(n+1) \qquad (3.8)$$

Kruskal-Wallis 检验解决问题的思路是，把全体优秀短跑选手混合成一个数据集合，将数据从小到大排列并计算秩（每个观测都有自己的秩，秩相同则取平均）。记录每一组观测值的秩和 R_i，再计算每组的平均值，检验的统

计量为 H：

$$H = \frac{12 \sum n_j (\bar{R}_j - \bar{R})^2}{N(N + 1)} \qquad (3.9)$$

在原假设下，自由度为 $k-1$ 的卡方分布与 H 的分布近似。当所有组的观测值个数都不少于 5 时，这种近似的准确度比较合理，H 越大，表明原假设（一些中位数之间的差异在统计意义上显著）成立的证据越充分。某些学者建议调整 H：

$$H_{adj} = \frac{H}{1 - \dfrac{\sum (t_i^3 - t_i)}{N^3 - N}} \qquad (3.10)$$

在原假设下，自由度为 $k-1$ 的卡方分布与 H 和 H_{adj} 的分布近似。由于中国优秀男子 100 m 短跑选手的样本量太小，且数据不符合方差齐性和正态性，故本书选择非参数检验中的 Krusal-Wallis H 检验。

（3）分层聚类分析法

分层聚类分析法适用于处理小样本数据。不同于其他的聚类方法，其优点是不需要预先设定好类的个数，只需确定好距离矩阵，生成层次树状谱系图，数据处理准确可靠。分层聚类分析法的优势在于能够计算和处理小样本。根据研究目的，需要根据所选指标将运动员进行分类，使同一类运动员之间在所选指标上的表现相似，而不同类运动员之间异质性最大化。本书采用的聚类方法是分层聚类分析法，将优秀运动员分成三类，步骤如下。

步骤一：将每个运动员视为一类，计算所有中国优秀男子 100 m 短跑运动员两两之间的距离（距离是运动员之间相似程度的度量）。第 i 个运动员和第 j 个运动员之间的距离为：

$$d_{ij} = \Big[\sum_{k=1}^{p} (x_{ik} - x_{jk})^2 \Big]^{\frac{1}{2}} \qquad (3.11)$$

步骤二：将距离最近的两类合并，使之成为一个新类，并计算新类与其他类的距离。用类平均法计算类 p（含 l 个运动员）和类 q（含 k 个运动员）之间的距离，计算公式为：

$$D(p,q) = \frac{1}{lk}\sum_{i \in p}\sum_{j \in q}d_{ij} \qquad (3.12)$$

判断运动员是否全部合并,若否,则重复步骤二,直到所有运动员合并成一类。

本书根据分层聚类的过程绘制谱系图,进而结合研究目的确定分类个数并对运动员进行分类,然后总结概括每类运动员的特点,进行进一步比较和分析。

3.1.2.7 灰色关联分析法

为反映中国优秀男子100 m短跑选手力量及力量耐力素质、速度及速度耐力素质、柔韧素质、灵敏素质以及心理能力的各项指标与选手运动成绩的灰色关联度,本书确定了反映系统行为特征的参考数列和影响系统行为的比较数列:反映系统行为特征的数据序列,称为参考数列(母序列);影响系统行为的因素组成的数据序列,称为比较数列。

假设 n 个数据序列形成以下矩阵:

$$(X_1', X_2', \cdots, X_n') = \begin{pmatrix} x_1'(1) & x_2'(1) & \cdots & x_n'(1) \\ x_1'(2) & x_2'(2) & \cdots & x_n'(2) \\ \vdots & \vdots & \vdots & \vdots \\ x_1'(m) & x_2'(m) & \cdots & x_n'(m) \end{pmatrix} \qquad (3.13)$$

$$X_i' = (x_i'(1), x_i'(2), \cdots, x_i'(m))^T, i = 1, 2, \cdots, n \qquad (3.14)$$

其中,m 是指标数。

(1)确定参考数列

参考数列是理想的比较标准,基准数列可以由每个指标的最优值(或最劣值)构成,也可以根据评估目的选择参考序列:

$$X_2' = (x_2'(1), x_2'(2), \cdots, x_2'(m)) \qquad (3.15)$$

(2)指标数据的无量纲化,对参考序列和比较序列进行关联求解

由于系统中每个因素的物理含义不同,因此数据的维数(量纲)不一定相同,这不利于比较,或者比较时无法获得准确的结果。因此,在灰色关联度的分析中,通常需要进行无量纲处理。常用的方法包括求平均值:

$$x_i(k) = \frac{x_i'(k)}{\frac{1}{m} \sum_{k=1}^{m} x_i'(k)} \tag{3.16}$$

$$x_i(k) = \frac{x_i'(k)}{x_i'(1)} \tag{3.17}$$

其中，$i = 0, 1, \cdots, n; k = 1, 2, \cdots, m$。

（3）无量纲数据序列形成矩阵

无量纲数据序列形成以下矩阵：

$$(X_0, X_1, \cdots, X_n) = \begin{pmatrix} x_0(1) & x_1(1) & \cdots & x_n(1) \\ x_0(2) & x_1(2) & \cdots & x_n(2) \\ \vdots & \vdots & \vdots & \vdots \\ x_0(m) & x_1(m) & \cdots & x_n(m) \end{pmatrix} \tag{3.18}$$

接下来，逐一计算每个评估对象的指标序列（比较序列）与参考序列的相应元素之间的绝对差，n 是评估对象的数量。

（4）求关联程度

关联程度本质上是曲线间几何形状之间的差异级别，因此，可以将曲线间差值之间的大小视为关联程度的衡量尺度。对于参考序列 X_0，有多个比较序列，$X_1, X_2, \cdots, X_n$。每个比较序列和参考序列在每个时间节点（曲线中的每个点）的关联系数 $\xi(X_i)$ 为：

$$\zeta_i(X_i) = \frac{\min\limits_i \min\limits_k |x_0(k) - x_i(k)| + \rho \cdot \max\limits_i \max\limits_k |x_0(k) - x_i(k)|}{|x_0(k) - x_i(k)| + \rho \cdot \max\limits_i \max\limits_k |x_0(k) - x_i(k)|} \tag{3.19}$$

其中，ρ 是分辨系数，通常为 0—1，最常为 0.5，第二级最小差表示为 $\Delta_{\min}$，两级最大差表示为 $\Delta_{\max}$。每个比较序列的 X_i 曲线上的每个点与参考序列的 X_0 曲线上的每个点之间的绝对差值，记录为 $\Delta_{oi}(k)$。$k = 1, 2, \cdots, m$。

（5）求出参考序列与比较序列之间的灰色关联系数 $\xi(X_i)$

由于关联系数是每个时刻（曲线中的每个点）的比较序列和参考序列之间关联的水平值（程度值），因此其数量不仅是 1。但信息内容的过度分散不利于综合比较，因此，每个时刻（曲线中的每个点）的关联系数必须集中在一个值，也就是平均值，作为比较序列和参考序列之间的关联程度数量表示。

若使用每个指标的最佳值(或最差值)来形成参考数据信息列以计算相关系数,也可使用一种改进且更简捷的计算方法:

$$\zeta_i(X_i) = \frac{\min_i |x'_0(k) - x'_i(k)| + \rho \cdot \max_i |x'_0(k) - x'_i(k)|}{|x'_0(k) - x'_i(k)| + \rho \cdot \max_i |x'_0(k) - x'_i(k)|} \quad (3.20)$$

改进后的方法不仅节省了第(3)步,简化了计算,而且还防止了非量纲化对指标的不良影响。

(6)计算关联序列

对于每个指标序列(比较序列),计算每个指标和参考序列之间的关联系数的平均值,以反映每个指标和参考序列之间的相关性,统称为关联序列即:

$$r_{0i} = \frac{1}{m} \sum_{k=1}^{m} \zeta_i(X_i) \quad (3.21)$$

其中,r_i 为比较序列 X_i 与参考序列 X_0 的灰色关联系数,或编码序列相关系数,平均关联系数和线关联度。r_i 越接近 1,则关联性越高。

(7)求关联系数

关联系数的计算公式为:

$$r_i = \frac{1}{N} \sum_{k=1}^{N} \xi_i(k) \quad (3.22)$$

(8)关联系数的排列

本书主要以系数的顺序描述元素之间的关联水平(关联度):使 m 个子编码序列与同一母编码序列的关联系数按顺序排列,形成关联序列(X),体现了母编码序列每个子序列的强或弱关联。如果 $r_{0i} > r_{0j}$,则对于相同的母编码序列(X_o) 来说,(X_i) 优于(X_j),记录为$(X_i) > (X_j)$;r_{0i} 根据比较每个关联系数的大小以甄别待识别对象对研究对象的影响程度,象征着第 i 个子编码序列对母序列矩阵的特征值。若每种指标在评价中的效果(贡献率)不同,则可以计算关联系数的加权平均值,W_k 是每项指标所占权重。

$$r'_{0i} = \frac{1}{m} \sum_{k=1}^{m} W_k \cdot \zeta_i(x_i) \quad (3.23)$$

其中,$k = 1, 2, \cdots, m$。

（9）获得研究结果

根据每个观察对象的相关顺序，获得研究结果。

3.1.3 研究的技术路线

本书按照"问题的提出→选题依据及时代背景→相关概念界定→理论梳理→实地测试→数据解析→研究内容撰写→问题回馈与处理→结束课题工作"的基本思路及整体脉络进行研究（见图3.2）。

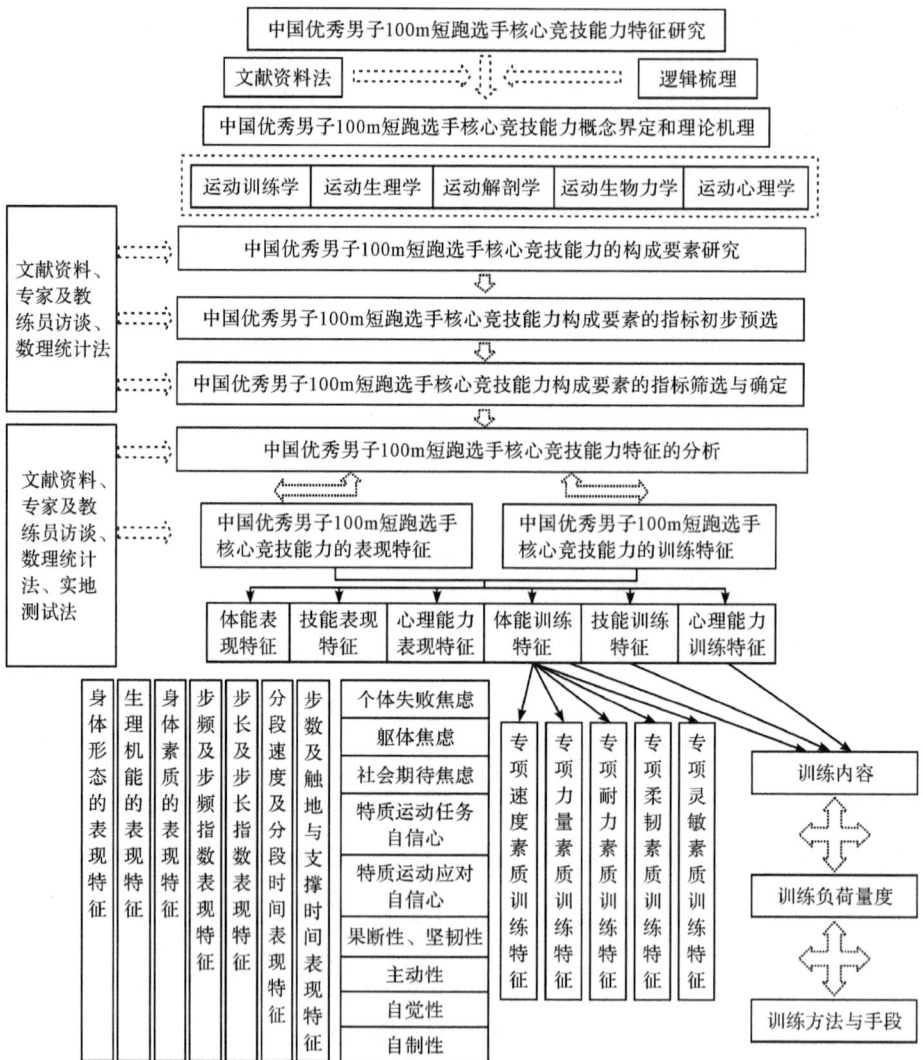

图3.2 本书研究的技术路线

通过邀请专家和教练员进行访谈、调研和文献搜集,结合目前中国优秀男子 100 m 短跑选手的发展现状与时代背景,本书明晰了研究方向,即分析中国优秀男子 100 m 短跑选手核心竞技能力特征。

本书以运动训练学等基础理论为指导,搜集和整理大量国内外文献资料,并对文献进行了述评,从而为研究的顺利进行提供理论依据。根据长期实地调研和考察的研究结果,本书对中国优秀男子 100 m 短跑选手核心竞技能力展开详细论证。

通过大量阅读文献,结合文献资料法、德尔菲专家调查法和数理统计法,本书初步预选出影响中国优秀男子 100 m 短跑选手核心竞技能力的指标;经调整和修改指标后,邀请专家和教练员进行第二轮调查,并经统计学处理,甄选出最有效的、有典型性的测试指标;确定指标后,进行测试;整理测试数据并进行数理统计分析,最终形成中国优秀男子 100 m 短跑选手核心竞技能力的系统结构。

针对中国优秀男子 100 m 短跑选手核心竞技能力,本书重点围绕其表现特征和训练特征两个维度进行解析。分别从体能表现特征(身体形态表现特征、生理机能表现特征、身体素质表现特征)、技能表现特征以及心理能力表现特征系统阐释核心竞技能力的表现特征,从体能训练特征(身体素质训练特征包括专项速度素质训练特征、专项力量素质训练特征、专项耐力素质训练特征、专项柔韧素质训练特征以及专项灵敏素质训练特征)、技能训练特征以及心理能力训练特征对核心竞技能力的训练特征展开研究。本书对中国优秀男子 100 m 短跑选手核心竞技能力特征进行整体解析、个案阐述、比较分析,并提出相应研究建议和展望,提炼出适宜的结论。

3.1.4 研究的相关界定

根据基础理论及专项理论,为满足研究内容的需要,本书对研究开展过程中的相应指标进行阐释,为确保研究的全面性,除了对比赛的相关参数指标进行测试,还对关键技术指标进行界定(见表3.9)。

表 3.9 关键技术指标界定

指标	界定
步长	相邻两次着地时刻着地点之间距离(单位:m)
步长指数	步长与身高的比值
步频	每秒时间内所完成的步数(单位:Hz)
步频指数	步频与身高的乘积
分段速度	对 100 m 短跑全程按照分段距离进行标定时运动员的速度(单位:m/s)
腾空时间	运动员支撑腿离地瞬时到摆动腿触地前所用时间(单位:ms)
触地时间	运动员摆动腿触地瞬时到支撑腿离地前所用时间(单位:ms)
支撑期	同一侧足着地到同一侧足蹬离地面的阶段
腾空期	同一侧足蹬离地面到异侧足着地的阶段

3.2 研究重点、难点和创新点

3.2.1 研究重点

为探索中国优秀男子 100 m 短跑选手核心竞技能力特征,本书对体能、技能、心理能力的表现特征和训练特征进行剖析,借此管窥其核心竞技能力发展状况,切实为中国 100 m 各个等级的短跑选手提供参考和借鉴,提高其专项化水平,促进运动成绩的发展和提高。

第一,探究中国优秀男子 100 m 短跑选手的核心竞技能力特征。根据研究需要,本书邀请专家、教练员进行问卷调查,甄选出影响中国优秀男子 100 m 短跑选手核心竞技能力的指标,经实地考察和调研获取原始数据,进行统计学筛选,对中国优秀男子 100 m 短跑选手的核心竞技能力特征进行深入探讨和解析。

第二,根据统计学方法筛选出富有代表性的核心竞技能力测试指标,并进行定量与定性解析。

3.2.2 研究难点

第一,样本是国家短跑队优秀选手,调研具有难度。由于国家短跑队的选手较为稀缺,基本均由各省一线代表队选拔、输送而来,选手地域分布不均衡。入选国家短跑队的选手,也代表各地方省队参赛。因此,对国家短跑队选手进行长期调研和跟踪(分别记录每名选手的具体相关信息,采集数据,观察选手的训练模式、训练内容、训练方法和手段等)具有难度。另外,开展该项研究消耗庞大的人力、物力和财力,并且需要根据科学的指标参数去测量、考察和解析,涉及因素多且较为烦琐,研究开展难度较大。

第二,需要全方位、多维度统筹测试指标科学性与全面性。本书以运动训练学、运动生理学、运动解剖学、运动生物力学等基础理论为依据,采用多种研究方法,对中国优秀男子100 m短跑选手的体能(身体形态、生理机能、身体素质)、技能、心理能力等相关指标进行测试和分析。中国优秀男子100 m短跑选手核心竞技能力特征研究的开展,既需要大量交叉学科奠定夯实理论基础和扩展研究视域,同时还需要深刻探究所选取的多维指标的科学性与合理性。其应既能够突显100 m短跑的项目特征,同时也具有可操作性,能够切实应用于100 m短跑项目的专项训练实践中,故指标遴选工作具有一定难度。另外,本书的研究工作较为细致,为保障研究结果的精确性,对每一环节的论证均需要大量统计学数据换算,这既是本书研究的重点,也是本书研究的难点。以国内一线男子短跑选手为研究实测受体,要求遴选这一题目的科研工作者长期对调查对象进行追踪观察,并搜集大量的精确数据作为理论支撑。

3.2.3 研究创新点

第一,研究样本独特。本书的研究样本为国家队的男子100 m短跑选手,并且其最佳运动成绩均高于国家级运动健将水平(最佳运动成绩≤10.40 s,要显著优于国家级运动健将10.50 s的标准,且绝大多数选手处于国际水平)。由于现有研究中所选取的测试对象运动水平不高,更加突显出本书研究样本选取的独特性。

第二,研究方法综合。本书采用文献资料法对100 m短跑选手的核心竞技能力进行梳理和系统综述;运用专家访谈法获取中国优秀男子100 m短跑选手核心竞技能力特征研究的第一手资料和论据;采用问卷调查法对其核心竞技能力有关指标进行筛选和确定;运用测试法测量国家短跑队的体能、技能和心理能力相关指标;采用运动生物力学解析方法与手段(高速摄影、运动解析系统的相关解析包等)对中国优秀男子 100 m 短跑选手的关键技术指标等进行深入解析,并且由专业技术团队形成合力,运用 9 台摄像机对男子 100 m 短跑现场比赛进行定点扫描拍摄;运用灰色关联分析法对中国优秀男子短跑选手核心竞技能力有关的测试指标进行关联分析;采用克鲁斯卡尔-沃利斯非参数检验,对中国优秀男子 100 m 短跑选手核心竞技能力有关的测试指标进行检验与分析;采用分层聚类法分析中国优秀男子短跑选手核心竞技能力相关指标,确定距离矩阵,生成层次树状谱系图。本书综合了以上研究方法,以期探索其成功经验,具有重要的学术与实践价值。

第三,研究数据完整丰富。针对中国优秀男子 100 m 短跑选手核心竞技能力特征,本书分别从核心竞技能力的表现特征和训练特征进行研究,研究数据丰富完整,且具备系统性。一是根据德尔菲法甄选出核心竞技能力的测试指标(体能、技能和心理能力),对中国优秀男子短跑选手的体能、技能和心理能力表现特征的测试指标数据进行定量化解析;二是对中国优秀男子短跑选手的体能、技能和心理能力的训练特征数据进行了定量化解析,即从训练内容、训练方法与手段、负荷量度等方面数据进行系统分析,旨在为该项目科学训练提供理论依据。

4 研究过程与分析

4.1 中国优秀男子100 m短跑选手的基本情况分析

4.1.1 中国优秀男子100 m短跑选手年龄特点分析

运动成绩是判断某一单项整体训练是否成熟、系统的参照标准,但在重视最佳运动成绩的同时,也要重点关注其年龄结构特征。优秀选手的周期安排、成材年龄、年龄结构分布的合理性、专项训练年限等对某一专项发展的可持续性发挥重要作用。男子100 m短跑是一项挑战极限的项目,对短跑选手的无氧功能系统和其他生理机能有严格要求,科学研究证实,随着比赛水平的提高和比赛经验的丰富,选手的生理、心理能力也逐渐成熟。另外,20—27岁年龄区间的100 m短跑选手在比赛中非常有竞争力,在不受伤的情况下,能够将自身竞技水平推至巅峰,或保持较长的年龄段。但100 m短跑选手倘若错失运动寿命的黄金年龄,再试图有所突破恐怕也是十分困难,难以创造一流运动成绩,因此,年龄对于男子100 m短跑整个项目的发展意义重大。随着世界田径竞赛的迅速发展,国内外优秀男子100 m短跑选手参赛的年龄特征也出现了显著变化。

世界优秀男子100 m短跑选手保持最佳成绩的训练年限延长,参赛年龄也呈"老龄化"特征。30岁以上的短跑选手不断增多,短跑选手的运动寿命也在逐渐延长,如刘易斯、博尔特、盖伊、加特林和阿什福德等27岁以上的选手仍然可以保持稳定的竞技高峰状态。从年龄上来看,中国优秀男子100 m短跑选手整体平均年龄为26岁,平均年龄与世界精英级短跑运动员基本相同;世界精英级短跑选手的平均年龄为26.117岁,与中国优秀男子100 m短跑选手不具有显著性差异($p > 0.05$)(见表4.1和表4.2)。

表 4.1　中国优秀男子 100 m 短跑选手个人信息(截至 2019 年)

姓名	训练年限/年	年龄/岁	身高/cm	专项训练年限/年	所属地方代表队	出生年份
苏炳添	17	31	172	15	广东队	1989
谢震业	14	27	184	13	浙江队	1993
张培萌	19	33	187	18	北京队	1987
许周政	12	25	183	10	上海队	1995
梁劲生	12	24	187	11	广东队	1996
吴智强	12	26	175	10	湖北队	1994
江亨南	12	25	175	10	海南队	1995
莫有雪	12	24	180	11	广东队	1996
徐海洋	14	28	175	12	江苏队	1992
褚达军	7	22	175	5	四川队	1998
王 煜	12	26	178	10	北京队	1994
全英瑞	8	23	179	5	湖南队	1997
糜 弘	12	27	179	10	湖南队	1993
均值	12	26	178.867	10.01	——	——

表 4.2　世界前 30 名精英级短跑选手年龄样本

年份	样本量	平均值的95%下限/岁	置信区间上限/岁	最小值/岁	最大值/岁	均值/岁	标准差/岁
2013	30	23.39	25.87	16	35	25.87	2.55
2014	30	24.52	25.77	17	36	26.21	3.58
2015	30	24.63	26.38	17	35	25.16	4.42
2016	30	25.42	26.95	17	35	26.42	4.53
2017	30	26.31	24.83	18	36	26.15	3.69
2018	30	26.18	25.64	18	37	26.89	4.75
2013—2018	180	25.08	25.90	17	36	26.12	3.92

注:由世界田联和核心期刊等文献资料汇总而来。

从年龄结构来看,苏炳添、谢震业和张培萌都在 26 岁以上,而且在世界大赛上的运动成绩也在不断进步。苏炳添(1989 年出生)在 20 岁时,100 m

短跑成绩为 10.28 s;22 岁时,100 m 短跑成绩为 10.16 s;24 岁时,100 m 短跑成绩为 10.06 s;27 岁时,100 m 短跑成绩为 9.99 s;29 岁时,追平亚洲纪录,创造 9.91 s 的个人最佳成绩。张培萌(1987 年出生)在 20 岁时,100 m 短跑成绩为 10.27 s;21 岁时,100 m 短跑成绩为 10.23 s;24 岁时,100 m 短跑成绩为 10.21 s;26 岁时,100 m 短跑成绩为 10.00 s。张培萌和苏炳添两位运动员都是年龄在 20 岁时便跑到 10.20 s 并开始扬名国内,而其他选手同期成绩还在 10.30 s 以外。张培萌在 26 岁到达巅峰状态,苏炳添在 29 岁创造突破。谢震业(1993 年出生)在 20 岁时,100 m 短跑成绩为 10.31 s;22 岁时,100 m 短跑成绩为 10.25 s;23 岁时,100 m 短跑成绩为 10.08 s;25 岁时,突破 10 s,创造 9.97 s 的个人最佳成绩。整体而言,禢达军、全英瑞年龄最小,吴智强、许周政、梁劲生、江亨南等都比较年轻,未来潜力有待观察。

总体来看,中国优秀男子 100 m 短跑在老、中、青三个年龄阶段都有国际水平的运动员,年龄结构比较合理,这也是中国 100 m 短跑选手能够有 2—3 名运动员同时入选奥运会、世锦赛实力的保证,具有一定的可持续性。

4.1.2　中国优秀男子 100 m 短跑选手运动成绩分析

4.1.2.1　苏炳添运动成绩分析

苏炳添是国际健将级选手,中国男子田径队短跑现役选手、男子 4 × 100 m 短跑接力队核心成员,男子 100 m 和 60 m 亚洲纪录保持者,第一位闯入田径世锦赛 100 m 决赛的亚洲选手,首位突破 10 s 大关的亚洲本土选手。2011 年 9 月,苏炳添在全国田径锦标赛斩获男子 100 m 桂冠,并以 10.16 s 的优异成绩打破周伟保持了 13 年的全国纪录;2012 年 8 月伦敦奥运会上,成为中国首位晋级奥运会男子 100 m 短跑半决赛的选手;2015 年国际钻石联赛中,以 9.99 s 成为第一位突破 10 s 大关的中国人。他是亚洲室内 60 m 短跑纪录保持者,亚洲室外 100 m 短跑成绩为 9.91 s,已追平卡塔尔归化短跑选手奥古诺德的纪录。他还是创造全国 4 × 100 m 短跑接力纪录重要成员(与汤星强、谢震业、张培萌协同创造出 37.82 s 的成绩)(见表 4.3、表 4.4、表 4.5)。

表 4.3 苏炳添职业生涯的个人最佳成绩(截至 2019 年)

项目	比赛日期	成绩/s	风速/(m/s)	地点
室内 60 m	2018 年 3 月 3 日	6.42		伯明翰
室外 100 m	2018 年 6 月 23 日	9.91	+0.2	马德里
4×100 m 接力	2016 年 8 月 18 日	37.82		里约热内卢

表 4.4 苏炳添 2011—2019 年 100 m 短跑重点比赛数据

日期	最佳成绩/s	风速/(m/s)	地点
2011 年 9 月 8 日	10.16	+0.7	合肥
2013 年 5 月 21 日	10.06	+0.1	北京
2014 年 9 月 28 日	10.10	+0.4	仁川
2015 年 5 月 30 日	9.99	0.0	尤金
2016 年 8 月 15 日	10.08	0.0	里约热内卢
2017 年 5 月 28 日	9.92	+2.4	尤金
2018 年 6 月 22 日	9.91	+0.2	马德里
2019 年 5 月 18 日	10.05	+0.9	上海
2019 年 8 月 3 日	10.19	+0.7	沈阳

表 4.5 苏炳添 2009—2019 年获奖情况

获奖年份	奖项名称
2019	多哈田径世锦赛选拔赛(沈阳)男子 100 m 亚军
2019	2019 国际田联世界室内赛德国杜塞尔多夫站男子 60 m 冠军
2018	2018 国际田联洲际杯赛男子 100 m 亚军
2018	世界室内巡回赛男子 60 m 总冠军
2017	国际田联钻石联赛摩纳哥站男子 4×100 m 接力冠军
2017	国际田联钻石联赛上海站男子 100 m 冠军
2016	国际田径室内赛纽约站男子 60 m 亚军
2015	国际田联世界挑战赛北京站男子 100 m 季军
2014	仁川亚运会田径男子 100 m 亚军
2014	国际田联室内赛捷克布拉格站男子 100 m 第 4 名
2014	国际田联室内赛比利时根特站男子 60 m 亚军

获奖年份	奖项名称
2013	东亚运动会男子 100 m 冠军
2013	辽宁沈阳全国运动会男子 100 m 亚军
2013	印度浦那亚洲田径锦标赛男子 100 m 冠军
2013	全国田径锦标赛男子 100 m 冠军
2013	国际田联世界田径挑战赛北京站男子 100 m 季军
2013	全国田径大奖赛肇庆站男子 100 m 亚军
2013	全国室内田径锦标赛南京站男子 60 m 冠军
2013	第 12 届全国运动会男子 4×100 m 冠军
2012	全国田径锦标赛男子 100 m 冠军
2011	亚洲田径大奖赛昆山站男子 4×100 m 接力冠军
2010	广州亚运会男子 4×100 m 接力冠军
2009	东亚运动会男子 100 m 冠军
2009	亚洲室内运动会男子 60 m 冠军
2009	全运会预选赛暨全国田径锦标赛男子 100 m 冠军
2009	亚洲田径大奖赛(苏州站)男子 100 m 冠军
2009	亚洲田径大奖赛(香港站)男子 100 m 冠军
2009	亚洲田径大奖赛(昆山站)男子 100 m 冠军

4.1.2.2　谢震业运动成绩分析

谢震业是国际级运动健将、中国田径队现役短跑选手、全国 200 m 短跑纪录保持者(19.88 s)。2017 年 9 月,在第 13 届全运会男子 100 m、200 m 决赛中斩获冠军;2018 年 6 月,以 9.97 s 的运动成绩赢取法国蒙特勒伊田径精英赛男子 100 m 冠军。同时,谢震业是中国最为出众的男子 200 m 选手:2019 年 7 月,以 19.88 s 的耀眼成绩斩获国际田联钻石联赛伦敦站男子 200 m 决赛的冠军,同时创造新的亚洲纪录,成为第 1 位男子 200 m 短跑突破 20 s 大关的黄种人选手。他还是创造全国 4×100 m 接力纪录重要成员之一(见表 4.6、表 4.7)。

表4.6　谢震业职业生涯的个人最佳成绩(截至2019年)

项目	比赛日期	成绩/s	风速/(m/s)	地点
室内60 m	2015年3月15日	6.60	——	北京
室外100 m	2018年6月20日	9.97	+0.9	蒙特勒伊
4×100 m接力	2016年8月18日	37.82	——	里约热内卢

表4.7　谢震业2016—2019年代表性竞赛

比赛项目	比赛年份	地点	比赛成绩/s	名次
里约奥运会100 m短跑半决赛	2016	里约热内卢	10.11	——
第13届全运会男子100 m	2017	天津	10.04	1
法国蒙特勒伊田径赛男子100 m	2018	蒙特勒伊	9.97	1
瑞士日内瓦田径赛男子100 m	2018	日内瓦	9.98	2
美国佛罗里达接力赛男子100 m	2019	佛罗里达州	10.15	2
国际田联街头田径挑战赛100 m	2019	北京	10.04	1
国际田联钻石联赛奥斯陆站100 m	2019	奥斯陆	10.01	2
世界多哈田径锦标赛选拔赛100 m	2019	沈阳	10.03	1
国际田联钻石联赛总决赛100 m	2019	苏黎世	10.04	2

4.1.2.3　张培萌运动成绩分析

张培萌是国际健将级运动员、中国田径队男子短跑运动员,曾5次跑进10.10 s(100 m)。2013年8月,在田径世锦赛男子100 m半决赛中,张培萌跑出了10 s整的成绩,成为第1位在田径世锦赛获得男子100 m小组第1的中国选手,打破了全国纪录,也追平了1998年由伊东浩司跑出的黄种人最快纪录。2013年9月,张培萌斩获全运会男子100 m、200 m冠军。2015年8月,在田径世锦赛男子4×100 m接力比赛中,张培萌和莫有雪、谢震业、苏炳添代表中国队以38.01 s摘银,创造亚洲历史。2017年7月,在国际田联钻石联赛摩纳哥站男子4×100 m接力比赛中,由吴智强、谢震业、苏炳添、张培萌组成的中国队以38.19 s的成绩夺冠。之后张培萌走向了职业生涯下坡路,但他在中国百米史上功不可没,因其10 s整的短跑成绩带动了中国男子短跑向世界级水平靠拢(见表4.8)。

表 4.8 张培萌 2007—2017 年代表性竞赛成绩

年份	获得奖项	运动成绩/s
2017	国际田径钻石联赛男子 4×100 m 接力冠军	38.19
2015	田径世锦赛男子 4×100 m 接力亚军	38.01（全国纪录）
2013	第 12 届全运会男子 100 m 决赛冠军	10.08
2013	第 12 届全运会男子 200 m 决赛冠军	20.74
2013	田径世锦赛男子 100 m 预赛（小组第 1）	10.04
2013	田径世锦赛男子 100 m 第 9 名	10.00（全国纪录）
2013	国际田联钻石联赛上海站 200 m 冠军	20.47（全国纪录）
2013	全国田径大奖赛广东肇庆男子 100 m 冠军	10.04
2013	国际田联挑战赛北京站	10.09
2011	全国田径锦标赛男子 100 m 亚军	10.21
2009	第 18 届亚洲田径锦标赛男子 100 m 决赛冠军	10.28
2009	第 11 届全国运动会田径男子 100 m 决赛亚军	10.29
2008	中国田径公开赛男子 100 m 决赛冠军	10.23
2007	全国冠军赛男子 100 m 决赛冠军	10.28
2007	全国冠军赛男子 200 m 决赛冠军	20.74
2007	全国城市运动会男子 100 m 决赛冠军	10.27

4.1.2.4 吴智强运动成绩分析

吴智强是国际健将级选手、中国田径队现役短跑选手,因其短跑天赋颇为卓越,2014 年 1 月正式入选中国田径短跑队,通常在中国田径短跑队男子 4×100 m 接力中执掌第 1 棒,个人 100 m 短跑项目最佳成绩为 10.17 s。吴智强于亚州田径锦标赛上以 10.18 s 获得铜牌,成为仅次于苏炳添、谢震业的中国现役第三人。2019 年,吴智强在 100 m 短跑项目上不断取得好成绩,从 2 月底到 10 月初先后跑出 10.22 s、10.28 s、10.29 s、10.22 s 和 10.17 s 的佳绩,始终稳定在 10.30 s 以内(见表 4.9、表 4.10)。截至 2019 年,吴智强训练年限为 14 年,从事专项训练年限为 10 年。另外,吴智强为中国男子短跑队 4×100 m 接力重要成员之一。

表 4.9　吴智强职业生涯的个人最佳竞赛成绩(截至 2019 年)

项目	比赛日期	成绩/s	风速/(m/s)	地点
室内 60 m	2017 年 2 月 23 日	6.65	—	南京
室外 100 m	2019 年 4 月 23 日	10.17	+2.0	重庆
120 m	2018 年 9 月 15 日	12.42	+0.2	太原
4×100 m 接力	2019 年 10 月 5 日	37.79	—	多哈

表 4.10　吴智强 2016—2019 年职业生涯 100 m 短跑重要成绩

日期	最佳成绩/s	名次	创造地
2016 年 6 月 18 日	10.51	3	重庆
2017 年 4 月 11 日	10.39	2	郑州
2017 年 5 月 9 日	10.27	1	太原
2017 年 9 月 3 日	10.31	4	沈阳
2018 年 4 月 10 日	10.48	3	肇庆
2018 年 4 月 6 日	10.47	1	株洲
2018 年 6 月 5 日	10.46	6	贵阳
2019 年 2 月 17 日	10.60	1	波莫纳
2019 年 2 月 23 日	10.22	1	佛罗里达州
2019 年 3 月 9 日	10.28	1	洛杉矶
2019 年 4 月 22 日	10.29	1(预赛)	多哈
2019 年 4 月 22 日	10.22	2(半决赛)	多哈
2019 年 4 月 23 日	10.18	3	多哈
2019 年 6 月 7 日	10.17	1	重庆
2019 年 8 月 3 日	10.27	5	沈阳

4.1.2.5　梁劲生运动成绩分析

梁劲生是中国田径队现役短跑选手、中国田径队男子 4×100 m 接力队成员,于 2019—2020 年度入选国家队,个人 100 m 短跑项目最佳成绩为 10.18 s。2015 年,梁劲生开启职业生涯的通道,在 100 m 短跑项目上创造了 10.48 s 的好成绩,取得国家级健将资格,并于 2015 年 11 月,正式入选国家队。2015 年,他就已经具备跑进 10.30 s 以内的竞技水平,但因为 2016—2018 年频繁遭受伤病影响,2018 年赛季最佳运动成绩仅为 10.34 s,倘若其不受伤病影响,跑进 10.10 s 以内的概率较高。尤其到 2019 年下半年,梁劲生逐渐迎来突破,100 m 短跑创造了 10.18 s 的个人最佳成绩(见表 4.11)。另外,梁劲生具有其独特优势。他兼项 200 m,并且是 200 m 全国青年纪录保持者,曾以 20.52 s 的成绩打破谢震业 20.54 s 的 200 m 全国青年纪录,2017 年在第 13 届全运会摘银,其 200 m 后程能力就目前而言仅次于谢震业。

表 4.11 梁劲生 2016—2019 年赛季 100 m 短跑代表性竞赛成绩

赛事	年份	地点	成绩/s	名次
全国田径锦标赛天津站	2016	天津	10.32	2
第 13 届全运会	2017	天津	10.37	7
全国田径大奖赛肇庆站	2018	肇庆	10.41	2
全国田径锦标赛太原站	2018	太原	10.34	3
瑞士 Résisprint 国际田径赛	2019	拉绍德封	10.18	6
瑞士图恩田径邀请赛	2019	图恩	10.24	1(预)
瑞士图恩田径邀请赛	2019	图恩	10.29	1(决)
田径世锦赛选拔赛暨全国选拔赛	2019	沈阳	10.21	4

4.1.2.6 许周政运动成绩分析

许周政是中国田径队现役短跑选手、中国田径队男子 4×100 m 接力队重要成员之一。2018 年,许周政在全国室内田径锦标赛总决赛男子 60 m 决赛中,独占鳌头,以 6.48 s 的个人最佳成绩一举成名,成为继苏炳添之后第二位跑进 6.50 s 的短跑可塑新星。2016 年 9 月,在全国田径锦标赛天津站男子 100 m 决赛当中,许周政以 10.29 s 的优异成绩夺魁,是中国男子 100 m 历史长河中第 30 位突破 10.30 s 关卡的选手。2018 年 4 月,许周政在全国田径大奖赛肇庆站男子 100 m 决赛当中,以 10.21 s 的成绩拔得头筹。2019 年 8 月 22 日,瑞士拉绍德封田径赛男子 100 m 短跑预赛的风速是

+0.7 m/s,许周政以 10.12 s 的成绩赢取第 2 小组头名,刷新了 100 m 个人职业生涯最好成绩(见表 4.12、表 4.13)。2019 年 6 月,德国柏林街头田径赛中,许周政在男子 100 m 比赛的第 2 枪中跑出了 10.29 s 的成绩,首次闯入 10.30 s。

表 4.12　许周政职业生涯的个人最佳竞赛成绩(截至 2019 年)

项目	比赛时间	成绩/s	风速/(m/s)	创造地点
室内 60 m	2018 年 3 月 23 日	6.48	—	北京
室外 100 m	2018 年 4 月 11 日	10.12	+0.2	肇庆
200 m	2019 年 3 年 29 日	20.89	+3.6	佛罗里达州
4×100 m 接力	2017 年 7 年 22 日	38.72	—	大阪

表 4.13　许周政 2016—2019 年赛季 100 m 短跑代表性竞赛

日期	最佳成绩/s	名次	创造地
2016 年 9 月 14 日	10.29	1	天津
2017 年 9 月 15 日	10.31	5	天津
2018 年 4 月 10 日	10.21	1	肇庆
2018 年 6 月 15 日	10.26	1	太原
2018 年 7 月 10 日	10.24	1	广东
2019 年 4 月 23 日	10.41	2	多哈
2019 年 6 月 30 日	10.12	刷新个人最好成绩	拉绍德封
2019 年 6 月 30 日	10.14	5	拉绍德封
2019 年 8 月 3 日	10.20	3	沈阳

4.1.2.7　江亨南运动成绩分析

江亨南是中国田径队现役短跑选手、中国田径队男子 4×100 m 接力队成员。他是著名短跑教练李庆的队员,于 2018 年入选国家队,100 m 短跑项目的个人最佳运动成绩为 10.22 s。2018 年,江亨南分别跑出 10.57 s、10.42 s、10.22 s、10.29 s、10.31 s 的佳绩,宛如黑马崛起,成功入选国家队;2018 年

6 月 15 日,全国田径大奖赛暨亚运会选拔赛第四站男子 100 m 比赛中,预赛以 10.22 s 创造个人最好成绩,决赛以 10.29 s 赢得金牌;2019 年 9 月 19 日,入围中国田径队多哈田径世锦赛参赛名单(见表 4.14)。

表 4.14　江亨南 2016—2019 年 100 m 短跑赛季代表性比赛成绩

日期	最佳成绩/s	名次	创造地
2016 年 6 月 18 日	10.42	2	重庆
2017 年 6 月 25 日	10.41	6	贵阳
2018 年 5 月 23 日	10.42	2	重庆
2018 年 6 月 16 日	10.22	刷新个人最好成绩	贵阳
2018 年 6 月 17 日	10.29	1	贵阳
2018 年 9 月 14 日	10.31	1(预)	太原
2019 年 6 月 7 日	10.33	3	重庆
2019 年 8 月 3 日	10.41	9	沈阳

4.1.2.8　莫有雪运动成绩分析

莫有雪是中国田径队现役短跑选手、中国田径队男子 4×100 m 接力队成员,是中国著名短跑教练袁国强的弟子,于 2019—2020 年度入选国家队,100 m 短跑项目的个人最佳运动成绩为 10.35 s。莫有雪年少成名,2013 年 7 月 12 日在顿涅茨克举行的少年田径世锦赛中,他以 10.35 s 的优异成绩斩获男子 100 m 桂冠,创造了中国田径历史,成为中国历史上首位斩获世锦赛选拔赛序列(世锦赛选拔赛 + 世青赛 + 世少赛)男子 100 m 冠军的中国选手。2015 年 8 月 29 日北京田径世锦赛选拔赛中,莫有雪携手苏炳添、张培萌、谢震业以 38.01 s 的成绩共同赢得男子 4×100 m 接力银牌,创造亚洲历史。由于长期遭受伤病困扰,莫有雪近几个赛季最佳成绩仅维持在 10.50 s 以内的竞技水平,如 2016 年的 10.41 s、2017 年的 10.49 s、2018 年的 10.44 s。2019 年 8 月 22 日,在黑龙江大庆承办的 2019 年全国田径冠军赛暨大奖赛总决赛男子 100 m 决赛中,莫有雪以 10.39 s(风速为 +0.1 m/s)的成绩斩获冠军(见表 4.15、表 4.16)。

表 4.15 莫有雪职业生涯的个人最佳竞赛成绩(截至 2019 年)

项目	比赛日期	成绩/s	风速/(m/s)	地点
室内 60 m	2016 年 3 月 3 日	6.64	—	南京
室外 100 m	2013 年 7 月 12 日	10.35	+0.5	顿涅茨克
200 m	2015 年 10 月 26 日	20.96	—	福州
4×100 m	2015 年 8 月 29 日	37.92	—	北京

表 4.16 莫有雪 2016—2019 年 100 m 短跑赛季代表性成绩情况

赛事	年份	地点	成绩/s	名次
第 13 届全运会	2017	天津	10.54	11
全国大学生田径锦标赛	2018	大庆	10.44	2
全国田径大奖赛肇庆站	2019	肇庆	10.48	3
全国田径大奖赛黄石站	2019	黄石	10.53	1
北京街头田径巡回赛	2019	北京	10.43	4
全国田径锦标赛太原站	2019	太原	10.49	3
全国田径锦标赛沈阳站	2019	沈阳	10.40	2
全国田径冠军赛暨大奖赛总决赛	2019	大庆	10.39	1

4.1.2.9 徐海洋运动成绩分析

徐海洋是中国田径队现役短跑选手,于 2019—2020 年度入选国家队,个人 100 m 短跑项目最佳运动成绩为 10.21 s。2017 年,徐海洋成绩斐然,实现多重突破,先是以 10.35 s 勇夺亚洲田径大奖赛台北站男子 100 m 冠军并获亚洲田径锦标赛男子 4×100 m 接力冠军,而后以 10.28 s 的优异成绩战胜许周政、吴智强和梁劲生等,斩获第 13 届天津全运会男子 100 m 跑的铜牌。2018 年,在全国田径冠军赛暨大奖总决赛的预赛阶段,徐海洋创造个人最佳运动成绩 10.21 s,打破江苏省男子 100 m 纪录。然而,2019 年,徐海洋遭受伤病影响,100 m 项目上的最好成绩仅为 10.29 s(见表 4.17)。

表 4.17　徐海洋 2015—2019 年 100 m 短跑赛季代表性竞赛成绩

赛事	时间	地点	成绩/s	名次
全国大学生田径锦标赛	2015 年 7 月	桂林	10.37	1
全国田径大奖赛绍兴站	2016 年 4 月	绍兴	10.40	2
第 13 届全运会	2017 年 9 月	天津	10.28	3
全国田径大奖赛总决赛	2018 年 6 月	贵阳	10.21	5(预)
瑞士伯尔尼田径邀请赛	2018 年 6 月	伯尔尼	10.67	2
全国田径锦标赛太原站	2019 年 6 月	拉绍德封	10.29	5
瑞士格鲁耶尔田径赛	2019 年 7 月	格鲁耶尔	10.36	3

4.1.2.10　其他选手运动成绩分析

褟达军于 2018 年跑出 10.44 s、10.41 s、10.30 s 的优秀成绩。2019 年 4 月 7 日,2019 年全国田径大奖赛系列赛第一站(肇庆站),褟达军以 10.40 s 获得男子 100 m 冠军。2019 年 5 月 22 日,在广东大运会男子 100 m 决赛中,代表中山大学出战的褟达军以 10.45 s 的成绩获得冠军。2019 年 5 月 29 日,在全国田径大奖赛(洛阳站),四川队的褟达军以 10.39 s 获得男子 100 m 冠军。2019 年 9 月 19 日,在田径世锦赛沈阳选拔赛男子 100 m 比赛中,21 岁四川短跑新星褟达军在这场中国史上水平最高的比赛中跑出 10.29 s(风速为 +0.1 m/s),获得第 6 名。2019 年 9 月,褟达军入围中国田径队多哈世锦赛参赛名单。

王煜是中国田径短跑运动员,也是著名短跑教练李庆的队员。在 2017 年第 10 届全国高校田径精英挑战赛中,王煜以 10.47 s 的优异成绩斩获男子 100 m 项目冠军;2018 年 3 月 24 日,在 2018 年全国室内田径锦标赛总决赛男子 200 m 决赛中,以 21.17 s 获得季军;2018 年 6 月,贵阳全国田径冠军赛 100 m 预赛中,跑出 10.31 s 的个人最佳成绩,决赛以 10.40 s 获得第 4;2018 年 6 月 17 日,全国田径冠军赛暨大奖总决赛上,以 21.32 s 获得男子 200 m 亚军;2019 年首都高校田径运动会上,以 10.58 s 获得 100 m 冠军;2019 年 10 月,以 10.43 s 获得世界大学生运动会中国田径选拔赛男子 100 m

亚军,并获得世界大学生运动会百米接力亚军。

全英瑞是中国田径队现役短跑选手,2013 年在永州市体育学校开始田径训练,隶属于湖南省田径队。2018 年 3 月 7 日,在 2018 年全国室内田径锦标赛(南京站)男子 60 m 决赛上,全英瑞以 6.64 s 获得亚军。2018 年 3 月 23 日,在 2018 年全国室内田径锦标赛总决赛男子 60 m 决赛中,全英瑞以 6.59 s 的成绩获得亚军。2018 年 4 月 16 日,2018 年全国田径大奖赛男子 100 m 决赛中,全英瑞以 10.59 s 的成绩获得季军。2018 年 5 月 22 日,2018 年全国田径大奖赛(重庆站)中,全英瑞以 10.42 s 的成绩获得男子 100 m 短跑冠军,这是全英瑞首次在全国级别成年组比赛中获得冠军。2019 年中国体育彩票杯暨全国室内田径锦标赛总决赛中,全英瑞以 6.63 s 的成绩夺得男子 60 m 冠军。2019 年 9 月,全英瑞入选中国国家短跑队集训名单。

4.2　中国优秀男子 100 m 短跑选手核心竞技能力的构成要素

4.2.1　中国优秀男子 100 m 短跑选手核心竞技能力构成要素的初步预选

周西宽、钟秉枢、过家兴等提出,竞技能力主要由身体形态、生理机能、身体素质、运动技术、竞技战术、运动智能和心理素质这七类子能力构成,简称为竞技能力"七要素"理论。所有竞技能力构成要素的相关理论均包含着体能、技能、心理能力,它们是竞技能力的核心要素,其他四类要素则是根据具体研究需要拓展和衍生而来。各要素相互渗透,相互影响,共同形成联动的竞技能力系统。中国优秀男子 100 m 短跑选手竞技能力结构中,每个构成要素贡献率不同,各要素对整体发挥着不同的功能与作用。

本书涉及的国家队男子 100 m 短跑选手样本量相对匮乏,为此我们专门向北京体育大学体育统计与测量学专家咨询,探讨指标筛选、问卷设计等所必须遵循的原则和方法。中国优秀男子 100 m 短跑选手核心竞技能力指标的遴选是一项烦琐、精细、覆盖面广和技术性强的工作,本书指标筛选的基本步骤见图 4.1。

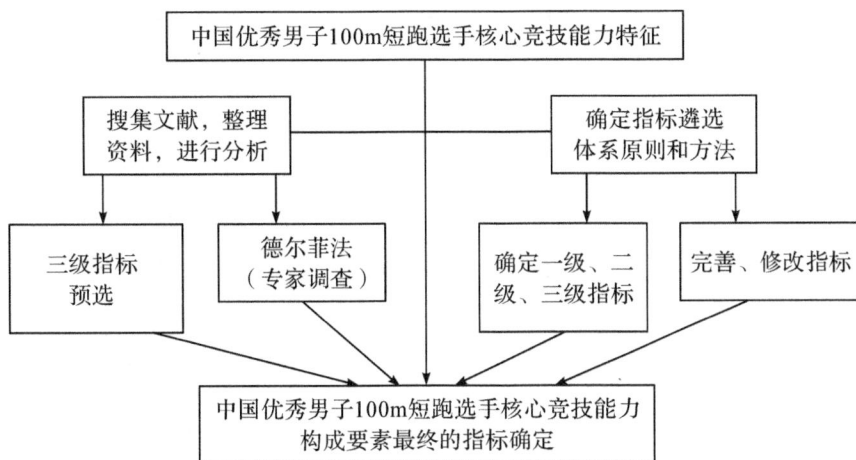

图 4.1 确定指标体系的基本步骤

基于此,本书借鉴"目标树"研究手段与德尔菲法的实施规范,根据专家的意见,并结合 100 m 短跑项目竞技能力特征和发展趋势、专项训练理论、运动训练理论等相关文献,以评价指标遴选的原则为依据,坚持科学、有效的研究标准,搜集相关文献资料,整合专家的建议,初步确定了中国优秀男子 100 m 短跑选手核心竞技能力指标体系,将中国优秀男子 100 m 短跑选手核心竞技能力作为总目标层,将身体形态、生理机能、身体素质、运动技术能力、心理能力、竞技战术以及运动智能作为核心竞技能力的准则层,并以此为根据衍生出对应的构成要素。

通过对相关文献的系统梳理与总结,在运动训练学和综合评价的基础理论指导下,本书遵循中国优秀男子 100 m 短跑选手核心竞技能力评价指标体系构建原则,结合相关领域专家访谈结果,运用"目标树"分析法,初步构建了男子 100 m 短跑选手核心竞技能力构成要素初步预选指标(见表 4.18),并按照德尔菲法的相关要求,针对上述初步预选指标设计专家意见调查问卷,请专家对各项指标的重要程度进行评价。专家可对每项指标提出具体建议,同时也可提出开放式建议。

表4.18 中国优秀男子100 m 短跑选手核心竞技能力构成要素初步预选指标

目标层	准则层	要素层	指标层
中国优秀男子100 m 短跑选手核心竞技能力	身体形态	长度指标	下肢长
			身高
		宽度指标	髂宽/髋宽×100
			髂宽/肩宽×100
		围度指标	踝围/跟腱长×100
		充实度指标	克托莱指数
			体脂百分比
			BMI 指数
	生理机能	有氧能力评定	肺活量
			每分呼吸量
			最大摄氧量
		心血管系统	心率
			血压
		泌尿系统	尿酮体
			胆红素(UBIL)
			尿酸碱度检查
			尿蛋白定型试验
			尿酸
		循环系统	血红蛋白(HGB)
			红细胞比容
			血小板
			平均红细胞体积
			平均红细胞血红蛋白量
			红细胞平均血红蛋白浓度
		循环系统	红细胞体积分布宽度
			血小板压积
			平均血小板体积
			血小板体积分布宽度

目标层	准则层	要素层	指标层
中国优秀男子 100 m 短跑选手核心竞技能力	生理机能	免疫系统	白细胞（WBC）
		内分泌系统	血清睾酮（T）
			血清皮质醇
			磷酸肌酸激酶
			磷酸肌酸激酶（稀释 10 倍后）
			血尿素氮
	身体素质	速度	30 m 蹲踞式起跑
			60 m 蹲踞式起跑
			站立式 30 m 跑
			站立式 60 m 跑
			行进间 30 m 跑
			行进间 60 m 跑
			站立式 150 m 跑
			站立式 300 m 跑
		耐力	Yoyo 间歇性耐力测试
			1000 m 跑
		力量	半蹲
			连续快速抓举
			高翻
			平板卧推
			立定跳远
			立定三级跳
			立定十级跳
			深蹲
			纵跳摸高
		柔韧	坐位体前屈
			横叉
			纵叉
			站位体前屈

续表

目标层	准则层	要素层	指标层
中国优秀男子100 m 短跑选手核心竞技能力	身体素质	柔韧	灵敏素质20 m 后退跑
			跨栏架(8个)
			30 s 象限跳
			20 s 立卧撑
		运动技术	平均步长
			平均步频
			步长指数
			步频指数
			总步数
			触地时间
			支撑时间
			触地时间占比
			腾空时间占比
			分段时间
			分段速度
	心理能力	参赛情绪	躯体焦虑
			社会期待焦虑
			特质运动任务自信心
			特质运动应对自信心
		竞赛意志	果断性
			坚韧性
			主动性
			自觉性
			自制性
	竞技战术		体力分配战术
	智力水平		瑞文标准推理测验

4.2.2 中国优秀男子100 m 短跑选手核心竞技能力构成要素的指标筛选与确定

在收集和整理相关文献资料的基础上,本书首先筛选指标,将专家意见集中度和专家意见协调度作为优化评价指标的规则与依据。专家意见协调度是指专家意见的变异度协调系数。协调系数(W)反映了参与访谈的专家(m 位)对每个指标(n 个项目)的权重值评估的协调程度。当 W 对应的 p 小于 0.05 时,意味着专家在评估指标方面获得了集中统一的评分。W 越大,专家与指标系统得分的协调性越好。

专家意见集中度用 M_j 表示,它表示匹配的第 j 个指标的平均得分。平均值越高,表明该指标的权重越大。[166-168]

$$M_j = \frac{1}{m_j} \sum_{i=1}^{m} C_{ij} \qquad (4.1)$$

其中,m_j 表示对第 j 个指标进行评估的专家总数,而 C_{ij} 是第 j 个指标上的第 i 个专家的得分值。

变异系数(V_j)通常称为离散变量系数,它可以预测所有专家对第 j 个指标相对重要性评价的离散程度。如果变异系数(V_j)大于等于 0.25,则表明该指标的专家协调度不足,因此本书将变异系数小于 0.25 作为检验指标的必要条件之一,离散变量系数 $V_j = S_j/M_j$,S_j 是第 j 个指标的标准偏差:

$$S_j = \sqrt{\frac{1}{m_j} \sum_{i=1}^{m} (C_{ij} - M_j)^2} \qquad (4.2)$$

协调系数(W)是反映专家意见的统一程度的重要指标。基于该值,可以确定专家咨询结果的真实性。协调系数(W)倾向于在0—1的范围内,并且越趋于1,意味着专家的共识越高。

$$W = \frac{12}{m^2(n^3 - n) - m \sum_{i=1}^{m} T_i} \sum_{j=1}^{m} d_j^2 \qquad (4.3)$$

其中,n 是指标数量,m 是专家总数,d_j 是第 j 个指标水平与所有指标水平的算术平均值之间的差,T_i 为修正系数。

如果协调系数的 p 小于 0.05,表明专家的统一程度良好,则指标筛选结果能够提取或者采取；否则，无法提取或采用结果。

$$\chi^2 = \frac{12}{mn(n+1) - \frac{1}{n-1}\sum_{i=1}^{m} T_i} \sum_{j=1}^{n} d_j^2 \qquad (4.4)$$

根据上述基本概念原理，本书分别对一级、二级、三级指标的专家意见集中度、专家意见协调度以及专家意见的一致性水平进行了第一轮统计分析。一级指标的统计结果表明，专家意见的集中度(M_j)在 4.26—5.00 范围内，专家意见协调度(V_j)在 0.0000—0.1985 范围内，一致性卡方检验 $p < 0.01$，满足统计学要求，表现出专家意见和建议的高度真实性。本轮专家咨询当中的竞技战术和运动智能的 M_j(平均值)小于 3.50，V_j(变异系数)分别为 0.1985 和 0.1885，表明专家的意见比较统一，予以剔除，主要原因是：第一，虽然竞技战术和运动智能是影响竞技能力发挥的因素之一，但其作用和意义略显不足；第二，竞技战术不仅反映运动员每一轮次(赛次)的体力分配情况，还反映战术能力与其他核心竞技子能力之间的关系，同样，运动智能不仅体现着运动员的智力和智商水平，也体现着运动智能与其他核心竞技子能力之间的紧密关联；第三，专项战术和专项运动智能的衡量标准和手段不够明确，受主观性影响较大(见表 4.19)。

表 4.19　一级指标分析参数(第一轮)

一级指标	意见集中度(M_j)	意见协调度(V_j)
身体形态	4.57	0.1182
生理机能	4.69	0.1093
身体素质	5.00	0.0000
运动技能	4.74	0.0514
心理能力	4.26	0.1702
竞技战术	3.49	0.1985
运动智能	3.27	0.1796

注：$W = 0.652$，$\chi^2 = 45.276$，$p = 0.000$。

根据二级指标的筛选结果，专家意见的集中度(M_j)属于 3.27—5.00 范围，除体力分配战术、智力水平这 2 项指标以外，剩余指标的专家意见协调度(V_j)均小于0.25,肯德尔系数显著性检验结果为$p<0.01$,能够达到遴选标准。在本轮专家咨询中,智力水平与体力分配战术的M_j(平均值)小于3.50,尚未符合遴选要求,故予以删除(见表4.20)。

表4.20 二级指标主要参数(第一轮)

二级指标	意见集中度(M_j)	意见协调度(V_j)
长度指标	4.65	0.1205
宽度指标	4.13	0.1379
围度指标	4.17	0.1375
充实度指标	4.22	0.1417
心血管系统	4.58	0.1688
泌尿系统	4.36	0.1512
循环系统	4.21	0.2475
免疫系统	4.29	0.1926
内分泌系统	4.38	0.1297
速度素质	4.85	0.0000
耐力素质	4.83	0.0865
力量素质	5.00	0.0000
柔韧素质	4.29	0.1926
灵敏素质	3.94	0.1983
全程技术	5.00	0.1225
起跑阶段技术	4.81	0.1185
起跑后的加速跑技术	4.75	0.1459
途中跑技术	4.96	0.1037
冲刺跑技术	4.85	0.1242
参赛情绪	4.53	0.1785
竞赛意志	4.67	0.1462
体力分配战术	3.48	0.2517
智力水平	3.37	0.2689

注:$W=0.358$,$\chi^2=88.972$,$p=0.000$。

根据专家意见的反馈和结果,本书对三级指标中的某些指标进行重新调整、删除和补充。指标被删除主要是出于以下两种原因:第一,专家意见的集中度(M_j)小于 3.5,表明该指标的重要程度相对较低,不能有效地反映中国优秀男子短跑选手的核心竞技能力特征。第二,专家意见集中度(M_j)符合指标遴选的标准,意见协调度(V_j)小于 0.25,表明专家对于指标的甄别和研判不一致,如尿酮体、尿酸等,有专家提到尿酸、尿酮体和尿蛋白定性试验等指标反映出短跑选手泌尿系统的生理指标,采用尿酸碱度检查等指标基本能表现选手的泌尿系统机能。再如 Yoyo 间歇性耐力测试等测试指标和专项运动素质结合不够紧密,建议删除指标,该类指标变异系数大于0.25,专家意见协调度(V_j)略低(见表 4.21)。

表 4.21　三级指标分析参数(第一轮)

三级指标	意见集中度(M_j)	意见协调度(V_j)
磷酸肌酸激酶	4.75	0.1275
磷酸肌酸激酶(稀释 10 倍后)	4.83	0.1752
血尿素氮	4.79	0.1751
30 m 蹲踞式起跑	4.58	0.1682
60 m 蹲踞式起跑	4.47	0.1637
站立式 30 m 跑	4.58	0.1591
站立式 60 m 跑	4.42	0.1367
行进间 30 m 跑	4.65	0.1453
行进间 60 m 跑	4.73	0.1103
站立式 150 m 跑	4.15	0.1852
站立式 300 m 跑	4.25	0.1964
Yoyo 间歇性耐力测试	3.04	0.2742
半蹲	4.78	0.1209
连续快速抓举	3.79	0.2276
高翻	3.71	0.2462
立定跳远	4.25	0.1518
立定三级跳	4.29	0.1697
立定十级跳	4.66	0.1091
深蹲	4.85	0.0562
半蹲	4.53	0.1059

三级指标	意见集中度(M_j)	意见协调度(V_j)
纵跳摸高	4.74	0.0851
坐位体前屈	4.55	0.2426
横叉	4.64	0.1145
纵叉	4.58	0.1134
20 m 后退跑	4.15	0.1562
跨栏架(8 个)	4.08	0.1358
30 s 象限跳	4.22	0.1714
20 s 立卧撑	4.05	0.1369
平均步长	5.00	0.0000
平均步频	5.00	0.0000
步长指数	4.79	0.1435
步频指数	4.72	0.1432
总步数	4.85	0.0642
触地时间	4.85	0.1187
支撑时间	4.32	0.1445
触地时间占比	4.48	0.1582
腾空时间占比	4.15	0.1696
分段速度	4.38	0.1874
个体失败焦虑	4.32	0.1521
躯体焦虑	4.35	0.1095
社会期待焦虑	4.11	0.1947
自信	4.05	0.1165
特质运动任务自信心	4.22	0.1221
特质运动应对自信心	4.25	0.1520
果断性	3.86	0.1204
坚韧性	4.07	0.1052
主动性	4.18	0.1135
自制性	4.02	0.1496

注：$W = 0.3282$，$\chi^2 = 68.863$，$p = 0.000$

部分专家提到,身体素质应涵盖灵敏素质等,但多数专家认为,在100 m短跑项目中,力量素质、速度素质等针对性和靶向性更强,本书研究重点在于选手的核心竞技能力,也就是要提取更重要、起决定性作用的主成分,即与100 m短跑专项实践联系最为紧密的影响因素。同时,部分指标尚未建立具体的定量分析判断标准,无量化依据可循,专项客观性匮缺,可操作性受限,故专家建议删减。按照专家提出的宝贵意见,本书对部分指标进行了修改。

根据第一轮专家反馈意见,本书对修改的相应指标进行了预测试,以进一步完善和规范测试细则。同时,为保障后续指标的可操作性,本书展开了第二轮专家问卷的发放和回收。在该轮专家咨询中,删除上一轮意见集中度(M_j)小于3.5、意见协调度(V_j)大于0.25的指标。依据前期阐述的运算方法,分别换算出一级、二级、三级指标专家意见集中度和意见协调度,具体指标分析见表4.22—表4.24。通过对第二轮专家调研结果的统计得出,每个等级指标的专家集中度(M_j)与专家协调度(V_j)均能够达到遴选标准和要求,肯德尔系数(W)和一致性检验($p < 0.01$)显示其具备统计学意义。根据两轮专家咨询,最终确定由5项一级指标、13项二级指标以及61项三级指标构建的中国优秀男子100 m短跑选手核心竞技能力遴选指标。

综上所述,根据德尔菲法,中国优秀男子100 m短跑选手核心竞技能力将围绕专家最终遴选出的一级指标——体能指标(身体形态、生理机能、身体素质)、运动技术指标、心理能力指标——展开研究。

表4.22 最终确定的一级指标分析参数(第二轮)

一级指标	意见集中度(M_j)	意见协调度(V_j)
身体形态	4.47	0.1544
生理机能	4.75	0.0973
身体素质	5.00	0.0000
运动技术	4.92	0.0612
心理能力	4.56	0.1511

注:$W = 0.325$,$\chi^2 = 14.017$,$p = 0.001$。

表 4.23　最终确定的二级指标分析参数(第二轮)

二级指标	意见集中度(M_j)	意见协调度(V_j)
长度指标	4.28	0.1183
宽度指标	4.17	0.1439
围度指标	4.17	0.1439
充实度指标	4.08	0.2236
循环系统	4.47	0.1544
内分泌系统	4.09	0.1725
速度素质	4.55	0.1154
力量素质	3.87	0.1126
耐力素质	4.81	0.0000
柔韧素质	4.35	0.1173
灵敏素质	4.25	0.1247
参赛情绪	4.58	0.1478
竞赛意志	4.63	0.1275

注: $W = 0.214$, $\chi^2 = 42.147$, $p = 0.001$。

表 4.24　最终确定的三级指标分析参数(第二轮)

三级指标	意见集中度(M_j)	意见协调度(V_j)
身高	4.16	0.1489
下肢长	4.00	0.1593
髂宽/髋宽×100	4.08	0.2236
髂宽/肩宽×100	4.16	0.1527
踝围/跟腱长×100	4.37	0.1162
克托莱指数	4.09	0.2315
肺活量	4.00	0.1593
白细胞	4.12	0.1572
红细胞	4.16	0.1952
血红蛋白	4.02	0.1567
红细胞比容	4.09	0.2142
平均红细胞体积	4.13	0.1985
平均红细胞血红蛋白含量	4.27	0.1736
红细胞平均血红蛋白浓度	4.58	0.2034

续表

三级指标	意见集中度(M_j)	意见协调度(V_j)
红细胞体积分布宽度	4.62	0.2147
血尿素氮	4.57	0.1185
磷酸肌酸激酶(稀释10倍后)	4.61	0.1246
血清皮质醇	4.73	0.1028
血清睾酮	4.82	0.1282
蹲踞式30 m听枪起跑	4.53	0.1435
站立式30 m跑	4.26	0.1762
蹲踞式60 m听枪起跑	4.71	0.1867
站立式60 m跑	4.33	0.1493
行进间30 m跑	4.58	0.1475
行进间60 m跑	4.36	0.1689
站立式150 m跑	4.25	0.1725
站立式300 m跑	4.13	0.1836
深蹲	4.85	0.1956
半蹲	4.16	0.1489
纵跳摸高	4.37	0.1162
立定跳远	4.00	0.1593
立定三级跳远	4.36	0.1173
立定十级跳远	4.25	0.1226
高翻	4.58	1.1582
平板卧推	4.24	0.1997
坐位体前屈	4.31	0.1742
横叉	4.38	0.1684
纵叉	4.35	0.2018
20 m后退跑	4.25	0.1987
跨栏架(8个)	4.18	0.2145
30 s象限跳	4.26	0.1964
20 s立卧撑	4.15	0.2055
平均步长	5.00	0.0000
平均步频	5.00	0.0000

三级指标	意见集中度(M_j)	意见协调度(V_j)
步长指数	4.95	0.0157
步频指数	4.87	0.0155
总步数	4.69	0.1486
触地时间	4.42	0.2104
支撑时间	4.48	0.2075
触地时间占比	4.37	0.1245
腾空时间占比	4.25	0.1319
分段速度	4.68	0.1475
个体失败焦虑	4.16	0.1527
躯体焦虑	4.37	0.1162
社会期待焦虑	4.09	0.2315
特质运动任务自信心	4.36	0.1173
特质运动应对自信心	4.10	0.1824
果断性	3.89	0.1179
坚韧性	4.00	0.1578
自信心	4.34	0.1135
主动性	4.16	0.1489

注: $W = 0.247$,$\chi^2 = 135.872$,$p = 0.000$。

通过德尔菲法得知,专家认为中国优秀男子100 m短跑选手的核心竞技能力是由体能、技能和心理能力构成的。问卷调查结果显示,赞同体能、技能和心理能力为核心竞技能力的专家占77%,同意体能、技能、心理、战术和智能为核心竞技能力的专家占18%,赞同体能、技能、心理、战术为核心竞技能力的专家占1%,同意体能、技能、心理、战术、智能与其他能力为核心竞技能力的专家占4%。多数专家表示,战术能力、运动智能及其他能力对于中国优秀男子100 m短跑选手也是重要的,但并不是影响中国优秀男子100 m短跑选手核心竞技能力的主要方面。由于100 m短跑运动员所采用的场地、器材等客体因素并无太大差别,竞赛过程中对手所采用的制胜方法相对固定,短跑选手技术能力的发挥属于闭锁式运动技能,主要是依靠神经中枢向骨骼肌发出指令、传递信息，由本体感受器做出应答性反应，比赛战术及其变化形式也相对固定，通常不会单独进行战术训练，基本是在实战训练时运用，运动成绩主要取决于短跑运动员自身竞技水平的发挥。运动智能是运动员在学习、生活、训练和竞赛等方面的综合文化素养和知识储备能力。

心理能力在中国优秀男子 100 m 短跑选手的训练和竞赛过程中发挥着重要的作用，其重要性也得到了绝大多数专家、教练员和优秀短跑选手的认可。心理能力决定着优秀短跑选手竞技水平的发挥程度，因此是影响中国优秀男子短跑选手训练和参赛的关键要素之一。

4.2.3　研究小结

中国优秀男子 100 m 短跑选手核心竞技能力是由体能、技能和心理能力所构成的，体能划分为身体形态、生理机能及身体素质。身体形态涵盖身高、体重、下肢长、髋宽、髂宽、肩宽、跟腱长、克托莱指数、小腿紧张围、体脂百分比指标；生理机能包括肺活量、心率、白细胞、红细胞、红细胞平均血红蛋白浓度、磷酸肌酸激酶、血尿素氮、血清睾酮、血清皮质醇等指标；身体素质涵盖速度素质、力量素质、耐力素质、柔韧素质和灵敏素质。

技能是选手掌握和运用运动技术的能力，运动技术能力包括全程节奏技术、起跑技术、起跑后的加速跑技术、途中跑技术和终点冲刺跑技术，具体的关键技术指标有平均步长、平均步频、步长指数、步频指数、总步数、触地时间和腾空时间等。心理能力主要表现为选手的参赛情绪和竞赛意志，其中，参赛情绪由个体失败焦虑、躯体焦虑、特质运动任务自信心等指标组成，竞赛意志由果断性、坚韧性、成就动机等指标组成。中国优秀男子 100 m 短跑选手核心竞技能力由体能、技能和心理能力三个方面构成。三个方面是相互影响、相互融合的，并且体现着竞技能力系统构成要素的关联。对中国优秀男子 100 m 短跑选手核心竞技能力的微观结构分析能够使我们更准确、更深刻地理解中国优秀男子 100 m 短跑选手竞技能力各构成要素的主导地位与实践应用价值（见图 4.2）。

中国优秀男子100m短跑选手核心竞技能力

体能	运动技术能力	心理能力

身体形态 / 生理机能 / 身体素质

全程节奏技术、起跑技术、起跑后的加速跑技术、途中跑技术、终点冲刺跑技术

参赛情绪 / 竞赛意志

身高、体重、下肢长、髋宽、髂宽、肩宽、跟腱长、克托莱指数、小腿紧张围、体脂百分比

肺活量、心率、白细胞、红细胞、红细胞比容、平均红细胞体积、平均红细胞血红蛋白含量、红细胞平均血红蛋白浓度、红细胞体积分布宽度、血尿素氮、血清皮质醇、血清睾酮、磷酸肌酸激酶

速度素质、力量素质、柔韧素质、平衡素质、基础耐力

平均步长、平均步频、步长指数、步频指数、总步数、触地时间、支撑时间、

果断性、坚韧性、主动性、意志力、成就动机

个体失败焦虑、躯体焦虑、社会期待焦虑、特质运动任务、自信心、特质运动应对自信心

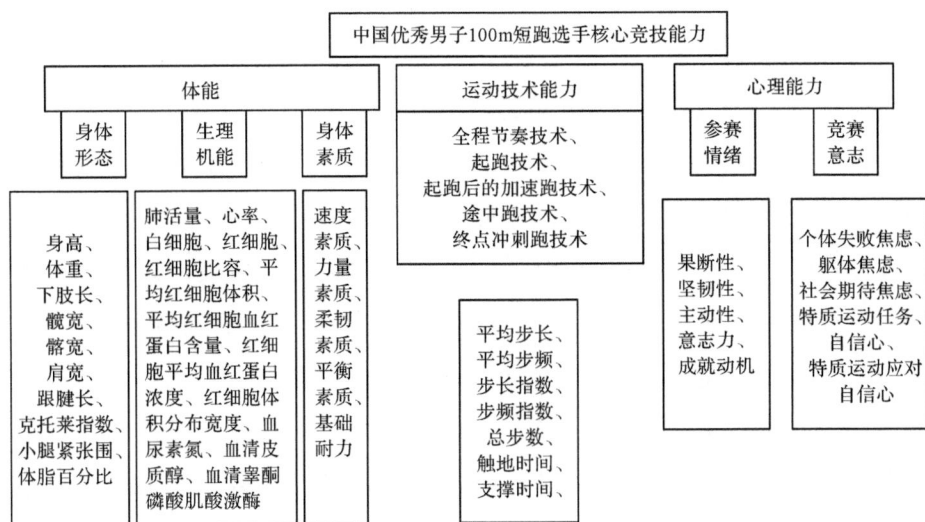

图 4.2　中国优秀男子 100 m 短跑选手核心竞技能力结构

4.3　中国优秀男子 100 m 短跑选手核心竞技能力表现特征

4.3.1　中国优秀男子 100 m 短跑选手的体能表现特征

4.3.1.1　中国优秀男子 100 m 短跑选手身体形态表现特征

身体形态是机体内部与外部结构的形状,通常以长度、围度、宽度、充实度来评定运动员的身体形态。通常多采用克托莱指数来衡量机体的密度和充实度,这是评价人体形态发育水平和匀称度的重要复合指标。[169]机体通过自然发育逐渐形成个体化外部表现,身体形态在极大程度上受先天遗传效应影响,但对运动员进行适宜训练刺激后,其身体形态将产生显著变化,与此同时,我们也能够根据既定区间指数预判身体形态的发展趋势。

100 m 短跑选手的身体形态指标包括身高、体脂百分比、下肢长、跟腱长、髋宽、髂宽等,反映了我们运动员遗传效应以及对训练的适应情况。对优秀 100 m 短跑选手的身高、体脂百分比、克托莱指数、下肢长度、足弓高、足长、髋髂指数、踝围/跟腱长 ×100、体成分等指标的测量和评估,有利于短

跑项目后备人才的选拔、跨学科的贯通融合,也有助于推动短跑专项理论与实践的紧密衔接。[170]

李龙和杜翠娟指出,100 m短跑选手下肢越长,其摆动腿的转动半径相应越大,导致转动惯量越大,腾空时间越长,步长就会越大;反之,运动员摆动腿的转动半径短,转动惯量就小,能够为折叠高频率前摆以及创造适宜的后蹬姿势提供最佳力学空间,对增加短跑运动员的着地缓冲距离有所裨益。[171]有研究对世界级短跑选手身体形态的测量学参数进行了解析,结果表明,克托莱指数、体脂百分比等指标反映的是肌肉质量而不是肥胖程度。身高、下肢长度、跟腱长度等指标是影响世界级短跑选手成功的重要因素。[172]教练员、科研工作者等在挑选具备良好运动潜力的100 m短跑选手时,逐渐重视100 m短跑选手身体形态特征。[173-176]然而,有研究对世界男子100 m短跑选手($N = 30$)的身体形态进行测量,发现克托莱指数是衡量短跑运动员身体形态最重要的指标之一。世界精英级短跑选手身材高矮程度、克托莱指数等各不相同,但身体形态对短跑选手的影响却并不显著。[177]体重是影响选手肌肉质量大小的重要指标,对100 m短跑项目而言,适宜的体重对身体素质具备重要价值。以体重和身高两项基础指标为依据,取两项指标的相对值进行对比,即克托莱指数(体重/身高 × 100)反映短跑选手体重与身高的关系及其机体的充实程度,是体重和身高的派生指数,能够合理有效地体现机体发育是否均衡,在身体形态测量方面发挥重要作用。

根据中国优秀男子100 m选手的身高、体重以及克托莱指数,本书发现中国优秀男子100 m选手的平均身高为 178.90 ± 4.96 cm,平均体重是72.33 ± 5.00 kg,平均克托莱指数是404.39 ± 19.81 g/cm。他们的克托莱指数由高到低依次排序为许周政(437.16 g/cm)、谢震业(434.78 g/cm)、徐海洋(422.86 g/cm)、张培萌(417.11 g/cm)、苏炳添(406.97 g/cm)、梁劲生(401.07 g/cm)、褚达军(400.00 g/cm)、王煜(395.48 g/cm)、全英瑞(391.06 g/cm)、莫有雪(385.47 g/cm)、吴智强(382.85 g/cm)、江亨南(377.91 g/cm)(见表4.25)。克托莱指数主要是根据一个等长体积来表现运动员每1cm的围度、宽度、厚度与组织密度，以此来显示人体的充实程度，也能反映运动员的营养状况，该指数随年龄增长而逐渐增大，男性21岁以后趋于稳定。在运动员身高相同的情况下，体重越大，克托莱指数越大。100 m短跑的专项特异性要求运动员体脂成分要适宜，骨径要小，这有利于步幅和步频的增加。因此，100 m短跑项目的遴选标准基本趋向于身材中等、体形匀称的短跑运动员。

表 4.25 中国优秀男子 100 m 短跑选手的身高、体重及克托莱指数

姓名	最佳成绩/s	身高/cm	体重/kg	克托莱指数/(g/cm)
苏炳添	9.91	1.72	70.00	406.97
谢震业	9.97	1.84	80.00	434.78
张培萌	10.00	1.87	78.00	417.11
吴智强	10.17	1.75	67.00	382.85
江亨南	10.22	1.75	65.00	377.91
许周政	10.12	1.83	80.00	437.16
梁劲生	10.18	1.86	75.00	401.07
莫有雪	10.35	1.79	69.00	385.47
徐海洋	10.21	1.75	74.00	422.86
禤达军	10.29	1.75	70.00	400.00
王　煜	10.31	1.77	70.00	395.48
全英瑞	10.27	1.79	70.00	391.06
$\bar{X} \pm SD$	10.17±0.14	198.92±4.96	72.33±5.00	404.39±19.81

在身高方面，中国优秀男子100 m短跑选手的身高为178.92±4.96cm，在较大程度上受遗传因素影响；在下肢长度方面，中国男子优秀100 m短跑选手下肢长度为105.58±2.54cm。下肢长度涵盖大腿长度、小腿长以及跟腱长等，基本是受遗传影响，遗传度约为77%。男子100 m短跑选手的跑动速度取决于下肢长度。从形态学视角评价，下肢长度能够彰显骨骼发育的基本情况，也能够预测选手的未来成绩。男子100 m短跑选手不一定要具备较高的身高，但下肢长度对于100 m男子短跑选手的运动成绩具有关键

作用,对于形成一定高度的身体重心轨迹与舒展流畅的动作幅度较为重要。适宜的踝围/跟腱长×100 和下肢长度能够为短跑选手创造适宜的运动生物力学条件,使其能量消耗经济化。

中国优秀男子 100 m 短跑选手的平均髂宽/肩宽×100、髂宽/髋宽×100、踝围/跟腱长×100 分别为 73.85±1.52、89.55±0.22、90.25±0.15。100 m 短跑选手身体形态通常表现出跟腱细长、踝关节围度小以及踝围/跟腱长×100 小的基础外在特征。跟腱细而长的运动员通常具备较强的弹跳力。踝围指数(踝围/跟腱长×100)越小,跟腱、脚踝越细长,小腿爆发力、速度力量和弹跳能力越好,越能够迅速完成扒地动作,支撑时间越短。另外,髂宽/髋宽×100 能够反映髋髂部的肌肉质量情况。适宜程度的训练能够在一定范围内增强髋髂部肌群的灵活性和伸展性,对上、下肢协调配合大有裨益。男子 100 m 短跑选手需具备较强的髋髂部力量,这会对髋髂部肌群产生功能性影响。髂宽/髋宽×100 同时体现着髋髂部位周围肌群力量的大小。髂宽和髋宽越接近越好,越能够对髋关节的灵活性、稳定性以及维持运动的直线性有所帮助。因此,100 m 短跑选手髂宽/髋宽×100 较其他径赛项目选手略大,呈现出髋部较窄、臀中肌发达、臀部收紧上翘的躯干体型特征,从而能够更加经济化地发挥髋髂部力量的传递能力。[178-180]

当前,中国优秀男子 100 m 短跑选手的平均小腿紧张围和体脂百分比分别为 40.07±3.32cm、15.79±2.42%,同时身体形态更加趋向于身材体脂率低、身材匀称,整体肌肉质量增强式发展。有研究证实,以 100 m 短跑选手的平均速度来衡量身体形态对于短跑选手成绩的贡献率:身材更高大、线条更匀称的短跑运动员能够取得更卓越的成绩,原因可能是步长对短跑速度影响权重系数较大。综上,目前中国优秀男子 100 m 短跑选手身体形态的发展趋势为:中等身材且匀称,踝围较细,大小腿长度比值小,跟腱细长,下肢长,髂宽/肩宽×100 大,踝围/跟腱长×100 小,躯干呈桶形,体脂率低(见表 4.26)。

表4.26 中国优秀男子100 m 短跑选手身体形态指标

指标	均值	标准差	标准误
身高/cm	178.9230	4.961	0.74829
下肢长度/cm	105.5850	2.543	0.52452
髂宽/髋宽×100	89.5520	0.224	0.42267
肩宽/身高×100	24.5826	0.210	0.53759
小腿紧张围/cm	40.0851	3.323	0.25629
体脂百分比/%	15.7927	2.422	0.47822
踝围/跟腱长×100	90.2516	0.150	0.65581
髂宽/肩宽×100	73.8534	1.523	0.88463
体重/kg	72.3375	5.004	0.24582
克托莱指数/(g/cm)	404.3920	19.812	0.67864

4.3.1.2 中国优秀男子100 m 短跑选手生理机能表现特征

100 m 短跑选手生理机能的表现特征分析以运动生理学理论为基础,专门探索运动员每个器官系统、组织结构的功能及其互动关系,在负荷量度的刺激下,重点揭示短跑运动员生理结构与机能所形成的连锁应激反应和适应性变化规律。

根据运动生理学原理,生理机能表现特征主要反映训练实践对100 m 短跑运动员各组织器官、系统(神经系统、心血管系统、骨骼肌系统、循环系统、内分泌系统、免疫系统等)的结构功能以及对能量代谢等所产生的影响,包括短跑专项实践中的骨骼肌控制(骨骼肌的肌纤维类型、数量,力量训练的原理原则等)、心肺功能(心血管的适应性,血小板、血红蛋白、磷酸肌酸激酶、血尿素氮、血清睾酮水平,运动性心脏肥大,红细胞的变化,循环机能水平,能量代谢系统,呼吸调节等)、有氧耐力与无氧耐力的工作机制(肺活量、最大摄氧量、无氧阈等)、训练环境(高原训练、热刺激、冷刺激、水下等生理学特征)、运动处方(增强营养、机能恢复)等方面。

身体机能是指机体处于新陈代谢作用下,各系统、各组织器官整体所呈现出的生命活动,是衡量机体健康的重要标志,受遗传影响较大。[171]100 m 短跑选手的运动成绩与其身体机能密不可分。身体的力学结构、生理、基因等因素对短跑选手是发挥关键基础作用的,若无该类基础的逐渐累积,选手很难攀升至竞技水平顶峰。然而,具体哪些机能指标做出了最大贡献,一直是学术界争辩的焦点,因为生理机能指标不仅包括机体的生物测量学特征指标和肌肉纤维类型比例,而且还涵盖适应训练能力的指标。精英级男子100 m 短跑选手的竞技表现是多层面的,而生理机能反映着短跑选手的竞技状态,例如,100 m 短跑冲刺的后程阶段是冲刺的减速阶段,而速度下降通常伴随着步速的降低,这就与机体的生理疲劳有关,主要归因于中枢神经系统的紊乱和骨骼肌的外围因素。

有研究表明,100 m 短跑选手的生理机能取决于瞬时能量的传递,从累积的缺氧量测得相对的无氧能量系统贡献(衍自于底物三磷酸腺苷、磷酸肌酸和厌氧糖酵解的储备量)约为80%。身体机能是机体处于生长发育阶段各器官组织等所发挥出的效果,只有当选手的训练负荷随着时间的推移而系统地增大,同时又能确保适当的恢复时,身体机能才能确保选手运动成绩实现长效的提高。[182]100 m 短跑选手在接受大量训练负荷刺激后机体所产生的适应能力既可视作对训练时间的适应,也被视为对身体机能的适应。长期接受不同程度负荷量度的刺激,对身体机能产生的影响也截然不同。但影响短跑选手运动成绩的身体机能指标较多,某一堂负荷训练课以及准备期、集训期、竞赛期、调整期等训练周期的不同,对身体机能产生的影响也迥异。由于中国男子短跑队选手以及地方选手处于集训期,受测试条件、测试环境等方面的影响,本书咨询运动生理学专家意见,通过委托队医、运动员本人以及教练员等相关研究人员对100 m 短跑选手身体机能指标进行测试,获取选手冬训期间的身体机能状况,以确保研究的整体性和系统性。

在集训期,中国优秀男子100 m 短跑选手的白细胞(WBC)浓度为 $5.54 \pm 0.47 \times 10^9$ 个/L、红细胞平均血红蛋白(MCHC)浓度为 331.95 ±3.36g/L。中国优秀男子100 m 短跑选手的血小板(PLT)浓度和血小板体积分布宽度(PDW)分别为 $(218.52 \pm 8.17) \times 10^9$ 个/L、16.28 ±0.18%。中国优秀男子100 m 短跑选手的磷酸肌酸激酶(CK)和磷酸肌酸激酶稀释 10 倍后的值分别是(297.25 ±8.26)U/L 和(307.39 ±7.79)U/L(见表4.27)。

表 4.27　中国优秀男子 100 m 短跑选手生理机能指标

指标(单位)	均值	标准差	均值标准误差
肺活量(mL)	4482	25.14	0.255814
心率(次/min)	70.31	3.58	0.526644
白细胞浓度(×10⁹ 个/L)	5.54	0.47	0.258824
红细胞浓度(×10¹² 个/L)	5.23	0.14	0.528627
红细胞平均血红蛋白浓度(g/L)	152.68	7.35	0.562701
红细胞比容(%)	48.52	1.33	0.587569
平均红细胞体积(fl)	89.25	0.26	0.291566
平均红细胞血红蛋白量(pg)	28.58	0.88	0.456357
红细胞平均血红蛋白浓度(g/L)	331.95	3.36	0.826663
红细胞体积分布宽度(%)	13.58	0.09	0.367442
血小板浓度(×10⁹ 个/L)	218.52	8.17	0.589645
血小板体积分布宽度(%)	16.28	0.18	0.663475
血尿素氮(mmol/L)	5.64	0.14	0.533548
磷酸肌酸激酶(U/L)	297.25	8.26	0.524782
磷酸肌酸激酶(稀释 10 倍后)(U/L)	307.39	7.79	0.225895
血清皮质醇(μg/dl)	11.57	1.08	0.455668
血清睾酮(ng/dl)	457.77	35.37	0.368417

中国优秀男子 100 m 短跑选手的血清皮质醇(cortisol)和血清睾酮 (testosterone)均值分别为 11.57 ± 1.08 μg/dl、457.77 ± 35.37 μg/dl。另外, 中国优秀男子 100 m 短跑选手的血尿素氮的指标值为 5.64 ± 0.14 mmol/L。 男子 100 m 短跑的项目特征要求选手要具备较出色的无氧储备能力、速度 能力和力量素质,但这并不意味着不重视或者忽略有氧能力。随着科研工 作的逐渐成熟,教练员以及科研人员也逐渐重视 100 m 短跑选手有氧能力 储备的适宜比例。

根据专家访谈结果,对男子 100 m 短跑选手而言,其实最关键的四项 指标是血清睾酮、磷酸肌酸激酶、血尿素氮以及血红蛋白。其中,血清睾 酮重点体现 100 m 短跑选手的激素水平,是活性最高的雄性激素,其量以及生物效能显著高于机体剩余代谢物。而睾酮作为平衡代谢的指标,充分彰显出细胞合成代谢的状态,能够促进肌肉蛋白质合成、骨骼发育、钙磷沉积,可作为体现中国优秀男子100 m短跑选手的力量、速度和速度耐力素质的重要指标。通常,优秀男子100 m短跑选手的血清睾酮基础浓度高,无氧与有氧代谢能力较强,并能够承受高强度训练负荷的刺激。男子短跑选手在身体机能状况良好的情况下,血清睾酮量略微增加,但未见显著变化,具备体能增强的良好发展趋势,反之,选手机能状况欠佳,其量会下滑,若持续下滑,亟须调整下丘脑—垂体—性腺轴(HPGA)到良好水平,故该指标符合专家的遴选意见,能够较好地反映出中国优秀男子100 m短跑选手的身体机能。

磷酸肌酸激酶指标能够体现出100 m短跑选手的无氧能力。磷酸肌酸激酶在骨骼肌中含量最高(96%),能够在较大程度上反映出机体的运动负荷强度与无氧代谢能力。磷酸肌酸激酶与机体短时间大强度下迅速合成三磷酸腺苷(ATP)的速率、负荷强度刺激后的能量平衡转移以及大强度负荷后的ATP恢复速率紧密相关,该指标重点反映中国优秀男子100 m短跑选手的训练负荷量度和机体的适应情况。

专家访谈结果表明,血尿素氮指标是重点体现运动员恢复能力的指标,能够真实地折射出男子100 m短跑选手训练负荷量度的承受水平与恢复程度,并能够有效地反映出短跑选手负荷量度的实际情况和疲劳程度。100 m运动项目通常需要经历多轮次竞赛,甚至一日比赛最多需完成4枪(预赛、复赛、半决赛和决赛),这对选手的身体机能提出严苛要求。中国优秀男子100 m短跑选手的长期训练和竞赛对其体能、心智能损耗严重,势必形成不同等级的运动疲劳或易形成运动损伤,而利用血尿素氮即可甄别疲劳恢复的状况,并依据选手的机能状况,改善训练方案,调整负荷强度。

血红蛋白指标能够体现100 m短跑选手的有氧能力。在运动实践中,该指标能够反映出中国优秀男子100 m短跑选手的机能情况和训练效果,以及运动员机体的有氧代谢能力、营养状况和负荷强度。HGB的重要生理机能是运输O_2与CO_2,以及调节机体的酸碱平衡及代谢水平,直接影响选手的物质能量代谢水平以及血液运输氧气的能力,继而保障各生理器官正常运转,倘若机体 O_2 储备不够,会影响男子 100 m 短跑选手的整体运动能力,因此该指标重点体现男子 100 m 短跑选手有氧代谢系统的供能特点。

以中国优秀男子 100 m 短跑选手处于冬训期的血清睾酮、磷酸肌酸激酶、血清皮质醇和血尿素氮指标为例,从整体而言,中国优秀男子 100 m 短跑选手冬训期间的关键生理机能指标均优于冬训前,呈现出了良好的机能。根据选手赛前训练前后的比较分析,我们得出:磷酸肌酸激酶活性在第 5 周达到最高峰,其值为 521.36 ± 65.92U/L,在第 1 周达到低谷值,其值为 337.46 ± 48.81U/L,中国优秀男子 100 m 短跑选手在第 1 周和第 5 周的磷酸肌酸激酶的活性具备统计学差异($p < 0.01$)。血清睾酮水平在冬训期间的第 3 周达到最低谷,为 602.39 ± 85.81ng/dl,在第 7 周达到最顶峰,682.95 ± 97.78ng/dl,在冬训期间的第 3 周、第 7 周,中国优秀男子 100 m 短跑选手的血清睾酮水平相差约 80.56 ng/dl,且在第 3—7 周逐渐呈显著性增长($p < 0.01$)(见表 4.28)。

表 4.28 中国优秀男子 100 m 短跑选手冬训期关键生理机能指标变化情况

检测指标	第 7 周	第 5 周	第 3 周	第 1 周
CK(U/L)	452.73 ± 67.45	521.36 ± 65.92**	375.85 ± 59.79*	337.46 ± 48.81*
T(ng/dl)	682.95 ± 97.78**	637.36 ± 74.18	602.39 ± 85.81	639.56 ± 82.16
BUN(mmol/L)	5.37 ± 0.85	6.87 ± 0.69*	6.56 ± 0.84*	5.62 ± 0.63
HGB(g/L)	148.58 ± 8.73	153.54 ± 6.95**	149.34 ± 5.62	143.57 ± 4.21

注:将 2017—2018 年度冬训和第 7 周检验的基础值进行对比。*表示具备显著性差异($p < 0.05$),**表示具备较大显著性差异($p < 0.01$)。

4.3.1.3 中国优秀男子 100 m 短跑选手身体素质表现特征

身体素质是指机体在运动过程中表现出来的速度、力量、耐力、灵敏度和柔韧度等外在机体能力。[183-186]传统意义上的身体素质主要分为力量素质、速度素质、耐力素质、协调素质、灵敏素质、平衡素质和柔韧素质等 7 个维度。[187]同时有研究表明,伴随着时代更迭与实践发展,身体素质应涵盖机体的适应能力、应激能力以及抗眩晕、抗寒冷、抗风险等多方面能力。这些也是判断选手运动技能的重要标志,并且能够彰显出选手在运动过程中的基础条件,如速度的快慢、力量的强弱以及耐力、柔韧、灵敏、平衡素质的优劣等。身体素质外延较小,范畴较窄,但具有稳定性特征。身体素质是每个运动项目的选手取得理想运动成绩的保障,多数研究秉持着同一种观点:身体素质是选手参与运动项目时,其内在机体能力的外在表达,即力量素质、速度素质、耐力素质、柔韧素质、平衡素质等每项素质的叠加与综合。影响男子100 m短跑选手运动成绩的关键身体素质重点涵盖速度素质、力量素质、耐力素质、柔韧素质、灵敏素质等。[188]

身体素质是100 m短跑运动项目的基础条件,伴随着世界短跑运动的发展,愈来愈多的男子100 m短跑选手注重体能训练,因为体能训练是优秀男子100 m短跑选手从事专项训练的重要保障。由于短跑选手长期进行专项训练,在极限强度刺激下,倘若选手不具备强大的体能储备,势必会导致短板侧部位运动损伤以及运动疲劳。据统计,中国优秀男子100 m短跑选手组织损伤多数情况下出现在短板侧的股后肌群、腰部以及踝关节等部位。因此,短跑选手也渐趋注重均衡式发展训练,特别是精英级选手。体能储备越扎实,各项身体素质发展越均衡和全面,选手运动的专项成绩就会越突出。

(1)专项速度及速度耐力素质的表现特征

速度素质是指人体快速完成动作的能力。按照100 m短跑的赛程(起跑阶段、起跑后的加速跑阶段、途中跑阶段和终点冲刺跑阶段),结合专家教练员的意见,本书将和100 m短跑项目练习关系最为紧密的速度素质指标划分为四个方面:反应速度、加速速度、最大速度以及速度耐力。

专项速度及速度耐力素质表面上看似简略纯粹,却涉及诸多系统与机制,尤其是能量代谢系统控制机制以及神经系统控制机制,整体上是一个复杂的协调系统。专项速度90%—95%源于先天遗传特质,重点仰赖骨骼肌系统以及神经系统的质量。100 m短跑选手需强化其踝关节、腿部肌群、膝关节以及髋关节发力顺序和调控,另外机体维持最大速度的稳定和协调性对 100 m 短跑全程的速度节奏发挥正向作用平衡性和爆发力控制非常重要,具备正向迁移功能。专项速度能够基本反映出机体各肌群的用力特征(骨骼关节的分布、角度和基于此所产生的身体姿势)与运动形式(轨迹、节奏、速率等)。在比赛规则的限定下,男子 100 m 短跑选手蹬地应迅速有力,特别是后腿的蹬离动作,使机体由静止姿势演变为高重心疾速向前的移动状态,故在选手训练过程中较为重视后腿肌群的收缩力量训练,这样能够提高短跑运动员蹬离起跑器后的反应速度和加速速度。

为有效反映中国优秀男子 100 m 短跑选手专项速度及速度耐力素质指标和 100 m 短跑选手成绩的关联性,本书将中国优秀男子 100 m 短跑选手的 100 m 运动成绩视为一个灰色系统,以 100 m 运动成绩为母序列,将上述每一个速度素质指标视作子序列,计算各项指标与 100 m 运动成绩的关联性。灰色关联系数计算步骤如下。

①第一步:对参考序列和比较序列进行关联求解

由于系统软件中每个元素的物理含义不同,因此数据信息的量纲不一定相同,不利于比较,或者比较时无法获得准确的结果。因此,在进行灰色关联度相关分析时,通常需要采用无量纲或平均数据处理方法。本书采用均值化处理。

②第二步:求出参考序列与比较序列之间的灰色关联系数 $\xi(X_i)$

关联度本质上是曲线间、几何形状之间的差异程度,因此可以将曲线间差值之间的大小视为关联度的衡量尺度。对于参考序列 X_0,有多项比较序列,$X_1,X_2,\cdots,X_n$。每个比较序列和参考序列在每个时间节点(曲线中的每个点)灰色关联系数 $\xi(X_i)$ 可以通过以下公式计算:

$$\xi_{0i} = \frac{\Delta\min + \rho\Delta\max}{\Delta_{0i}k + \rho\Delta\max} \tag{4.5}$$

其中,ρ 是分辨系数,为 0—1,通常为 0.5。两级最小差表示为 $\Delta\min$,两级最大差表示为 $\Delta\max$。每个比较序列 X_i 曲线上的每个点与参考序列 X_0 曲线上的每个点之间的绝对差值,记录为 $\Delta_{0i}k$。

③第三步:求关联系数

由于关联系数是每个时刻(曲线中的每个点)的比较序列和参考序列之间的关联的水平值(程度值),因此其数量不仅是一个,并且信息内容的过度分散不利于综合比较。因此,每个时刻(曲线中的每个点)的关联系数必须集中在一个值(平均值),作为比较序列和参考序列之间的关联程度数量表示。

$$r_i = \frac{1}{N} \sum_{k=1}^{N} \xi_i k \tag{4.6}$$

其中,r_i 为比较序列 X_i 与参考序列 X_0 的灰色关联系数,或编码序列相关系数、平均关联系数和线关联度。r_i 越接近 1,则关联度越高。

④第四步:关联系数的排列

本书主要以关联系数的顺序描述元素之间的关联水平(关联度),而不仅是关联系数的大小。使 X_j 个子编码序列与同一母编码序列的关联系数按大小顺序排列,形成关联顺序,表示为 X_j,以体现母编码序列每个子序列的优或劣关联。如果 $r_{0i} > r_{0j}$,则对于相同的母编码序列 X_0 来说,X_i 优于 X_j,记录为 $X_i > X_j$;r_{0i} 根据比较每个关联系数的大小以甄别待识别对象对研究对象的影响程度,象征着第 i 个子编码序列对母序列矩阵的特征值。

本书通过比较各关联系数的大小来判断待识别对象对研究对象的影响程度,针对 8 个评价项(蹲踞式 30 m 听枪起跑、蹲踞式 60 m 听枪起跑、站立式 30 m 跑、站立式 60 m 跑、行进间 30 m 跑、行进间 60 m 跑、站立式 150 m 跑、站立式 300 m 跑),以及 12 项数据进行灰色关联度分析,并且以运动成绩作为参考值(母序列),研究 8 个评价项(蹲踞式 30 m 听枪起跑、蹲踞式 60 m 听枪起跑、站立式 30 m 跑、站立式 60 m 跑、行进间 30 m 跑、行进间 60 m 跑、站立式 150 m 跑、站立式 300 m 跑)与运动成绩的关联关系(关联度),并基于关联系数进行分析,使用灰色关联系数分析时,分辨系数取 0.5,计算出关联系数用于评价判断(见表 4.29、表 4.30)。

表4.29　中国优秀男子100 m短跑运动员专项速度及速度耐力素质指标统计（手计时）

姓名	运动成绩	蹲踞式30 m听枪起跑	蹲踞式60 m听枪起跑	站立式30 m跑	站立式60 m跑	行进间30 m跑	行进间60 m跑	站立式150 m跑	站立式300 m跑
苏炳添	9.91	3.16	6.30	3.15	5.94	2.67	5.57	14.64	33.49
谢震业	9.97	3.23	6.47	3.19	5.96	2.73	5.59	14.65	32.77
张培萌	10.00	3.22	6.42	3.18	5.95	2.72	5.58	14.62	32.82
吴智强	10.17	3.18	6.51	3.27	6.24	2.79	5.72	14.71	34.37
梁劲生	10.18	3.33	6.48	3.23	6.24	2.83	5.78	14.71	33.87
许周政	10.12	3.25	6.52	3.29	6.25	2.82	5.81	14.78	34.41
江亨南	10.22	3.39	6.61	3.37	6.32	2.91	5.89	14.69	32.92
徐海洋	10.21	3.31	6.58	3.28	6.28	2.91	5.75	14.75	33.58
莫有雪	10.35	3.34	6.59	3.35	6.35	2.91	5.73	14.69	33.81
王　煜	10.31	3.35	6.59	3.38	6.35	2.97	5.89	14.77	34.85
禢达军	10.29	3.31	6.58	3.35	6.31	2.95	5.87	14.72	34.79
全英瑞	10.27	3.35	6.61	3.37	6.35	2.98	5.88	14.75	34.85

表4.30　专项速度及速度耐力指标与100 m短跑运动成绩的灰色关联

姓名	蹲踞式30 m听枪起跑	蹲踞式60 m听枪起跑	站立式30 m跑	站立式60 m跑	行进间30 m跑	行进间60 m跑	站立式150 m跑	站立式300 m跑
苏炳添	0.595	0.683	0.546	0.503	0.335	0.733	0.475	0.576
谢震业	0.882	0.622	0.669	0.469	0.461	0.669	0.548	0.585
张培萌	0.850	0.964	0.551	0.421	0.397	0.573	0.642	0.559
吴智强	0.367	0.902	0.804	0.819	0.477	0.747	1.000	0.569
梁劲生	0.603	0.710	0.513	0.856	0.717	0.864	0.950	0.929
许周政	0.758	0.815	0.748	0.636	0.790	0.570	0.663	0.480
江亨南	0.412	0.695	0.473	0.607	0.529	0.507	0.748	0.358
徐海洋	0.852	0.803	0.774	0.737	0.638	0.788	0.939	0.590
莫有雪	0.940	0.714	0.907	0.818	0.830	0.456	0.494	0.483
王　煜	0.769	0.841	0.554	0.698	0.393	0.668	0.658	0.562
禢达军	0.808	0.858	0.705	0.838	0.440	0.706	0.626	0.559
全英瑞	0.662	0.850	0.540	0.608	0.340	0.619	0.724	0.503

　　结合上述关联系数结果并进行加权处理,本书最终得出关联度值,使用关联度值针对12个评价对象进行评价排序;关联度值介于0和1之间,该值越大代表其与参考值(母序列)之间的相关性越强,也意味着其评价

越高。速度及速度耐力素质针对本次8个评价项,灰色关联度从大到小依次为蹲踞式60 m听枪起跑(0.788)、蹲踞式30 m听枪起跑(0.708)、站立式150 m跑(0.706)、站立式60 m跑(0.668)、行进间60 m跑(0.658)、站立式30 m跑(0.649)、站立式300 m跑(0.563)、行进间30 m跑(0.529)(见表4.31)。排名在前三位的是蹲踞式60 m听枪起跑、蹲踞式30 m听枪起跑和站立式150 m跑。蹲踞式60 m听枪起跑的综合评价最高(关联度为0.788),表明100 m短跑运动成绩与专项速度及速度耐力素质指标中的蹲踞式60 m听枪起跑关联度最高,其次是蹲踞式30 m听枪起跑(关联度为0.708)和站立式150 m跑(关联度为0.706),表明中国优秀男子100 m短跑选手的专项绝对速度、反应速度能力、蹬离起跑器瞬间的加速速度能力以及专项速度耐力素质和中国优秀男子100 m短跑选手的专项运动成绩有紧密联系。

表4.31　专项速度及速度耐力素质各指标和100 m运动成绩的灰色关联度

评价项	关联度	排名
蹲踞式60 m听枪起跑	0.788	1
蹲踞式30 m听枪起跑	0.708	2
站立式150 m跑	0.706	3
站立式60 m跑	0.668	4
行进间60 m跑	0.658	5
站立式30 m跑	0.649	6
站立式300 m跑	0.563	7
行进间30 m跑	0.529	8

为了探究中国100 m短跑运动员在速度素质上的差异,本书收集了运动员在蹲踞式、站立式和行进间三种起跑方式上的速度数据,并在SPSS 22.0中利用6个速度指标,即蹲踞式30 m跑、蹲踞式60 m跑、站立式30 m跑、站立式60 m跑、行进间30 m跑和行进间60 m跑对短跑选手进行分层聚类分析(表4.32)。

表4.32　中国优秀男子100 m短跑选手速度素质指标成绩

项目	苏炳添	谢震业	吴智强	梁劲生	许周政	江亨南	徐海洋	莫有雪
站立式300 m跑	33.49s	32.77s	34.37s	33.87s	33.41s	32.92s	33.58s	33.81s
站立式150 m跑	14.64s	14.65s	14.70s	14.71s	14.78s	14.69s	14.75s	14.69s
行进间60 m跑	5.57s	5.59s	5.72s	5.78s	5.81s	5.89s	5.75s	5.73s
行进间30 m跑	2.67s	2.73s	2.79s	2.83s	2.82s	2.91s	2.89s	2.91s
站立式60 m跑	5.94s	5.96s	6.24s	6.24s	6.25s	6.32s	6.28s	6.35s
站立式30 m跑	3.15s	3.19s	3.27s	3.23s	3.29s	3.37s	3.28s	3.35s
蹲踞式60 m听枪起跑	6.30s	6.47s	6.51s	6.48s	6.52s	6.61s	6.58s	6.59s
蹲踞式30 m听枪起跑	3.16s	3.23s	3.18s	3.33s	3.25s	3.39s	3.31s	3.34s

　　根据速度素质的不同特征,本书将运动员分为三组:莫有雪、王煜、禢达军和全英瑞为第一组,梁劲生、吴智强、江亨南和徐海洋为第二组,苏炳添、谢震业、张培萌和许周政为第三组。这三组运动员共有的特点是采用蹲踞式起跑的速度最大,站立式起跑的速度次之,而行进间起跑的速度最小。三组运动员不同之处在于,无论采用哪种起跑方式(蹲踞式、站立式或者行进间),第一组运动员的速度指标所用时间都显著长于第二组运动员的速度指标所用时间,并且第一、二组运动员的速度指标所用时间都长于第三组运动员所用时间。此外,中国优秀男子100 m短跑选手在站立式150 m跑中,第一组和第二组运动员专项速度耐力指标所用时间显著长于第三组运动员。

　　(2)专项力量及力量耐力素质的表现特征

　　力量素质是指神经肌肉系统在运动过程中克服或对抗阻力的能力。按照男子100 m短跑项目的专项实践的特点,本书将100 m短跑全程速度变化的节奏特征划分为四个环节,即起跑环节、起跑后的加速跑环节、最大速度环节以及降速环节。结合100 m短跑的专项特征,本书将力量素质划分为快速力量、最大力量、反应力量以及力量耐力。100 m短跑项目不同环节的运动学特征和技术特点迥异,故对力量素质的需求也各不相同。

　　在快速力量方面,专家和教练员访谈结果表明,立定跳远与纵跳摸高指标重点反映中国男子100 m 短跑选手的快速力量能力,即能够体现短跑选手的瞬间爆发力。立定跳远与纵跳摸高都体现出短跑选手向上、向前的快速力量动作模式,能够有效提高中国短跑选手的收缩速度和收缩力量。

在最大力量方面,专家一致认为深蹲、半蹲、高翻、平板卧推指标能够反映100 m 短跑选手的最大力量能力。其整体上看似是单关节肩部屈伸运动,但涉及的关节和肌群是多方位的。例如,高翻和平板卧推参与动作的肌群有:手臂肌群,涵盖腕部、上肢带肌、臂肌、前臂肌和肱三头肌等;肩部肌群3 组功能肌群,包含动力肌群(前锯肌和斜方肌)、控制肌群(肩胛提肌、胸小肌)、紧固肌群(菱形肌、锁骨下肌、胸锁乳突肌等);胸部肌群,包括胸大肌、前锯肌等;背部肌群,涵盖背阔肌、骶棘肌等;核心肌群,涉及肌群有竖脊肌和下背肌。男子100 m 短跑选手在竞赛过程中要实现最大速度快速合移动,必须最大限度地协调自身上肢和下肢的运动,当双臂摆动受到限制时,跑速会减小,而双臂摆动速度主要受到摆臂力量的影响。传统上,教练员在部署训练安排和计划时会忽略甚至轻视选手摆臂速度与最大力量方面的训练。而中国优秀男子100 m 短跑选手在集训期间,教练员会重点关注该环节双臂力量以及最大力量能力,跑速虽由下肢的步频和步幅决定,但男子100 m 短跑选手跑步的稳定性和协调性与上肢的协调配合紧密联系,快速摆动会对男子100 m 短跑选手脚掌扒地效果和后蹬力量强弱产生重要影响,并且能够影响选手在最大速度中维持平衡的速度惯量和水平速度。

专家、教练员访谈结果表明,立定三级跳远能够在较大程度上体现男子100 m 短跑选手的反应力量。其既能够客观体现出男子100 m 短跑选手的弹跳能力,还能够体现选手的下肢爆发力和自身上下肢协调能力。多数专家一致认为,男子100 m 短跑选手的最大速度段和立定三级跳远成绩紧密相连。同时,有研究证明了该论点。根据男子100 m 短跑选手加速过程中的生物力学解析能够得知,男子100 m 短跑选手在跑动行进中下肢蹬伸瞬间的蹬地动作和蹬伸幅度等所形成的爆发力、动力势能以及蹬地时间与蹬地速度存在较高相关性,所以100 m 短跑属于爆发力型运动项目,立定三级跳远属于快速伸缩复合式运动模式,较为适应100 m短跑项目的专项动作模式。其机理是快速伸缩复合运动模式能够有效增强男子100 m短跑选手的爆发力,以增强机体神经肌肉兴奋和抑制的快速转换能力、功能、爆发力以及基础耐力,即利用拉伸缩短周期的快速周期性肌肉动作,骨骼肌预先进行1次离心收缩,继而至向心收缩前的过渡期(见表4.33)。

表4.33 力量素质在短跑项目中的作用

力量素质	起跑环节 (0—10 m)	起跑后的加速跑环节 (0—10 m)	最大速度环节 (30—80 m)	降速环节 (80—100 m)
快速力量	▲▲▲▲	▲▲▲	▲▲	▲▲
最大力量	▲▲▲	▲▲▲▲	▲	▲
反应力量	▲	▲	▲▲▲▲	▲▲▲
力量耐力	▲	▲	▲▲	▲▲▲▲

注:▲代表重要程度,越多越重要。

立定三级跳远反映了中国优秀男子100 m短跑选手脚踝处于跳跃进程中的拉伸缩短周期的活动顺序(离心—过渡—向心),其骨骼肌运动被教练员和科研人员普遍命名为骨骼肌的可逆运动,基本存在于所有形式的机体运动中。立定三级跳远训练能够有针对性地优化男子100 m短跑选手的SSC神经系统与肌腱系统,保障机体在最短的时间内发挥出最大力量、最大功率。专家和教练员的访谈结果表明,立定三级跳远指标能够充分体现男子100 m短跑专项运动模式中的反应力量,该类训练能够基本满足短跑选手的专项需求。另外,连续快速抓举和立定十级跳远重点反映选手的力量耐力能力。

为了探究中国优秀男子100 m短跑选手在力量素质方面的差异,本书收集了短跑选手在深蹲、半蹲、连续快速抓举、平板卧推、纵跳摸高、立定跳远、立定三级跳远、立定十级跳远等方面的成绩(见表4.34)。显然,这些指标间存在着相关联系,有一些共同的因素(比如发力部位、发力方式等)对这些指标产生影响,因此,对中国优秀男子100 m短跑选手力量素质的指标进行分析,旨在为各等级短跑选手专项训练提供现实参考依据。

表 4.34　中国优秀男子 100 m 短跑运动员力量及力量耐力素质指标统计

姓　名	运动成绩/s	深蹲/kg	半蹲/kg	连续快速抓举/kg	平板卧推/kg	纵跳摸高/m	立定跳远/m	立定三级跳远/m	立定十级跳远/m
苏炳添	9.91	172	243	110	115	3.15	3.35	9.62	34.85
谢震业	9.97	170	235	105	110	3.35	3.31	9.69	35.75
张培萌	10.00	170	235	100	110	3.37	3.32	9.65	35.58
吴智强	10.17	164	220	95	105	3.15	3.05	9.15	34.48
梁劲生	10.18	150	210	92	100	3.44	3.15	9.22	32.75
许周政	10.12	163	225	100	110	3.31	3.15	9.25	32.45
江亨南	10.22	151	200	95	100	3.12	3.05	9.12	31.59
徐海洋	10.21	155	210	95	105	3.15	3.15	9.11	32.55
莫有雪	10.35	150	210	95	100	3.15	3.11	9.15	33.15
王　煜	10.31	157	200	95	100	3.25	3.08	9.05	32.15
禤达军	10.29	155	205	92	95	3.12	3.05	9.03	32.45
全英瑞	10.27	150	200	90	95	3.13	3.06	9.05	32.75
均　值	10.17	158.92	198.58	97.00	103.75	3.22	3.16	9.28	30.69

注:数据由运动员和教练员提供,均为个人的最好成绩。

本书对中国优秀男子 100 m 短跑选手力量及力量耐力素质指标进行了主成分 Kaiser 标准化最大方差分析(旋转在 3 次迭代后已收敛),由图 4.4 可知,第一个因子的特征值(方差贡献)很高,对解释原有题项的贡献最大,第 2 个以后因子特征值都较小,对解释原有题项的贡献很小,可以忽略,因此,提取 2 个因子是比较合适的。

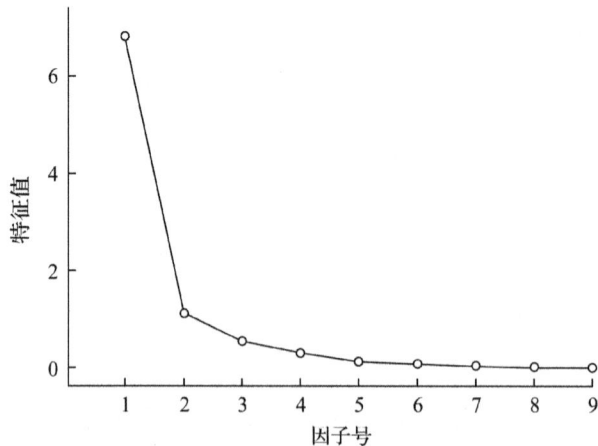

图 4.4　碎石图

由图4.4可见,在2个因子之后曲线变得平缓,且在提取出2个因子后对原始变量方差的解释已经达到88%,故选定因子的个数为2,得到的旋转后成分矩阵如表4.35所示。

表4.35 中国优秀男子100 m短跑选手力量素质指标成绩旋转后的成分矩阵

项目	因子1	因子2
立定三级跳远	0.953	−0.065
纵跳摸高	0.971	0.116
立定跳远	0.901	0.061
立定十级跳远	0.949	−0.001
连续快速抓举	0.925	−0.056
深蹲	0.042	0.984
平板卧推	0.866	0.328
高翻	0.914	0.335
半蹲	0.845	0.114

注:先进行主成分分析,再采用旋转方法和Kaiser标准化最大方差法,旋转在3次迭代后收敛。

从上述对中国优秀男子100 m短跑运动员结果的分层聚类分析可知,根据运动员在力量素质方面的差异,可以将运动员分为三组。

苏炳添、谢震业、张培萌、梁劲生、莫有雪、许周政为一组。这组运动员在因子2上的得分是三组运动员中最低的,但在其他项目上的表现尤为突出,表明他们在深蹲项目上亟待加强。

吴智强单独为一组。吴智强在因子2上的得分明显高于其他运动员,而因子1的得分较低,表明吴智强在深蹲的项目上表现出色,而在其他的项目上表现一般。

江亨南、徐海洋、王煜、褟达军、全英瑞为一组。这组运动员在因子1上的得分显著高于其他组运动员,除了深蹲外在其他项目上都表现优异。

为有效反映中国优秀男子100 m短跑选手力量素质指标和100 m短跑成绩的关联性,本书将中国优秀男子100 m短跑选手的100 m运动成绩视为一个灰色系统,以100 m运动成绩为母序列,将上述每一个力量素质指标视作子序列,计算各项指标与100 m运动成绩的关联度。灰色关联度计算步骤同前述速度及速度耐力素质灰色关联度的计算方法。力量素质各项指标与 100 m 短跑成绩的灰色关联度反映了对于母序列来说各子序列的优劣关系和对研究对象的影响程度。

本书对 9 个评价项(深蹲、半蹲、高翻、连续快速抓举、平板卧推、纵跳摸高、立定跳远、立定三级跳远、立定十级跳远),以及 12 项数据进行了灰色关联度分析,以 100 m 运动成绩作为参考值(母序列 X_0),研究 9 个评价项(深蹲、半蹲、高翻、连续快速抓举、平板卧推、纵跳摸高、立定跳远、立定三级跳远、立定十级跳远)与 100 m 运动成绩的关联关系(关联度)。结果显示,中国优秀男子 100 m 短跑选手的各项力量素质指标和 100 m 短跑成绩的关联度非常高,这体现出了力量素质的增强是完善短跑选手专项技术以及提高运动成绩的保障。

本书使用关联度值对 12 个评价对象进行评价排序。从表 4.36 和表 4.37 可以看出:针对本次 9 个评价项,立定三级跳远的综合评价最高(关联度为 0.802),其次是纵跳摸高(关联度为 0.777)。以上结果与教练员调查的结果基本一致,整体上表明在力量速度及力量耐力素质方面,影响中国优秀男子 100 m 短跑选手专项成绩的指标依次为反应力量、快速力量、最大力量、力量耐力。

表 4.36 力量素质指标与 100 m 短跑运动成绩的灰色关联度

姓 名	深蹲	半蹲	高翻	连续快速抓举	平板卧推	纵跳摸高	立定跳远	立定三级跳远	立定十级跳远
苏炳添	0.519	0.436	0.336	0.420	0.464	0.989	0.569	0.644	0.626
谢震业	0.566	0.520	0.427	0.532	0.594	0.667	0.627	0.638	0.562
张培萌	0.574	0.527	0.480	0.712	0.603	0.654	0.626	0.665	0.585
吴智强	0.789	0.872	0.629	0.852	0.914	0.837	0.783	0.912	0.783
梁劲生	0.670	0.801	1.000	0.689	0.759	0.640	0.990	0.963	0.857
许周政	0.796	0.719	0.660	0.769	0.643	0.791	0.976	0.976	0.838
江亨南	0.680	0.593	0.625	0.822	0.739	0.758	0.757	0.857	0.665
徐海洋	0.804	0.785	0.736	0.827	0.944	0.813	0.965	0.856	0.804
莫有雪	0.611	0.717	0.584	0.753	0.683	0.741	0.790	0.800	0.828
王 煜	0.820	0.567	0.596	0.773	0.700	0.957	0.760	0.763	0.697
禤达军	0.762	0.648	0.528	0.647	0.546	0.725	0.724	0.762	0.747
全英瑞	0.637	0.579	0.450	0.585	0.551	0.749	0.749	0.784	0.804

表4.37 力量素质指标的灰色关联度(从大到小)

评价项	关联度	排名
立定三级跳远	0.802	1
纵跳摸高	0.777	2
立定跳远	0.776	3
立定十级跳远	0.733	4
连续快速抓举	0.698	5
深蹲	0.686	6
平板卧推	0.678	7
高翻	0.647	8
半蹲	0.588	9

(3)专项柔韧素质的表现特征

柔韧素质是指关节及其周围肌肉、组织等活动幅度与伸展幅度的大小。良好的柔韧素质能够充分预防100 m短跑选手骨骼肌及韧带等软组织损伤,还能够有效缓解骨骼肌的疲劳,增强短跑选手步长能力,避免技术动作的肌肉僵硬和身体姿势的不协调。柔韧素质同时也能够影响中国优秀男子100 m短跑选手的步长。柔韧素质主要受到关节及其周围软组织的解剖结构特点影响,经长期科学训练有助于提升关节、肌肉和软组织等的伸展能力与灵活性。对于男子100 m短跑项目而言,步长主要取决于柔韧性和下肢力量等。因此,本书选取的柔韧素质指标主要有坐位体前屈、横叉和纵叉,这三项指标能够有效、准确地反映中国短跑选手的柔韧素质,同时也便于操作。

在100 m短跑项目中,跑速主要由步幅与步频共同决定,然而柔韧素质是影响选手步幅的关键因素,追踪其机理,与选手中枢神经系统掌控骨骼肌神经元的抑制深度有直接联系,即男子100 m短跑选手的柔韧素质越高,其神经肌肉系统兴奋和抑制转换的频率越高,骨骼肌紧张与放松的协调性也越好。专家和教练员的访谈结果表明,训练水平高的男子100 m短跑选手,其坐位体前屈等柔韧素质指标成绩较为优秀,骨骼肌随意放松能力突出,这与选手自身所具备的柔韧素质水平存在紧密关联。

中国男子 100 m 短跑选手坐位体前屈指标上,苏炳添表现最好,然后依次是张培萌、许周政、谢震业、吴智强、梁劲生、江亨南、莫有雪、王煜、徐海洋、禤达军、全英瑞。横叉成绩最好的是苏炳添,其次是谢震业、张培萌、莫有雪、吴智强、梁劲生、许周政、江亨南、徐海洋、王煜、禤达军、全英瑞。纵叉成绩最好的是谢震业,其次是苏炳添、张培萌、禤达军,剩余其他选手纵叉成绩基本相同,均为 4 cm。整体上,中国优秀男子 100 m 短跑选手坐位体前屈的平均成绩为 15.08 ±0.21 cm,横叉平均成绩为 5.42 ±0.17 cm,纵叉平均成绩为 4.58 ±0.33 cm(见表 4.38)。

表 4.38　中国优秀男子 100 m 短跑选手专项柔韧素质指标成绩统计

姓　名	运动成绩/s	坐位体前屈/cm	横叉/cm	纵叉/cm
苏炳添	9.91	17	7	6
谢震业	9.97	15	6	7
张培萌	10.00	16	6	5
吴智强	10.17	15	5	4
梁劲生	10.18	15	5	4
许周政	10.12	16	5	4
江亨南	10.22	15	5	4
徐海洋	10.21	14	5	4
莫有雪	10.35	15	6	4
王　煜	10.31	15	5	4
禤达军	10.29	14	5	5
全英瑞	10.27	14	5	4
均值±偏差	10.17 ±0.14	15.08 ±0.21	5.42 ±0.17	4.58 ±0.33

本书针对 3 个评价项即坐位体前屈、横叉、纵叉,以及 12 项数据进行了灰色关联度分析,并且以运动成绩作为参考值(母序列),研究坐位体前屈、横叉、纵叉与运动成绩的关联关系(关联度),计算出关联系数值(见表 4.39),并根据关联系数值,计算出灰色关联度值用于评价判断(见表 4.40)。

表4.39 专项柔韧素质指标与100 m短跑运动成绩的灰色关联系数

姓　名	坐位体前屈	横叉	纵叉
苏炳添	0.656	0.472	0.459
谢震业	0.972	0.697	0.340
张培萌	0.797	0.702	0.733
吴智强	1.000	0.796	0.696
梁劲生	0.996	0.794	0.695
许周政	0.824	0.808	0.705
江亨南	0.983	0.785	0.688
徐海洋	0.799	0.787	0.690
莫有雪	0.940	0.769	0.667
王　煜	0.953	0.766	0.673
褟达军	0.781	0.770	0.793
全英瑞	0.786	0.775	0.680

表4.40 专项柔韧素质指标的灰色关联度(从大到小)

评价项	关联度	排名
坐位体前屈	0.874	1
横叉	0.744	2
纵叉	0.652	3

本书使用关联度值针对12个评价对象进行评价排序;关联度值介于0和1之间,该值越高表示其与参考值(母序列)之间的相关性越强,也即意味着其评价越高。本次3个评价项中,坐位体前屈的综合评价最高(关联度为0.874),其次是横叉(关联度为0.744)。

(4)专项灵敏素质的表现特征

灵敏素质是指运动员对突然变化的刺激能够迅速做出应答性反应(改变身体姿势和方向等)的能力。灵敏素质能够反映运动员神经肌肉的灵活性,以及由中枢神经系统支配的骨骼肌的活动。灵敏素质调动的并不是某一块肌肉或者某一个关节,重点体现的是男子100 m短跑选手上肢肌群、腰腹肌群、脊椎深层肌群、臀部肌群以及下肢肌群的协调配合,需要多关节、多肌肉的参与。多关节和深层肌群的训练能够有效提升短跑选手的神经反应速率和协调能力。

100 m 短跑运动项目要求选手实现对快速位移时神经肌肉兴奋性的精确掌控，在跑动过程中短跑选手需要维持有效且稳定的身体姿势和技术节奏。灵敏素质在短跑选手四肢的快速摆动、神经肌肉系统的快速激活以及四肢的协调放松等方面发挥着非常重要的作用。因此，在训练中，要不断增强短跑选手适应外部环境、随机应变的能力，使之保持良好的身体姿势和跑动节奏，进而可以及时控制身体的稳定性，良好的灵敏素质能够为男子100 m 短跑选手爆发式启动和缓冲制动赋予坚实的基础保障。根据专家的访谈，灵敏素质能够体现短跑运动员的综合素质，结合男子100 m 短跑项目的专项特征，中国优秀男子100 m 短跑选手的灵敏素质指标有30 s 象限跳、20 s 立卧撑、跨栏架（8 个）以及20 m 后退跑，中国优秀男子100 m 短跑选手的专项灵敏素质指标成绩见表4.41。

表4.41　中国优秀男子100 m 短跑选手专项灵敏素质指标成绩统计

姓　名	运动成绩 /s	30 s 象限 跳/个	20 s 立卧撑 /个	跨栏架(8 个) /s	20 m 后退跑 /s
苏炳添	9.91	28	15	4.92	3.85
谢震业	9.97	27	14	4.87	3.87
张培萌	10.00	27	14	4.93	3.91
吴智强	10.17	25	13	5.02	3.94
梁劲生	10.18	25	13	4.98	3.93
许周政	10.12	26	14	4.97	3.94
江亨南	10.22	24	12	5.01	3.95
徐海洋	10.21	24	12	5.03	3.97
莫有雪	10.35	24	12	5.05	3.97
王　煜	10.31	24	12	5.05	3.95
禤达军	10.29	23	12	5.11	3.98
全英瑞	10.27	23	11	5.10	4.00
均值 ± 偏差	10.17 ± 0.14	25.00 ± 0.22	12.83 ± 1.16	5.00 ± 0.09	4.01 ± 0.11

中国男子 100 m 短跑选手在 30 s 象限跳指标上,苏炳添表现最好,然后依次是谢震业、张培萌、许周政、吴智强、梁劲生、江亨南、徐海洋、莫有雪、王煜、褚达军、全英瑞。20 s 立卧撑成绩最好的是苏炳添,其次是谢震业、张培萌、许周政、吴智强、梁劲生、江亨南、徐海洋、莫有雪、王煜、褚达军、全英瑞。跨栏架(8 个)成绩最好的是谢震业,其次是苏炳添、张培萌、许周政、梁劲生、江亨南、吴智强、徐海洋、莫有雪、王煜、全英瑞、褚达军。20 m 后退跑成绩最好的是苏炳添,其次是谢震业、张培萌、梁劲生、吴智强、许周政、江亨南、王煜、徐海洋、莫有雪、褚达军、全英瑞。整体上,中国优秀男子短跑选手 30 s 象限跳的平均成绩为 25.00 ± 0.22 个,20 s 立卧撑的平均成绩为 12.83 ± 1.16 个,跨栏架(8 个)平均成绩为 5.00 ± 0.09 s,20 m 后退跑平均成绩为 4.01 ± 0.11 s。

综上,中国优秀男子 100 m 短跑选手的灵敏素质水平较高,另外,运动成绩越好的选手灵敏素质表现也越优秀。30 s 象限跳能够客观准确地反映出短跑选手四肢协调配合的能力和神经、肌肉状态,是评价短跑选手灵敏素质的常用指标;20 s 立卧撑能够反映中国优秀短跑选手上肢和躯干的力量水平,在收腿时候,需要运动员腰腹肌群和腿部肌群快速收缩,可有效地体现出短跑选手的全身力量以及反应力量;跨栏架(8 个)重点反映短跑选手下肢跨越栏架时髋关节的柔韧性和伸展性;20 m 后退跑由于其特殊的运动方向,和运动员日常训练的视觉方向相反,要求身体重心保持稳定,能够反映中国优秀男子 100 m 短跑选手的协调性、平衡性和灵活性。十字象限跳、立卧撑、跨栏架和后退跑作为国家田径短跑队体能考核的重要项目,这些项目的成绩能够重点体现男子 100 m 短跑选手的本体感觉能力,更侧重反映短跑选手的综合素质情况,能够表现选手神经系统、前庭系统募集动员骨骼肌纤维的能力。良好的灵敏素质还有助于预防运动损伤以及改善技术动作质量。

本书针对 4 个评价项,即 30 s 象限跳、20 s 立卧撑、跨栏架(8 个)、20 m 后退跑,以及 12 项数据进行灰色关联度分析,并且以运动成绩作为参考值(母序列),研究 4 个评价项与中国优秀男子 100 m 短跑选手运动成绩的关联关系(关联度),计算出关联系数值(见表4.42),并根据关联系数值,然后计算出关联度值用于评价判断。

表4.42 专项灵敏素质指标与100 m短跑运动成绩的灰色关联系数

姓 名	30 s象限跳	20 s立卧撑	跨栏架(8个)	20 m后退跑
苏炳添	0.401	0.334	0.920	0.973
谢震业	0.495	0.469	0.931	0.981
张培萌	0.502	0.475	0.983	0.914
吴智强	0.998	0.885	0.971	1.000
梁劲生	0.988	0.893	0.943	0.967
许周政	0.686	0.504	0.980	0.952
江亨南	0.683	0.581	0.962	0.978
徐海洋	0.687	0.584	0.990	0.963
莫有雪	0.626	0.540	0.919	0.908
王 煜	0.643	0.552	0.954	0.898
褚达军	0.513	0.558	0.914	0.985
全英瑞	0.519	0.388	0.915	0.947
均 值	0.645	0.564	0.948	0.956

本书使用关联度值对12个评价对象进行评价排序。关联度值介于0和1之间,该值越大,表示其与参考值(母序列)之间的相关性越强,也即其评价越高。针对本次4个评价项,20 m后退跑的综合评价最高(关联度为0.956),与100 m短跑运动成绩关联度最显著,究其缘由可能是20 m后退跑能够客观地反映腘绳肌(双关节肌)的力量发展程度和四肢的协调配合水平,同时后退跑的动作模式与100 m短跑比较接近。其次是跨栏架(8个)(关联度为0.948)、30 s象限跳(关联度为0.645)、20 s立卧撑(关联度为0.564)。因此,在日常要多注意发展短跑选手的灵敏素质,特别是在青少年发育敏感期加强灵敏素质的训练。

4.3.2 中国优秀男子100 m短跑选手运动技术能力的表现特征

运动技术是指运动员完成体育动作的方法和手段。伴随着运动训练信息化与科技化,100 m短跑成绩逐渐逼近人类极限,短跑技术开始备受关注。100 m短跑运动技术由起跑、起跑后的加速跑、途中跑和终点冲刺跑四个重要环节构成(见图4.5)。起跑要求短跑选手快速爆发式启动,此时的反应速度(受中枢神经系统灵活性和均衡性影响)是加速跑环节的基础。起跑后的加速跑是进入途中跑最大速度的保障,途中跑受髋关节屈肌肌群(髂腰肌和缝匠肌等)、股后肌群等的协调性影响。[189-193]

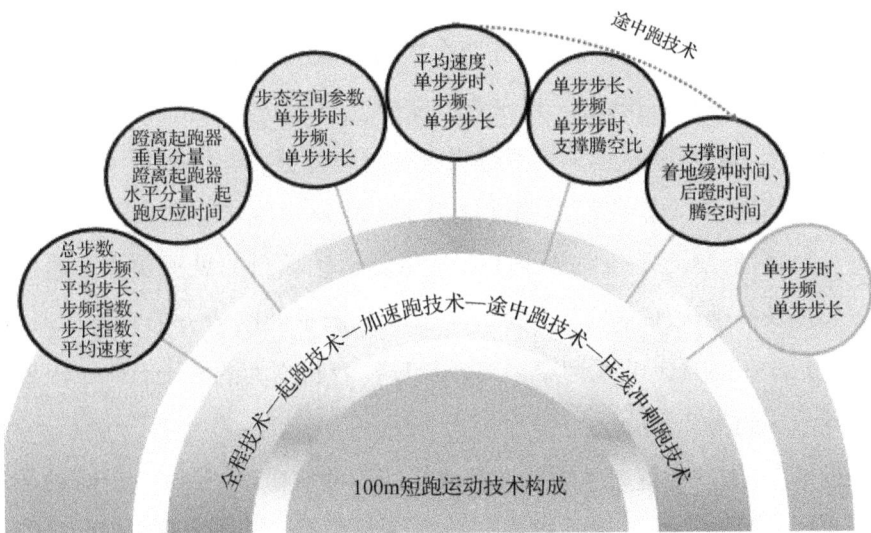

图4.5　100 m短跑运动技术构成

现代短跑技术重点反映以髋部为轴进行的快频率摆动——平动的运动,从最初侧重后蹬技术,过渡到侧重蹬摆结合技术,快摆技术、屈蹬技术应运而生。[194]专家和教练员访谈结果表明,目前以博尔特、道格拉塞、科尔曼、苏炳添、谢震业等为代表的国内外精英选手和普通选手的显著差距体现在两个维度:伸髋技术和着地技术。中国男子100 m短跑整体成绩虽然获得璀璨耀眼的进步,但依然与世界短跑的整体水平有一定差距。研究发现,随着成年男子100 m短跑选手体能渐趋极限水平,身体形态改善的空间很小,基本稳定在某种范围,能量代谢的可塑范围受到限制,故运动成绩的突破重点在于运动技术水平的整体提升。[195]因此,除科学化训练外,亟须理性审视现代短跑的完整技术,其中运动技术和专项速度是影响100 m短跑选手专项成绩的直接因素,而力量是影响100 m短跑选手专项成绩的间接因素。[196]

专家和教练员普遍认为,短跑成绩主要取决于两个本质上不同的要求:起跑时的高加速度和起跑后的高速度保持。短跑距离所需时间越短,起跑时的初始加速度越重要,另外在途中跑环节的最大速度段维持最大跑速是关键。

为进一步探索中国优秀男子100 m短跑选手的关键技术特征,本书分别对2017年第13届全运会、2018年全国田径大奖赛和2019年田径世锦赛选拔赛进行了定点扫描拍摄,以便为后续研究者提供理论参考和借鉴依据。对优秀男子100 m短跑选手比赛过程中的解析能够为我们提供丰富的训练竞赛科学信息,有助于我们深刻理解男子100 m短跑选手在最大速度下的步态参数特征,继而增强对男子100 m短跑运动项目的纵深探索。跑速由步频和步长的乘积所决定。世界级男子短跑选手的跑速一般大于12 m/s,步频为4.5—5.9 Hz,步长/身高为1.3—1.4(身材高大的男子100 m短跑选手实际步幅约为2.80 m)。

近年来,周期性竞速类项目运动成绩的不断突破,主要得益于运动员每一步和每一蹬的动作效率的提高。短跑作为典型的周期性竞速类项目,运动水平的提高同样得益于步长的增大。就男子100 m短跑项目而言,1970—2009年,世界纪录由10.06 s缩短至9.58 s,与此同时,世界优秀男子短跑运动员的步频指数由8.54降至8.28,而步长指数则由1.14提升至1.24。一方面,步长的增大表明骨骼肌的放松时间延长,三磷酸腺苷再合成与循环再利用的比例也逐渐提高;另一方面,步幅的扩大具备经济性。

在100 m短跑项目运动技术能力中,常用全程速度节奏、步频、步长、触地时间、腾空时间、步频指数、步长指数、平均速度等步态参数指标作为关键技术指标进行测量和评估。鉴于此,本书仅对全程速度节奏、步频、步长、步频指数、步长指数、总步数、分段速度等关键技术指标进行详细解析和探讨(见表4.43、表4.44、表4.45)。

表 4.43　2017 年第 13 届全运会男子 100 m 决赛选手的步长特征

姓名	运动成绩/s	全程			起跑阶段(0—30 m)		起跑后的加速跑阶段(30—60 m)		途中跑阶段(60—90 m)		冲刺跑阶段(90—100 m)	
		总步数/步	平均步长/m	步长指数	平均步长/m	步长指数	平均步长/m	步长指数	平均步长/m	步长指数	平均步长/m	步长指数
谢震业	10.04	46.05	2.17	1.19	1.71	0.93	2.34	1.27	2.33	1.28	2.38	1.30
苏炳添	10.10	48.15	2.08	1.20	1.56	0.91	2.25	1.31	2.24	1.30	2.26	1.29
徐海洋	10.28	48.20	2.07	1.16	1.60	0.91	2.23	1.27	2.25	1.26	2.25	1.26
吴智强	10.31	47.75	2.09	1.20	1.65	0.95	2.24	1.28	2.15	1.23	2.21	1.26
许周政	10.31	46.40	2.16	1.20	1.65	0.91	2.33	1.28	2.31	1.27	2.35	1.28
张培萌	10.34	47.50	2.11	1.13	1.59	0.85	2.28	1.22	2.25	1.22	2.21	1.19
梁劲生	10.37	44.00	2.27	1.23	1.81	0.98	2.45	1.32	2.34	1.26	2.45	1.32
檩　弘	10.49	46.40	2.16	1.18	1.69	0.92	2.32	1.27	2.11	1.18	2.31	1.29
均值±偏差	10.28±0.15	46.81±1.41	2.14±0.07	1.18±0.03	1.66±0.08	0.92±0.04	2.21±0.25	1.28±0.03	2.24±0.15	1.25±0.03	2.30±0.19	1.27±0.07

表4.44 2018年全国田径大奖赛（肇庆站）男子100 m决赛选手的步长特征

| 姓名 | 运动成绩/s | 全程 | | | 起跑阶段(0—30 m) | | 起跑后的加速跑阶段(30—60 m) | | 途中跑阶段(60—90 m) | | 冲刺跑阶段(90—100 m) | |
		总步数/步	平均步长/m	步长指数	平均步长/m	步长指数	平均步长/m	步长指数	平均步长/m	步长指数	平均步长/m	步长指数
许周政	10.21	46.50	2.12	1.17	1.70	0.93	2.35	1.29	2.27	1.24	2.32	1.27
梁劲生	10.41	45.00	2.25	1.20	1.72	0.92	2.48	1.34	2.34	1.26	2.45	1.32
吴智强	10.46	48.20	2.04	1.15	1.67	0.95	2.20	1.26	2.26	1.29	2.17	1.24
莫有雪	10.47	47.00	2.11	1.15	1.65	0.92	2.22	1.24	2.22	1.20	2.19	1.22
江亨南	10.31	49.50	2.05	1.10	1.65	0.91	2.17	1.20	2.14	1.20	2.17	1.21
王煜	10.34	50.40	1.97	1.12	1.66	0.94	2.33	1.32	2.12	1.19	2.28	1.26
全英瑞	10.37	47.30	2.10	1.17	1.62	0.91	2.37	1.33	2.21	1.24	2.33	1.30
檗弘	10.49	47.05	2.11	1.14	1.66	0.92	2.36	1.35	2.25	1.26	2.32	1.29
均值±偏差	10.28±0.11	47.62±1.37	2.10±0.02	1.15±0.05	1.66±0.03	0.93±0.05	2.30±0.21	1.29±0.07	2.23±0.06	1.24±0.06	2.27±0.15	1.26±0.03

表4.45 2019年田径世锦赛选拔赛男子100 m决赛选手的步长特征

姓名	运动成绩/s	全程			起跑阶段(0—30 m)		起跑后的加速跑阶段(30—60 m)		途中跑阶段(60—90 m)		冲刺跑阶段(90—100 m)	
		总步数/步	平均步长/m	步长指数	平均步长/m	步长指数	平均步长/m	步长指数	平均步长/m	步长指数	平均步长/m	步长指数
谢震业	10.03	46.70	2.17	1.18	1.72	0.93	2.35	1.28	2.37	1.30	2.38	1.31
苏炳添	10.19	48.20	2.08	1.21	1.59	0.92	2.26	1.31	2.29	1.33	2.24	1.28
许周政	10.20	46.00	2.18	1.20	1.70	0.93	2.32	1.27	2.32	1.28	2.33	1.28
梁劲生	10.21	43.40	2.31	1.25	1.72	0.93	2.35	1.27	2.38	1.29	2.37	1.28
吴智强	10.27	48.00	2.09	1.19	1.65	0.94	2.24	1.28	2.25	1.28	2.21	1.26
褟达军	10.29	48.40	2.09	1.17	1.65	0.95	2.21	1.27	2.24	1.25	2.19	1.23
全英瑞	10.39	46.40	2.18	1.22	1.68	0.94	2.26	1.27	2.25	1.26	2.24	1.26
糜弘	10.57	47.30	2.13	1.20	1.69	0.95	2.25	1.26	2.24	1.25	2.24	1.26
均值±偏差	10.26 ±0.17	46.80 ±1.39	2.15 ±0.07	1.20 ±0.04	1.66 ±0.06	0.94 ±0.02	2.32 ±0.33	1.28 ±0.05	2.29 ±0.03	1.28 ±0.04	2.28 ±0.29	1.27 ±0.01

4.3.2.1 步长特征

男子 100 m 短跑项目多数依托步长指数(步长/身高)以及步频指数(步频×身高)来衡量选手步长和步频的匹配度。专家、教练员的访谈结果表明,短跑选手创造优异成绩需要重点突出各自独特的技术特长,或重点发展步频,抑或步长,或者两者均衡改善,此时跑速与步频具备显著性相关,在 0—100 m 段,步频并不是单峰曲线,而是一般在 20 m 以及 60 m 形成高峰。有相关研究提到,在 100 m 短跑选手起跑加速阶段,步频相当重要,在 20—30 m 段普遍会产生 1 个低谷期。

在 100 m 短跑技术结构中,步频与步长的最佳匹配模式可以分为五种类型:一是步频和步长协同增长;二是在步频保持不变的前提下使步长增大;三是在步长保持不变的情况下提升步频;四是在提高步频的过程中适度使步长缩小;五是在增大步长的过程中适度降低步频。步长指数和步频指数是短跑选手比赛过程中步长与步频的具体表现,同时也是 100 m 短跑专项技术结构的重要参数。100 m 短跑选手的步长、步频主要受生理遗传、身体素质等因素影响。目前普遍根据步长指数(步长/身高)、步频指数(步频×身高)来评价 100 m 短跑选手的步长和步频能力。为进一步检验 2017 年第 13 届全运会、2018 年全国田径大奖赛(肇庆站)和 2019 年田径世锦赛选拔赛(沈阳站)男子 100 m 短跑决赛运动员的平均步长、步长指数是否具备差异性,本书采用克鲁斯卡尔-沃利斯检验(Kruskal-Wallis 检验,简称 K-W 检验)。该方法与 Wilcoxon 秩和检验类似,可视作其扩展,用来检验多个样本所来自的总体分布是否相同。K-W 检验解决问题的思路是,把样本混合成一个数据集合,将数据从小到大排列并计算秩(每个观测都有自己的秩,秩相同则取平均)。记录每一组观测值的秩和 R_i,再计算每组的平均值,检验的统计量为 H:

$$H = \frac{12 \sum_{}^{j} (\bar{R}_j - \bar{R})^2}{N(N+1)} \tag{4.7}$$

在原假设下,自由度为 $k-1$ 的卡方分布与 H 的分布近似。当所有组的观测值个数都不少于 5 时,这种近似的准确度比较合理,H 越大,说明原假设

（一些中位数之间的差异在统计意义上显著）成立的证据越充分。

$$H_{\mathrm{adj}} = \frac{H}{1 - \dfrac{\sum (t_i^3 - t_i)}{N^3 - N}} \tag{4.8}$$

在原假设下，自由度为 $k-1$ 的卡方分布与 H 和 H_{adj} 的分布近似，$p = 1 - \mathrm{CDF}$（$\chi^2 H$, df），$p = 1 - \mathrm{CDF}$（$\chi^2 H_{\mathrm{adj}}$, df）。

首先，对 2017 年第 13 届全运会、2018 年全国田径大奖赛（肇庆站）和 2019 年田径世锦赛选拔赛（沈阳站）男子 100 m 决赛选手的运动成绩进 K-W 检验分析，检验结果表明各个比赛时间段运动员的比赛成绩之间没有显著差异（$H = 5.015$, $p > 0.05$），即 2017 年第 13 届全运会、2018 年全国田径大奖赛（肇庆站）、2019 年田径世锦赛选拔赛（沈阳站）男子 100 m 决赛运动成绩的均值不存在显著性差异（见表 4.46）。

表 4.46　K-W 检验不同比赛年份中国优秀男子 100 m 短跑选手运动成绩

赛事	运动成绩/s	H	p
2017 年第 13 届全运会（天津站）	10.28 ± 0.15		
2018 年全国田径大奖赛（肇庆站）	10.28 ± 0.11	5.015	0.081
2019 年田径世锦赛选拔赛（沈阳站）	10.26 ± 0.17		

其次，对 2017 年第 13 届全运会、2018 年全国田径大奖赛（肇庆站）和 2019 年田径世锦赛选拔赛（沈阳站）男子 100 m 决赛中国优秀男子 100 m 短跑运动员的总步数（$H = 0.796$, $p > 0.05$）和全程步长（$H = 2.415$, $p > 0.05$）进行 K-W 检验。检验结果表明，2017 年第 13 届全运会、2018 年全国田径大奖赛（肇庆站）和 2019 年田径世锦赛选拔赛（沈阳站）中国优秀男子 100 m 短跑运动员的全程步长没有显著性差异。然而，对运动员的全程步长指数进行 K-W 检验的结果表明，三次比赛的全程步长指数存在显著性差异（$H = 10.296$, $p = 0.006$）。采用 Bonferroni 法校正显著性水平发现，2017 年第 13 届全运会、2019 年田径世锦赛选拔赛（沈阳站）男子 100 m 决赛运动员的全程步长指数没有显著差异，但这两次比赛运动员的全程步长指数均显著高于 2018 年全国田径大奖赛（肇庆站）的步长指数（见表 4.47、表 4.48、表 4.49）。

表4.47　K-W检验不同比赛年份中国优秀男子100 m短跑选手总步数

赛事	总步数/步	H	p
2017 年第 13 届全运会(天津站)	46.81 ± 1.41		
2018 年全国田径大奖赛(肇庆站)	47.62 ± 1.37	0.796	0.672
2019 年田径世锦赛选拔赛(沈阳站)	46.80 ± 1.39		

表4.48　K-W检验不同比赛年份中国优秀男子100 m短跑选手全程步长

赛事	平均步长/m	H	p
2017 年第 13 届全运会(天津站)	2.14 ± 0.07		
2018 年全国田径大奖赛(肇庆站)	2.10 ± 0.02	2.415	0.299
2019 年田径世锦赛选拔赛(沈阳站)	2.15 ± 0.07		

表4.49　K-W检验不同比赛年份中国优秀男子100 m短跑选手全程步长指数

赛事	全程步长指数	H	p
2017 年第 13 届全运会(天津站)	1.18 ± 0.03		
2018 年全国田径大奖赛(肇庆站)	1.15 ± 0.05	10.296	0.006
2019 年田径世锦赛选拔赛(沈阳站)	1.20 ± 0.04		

最后,对三次比赛运动员在起跑阶段的步长($H = 1.099, p > 0.05$)和步长指数($H = 3.608, p > 0.05$)、起跑后的加速阶段的步长($H = 0.806, p > 0.05$)和步长指数($H = 1.572, p > 0.05$),以及冲刺跑阶段的步长($H = 1.233, p > 0.05$)和步长指数($H = 0.957, p > 0.05$)进行 K-W 检验,结果表明,三次比赛运动员起跑阶段步长和步长指数没有显著差异。在途中跑阶段,步长之间没有显著差别,而步长指数有显著差别,2018 年途中跑阶段步长指数要显著低于 2019 年途中跑阶段步长指数(见表 4.50—表 4.57)。

表4.50　K-W检验不同比赛年份中国优秀男子100 m短跑选手起跑阶段步长

赛事	起跑阶段平均步长/m	H	p
2017 年第 13 届全运会(天津站)	1.66 ± 0.08		
2018 年全国田径大奖赛(肇庆站)	1.66 ± 0.03	1.099	0.577
2019 年田径世锦赛选拔赛(沈阳站)	1.66 ± 0.06		

表4.51 K-W检验不同比赛年份中国优秀男子100 m短跑选手起跑阶段步长指数

赛事	起跑步长指数	H	p
2017 年第 13 届全运会（天津站）	0.92 ± 0.04		
2018 年全国田径大奖赛（肇庆站）	0.93 ± 0.05	3.608	0.165
2019 年田径世锦赛选拔赛（沈阳站）	0.94 ± 0.02		

表4.52 K-W检验不同比赛年份中国优秀男子100 m短跑选手加速跑步长

赛事	起跑后的加速跑阶段平均步长/m	H	p
2017 年第 13 届全运会（天津站）	2.21 ± 0.25		
2018 年全国田径大奖赛（肇庆站）	2.30 ± 0.21	0.806	0.668
2019 年田径世锦赛选拔赛（沈阳站）	2.32 ± 0.33		

表4.53 K-W检验不同比赛年份中国优秀男子100 m短跑选手加速跑步长指数

赛事	起跑后的加速跑阶段步长指数	H	p
2017 年第 13 届全运会（天津站）	1.28 ± 0.03		
2018 年全国田径大奖赛（肇庆站）	1.29 ± 0.07	1.572	0.456
2019 年田径世锦赛选拔赛（沈阳站）	1.28 ± 0.05		

表4.54 K-W检验不同比赛年份中国男子100 m短跑选手途中跑阶段步长

赛事	途中跑阶段平均步长/m	H	p
2017 年第 13 届全运会（天津站）	2.24 ± 0.15		
2018 年全国田径大奖赛（肇庆站）	2.23 ± 0.06	3.052	0.217
2019 年田径世锦赛选拔赛（沈阳站）	2.29 ± 0.03		

表4.55 K-W检验不同比赛年份中国男子100 m短跑选手途中跑阶段步长指数差异

赛事	途中跑阶段步长指数	H	p
2017 年第 13 届全运会（天津站）	1.25 ± 0.03		
2018 年全国田径大奖赛（肇庆站）	1.24 ± 0.06	6.073	0.048
2019 年田径世锦赛选拔赛（沈阳站）	1.28 ± 0.04		

表4.56　K-W检验不同比赛年份中国男子100 m短跑选手冲刺跑阶段步长差异

赛事	冲刺跑平均步长/m	H	p
2017年第13届全运会（天津站）	2.30 ± 0.19		
2018年全国田径大奖赛（肇庆站）	2.27 ± 0.15	1.233	0.540
2019年田径世锦赛选拔赛（沈阳站）	2.28 ± 0.29		

表4.57　K-W检验不同比赛年份中国男子100 m短跑选手冲刺跑阶段步长指数

赛事	冲刺跑步长指数	H	p
2017年第13届全运会（天津站）	1.27 ± 0.07		
2018年全国田径大奖赛（肇庆站）	1.26 ± 0.03	0.957	0.620
2019年田径世锦赛选拔赛（沈阳站）	1.27 ± 0.01		

根据100 m短跑项目技术特点，中国优秀男子100 m短跑选手在起跑阶段、起跑后的加速跑阶段、途中跑阶段和冲刺跑阶段的步长指数方面存在不同特征。

为了探究中国优秀男子100 m短跑选手不同阶段步长指数的差异，本书将上述三次比赛共24条分段的步长指数数据进行汇总，在SPSS 22.0软件中利用起跑阶段步长指数、加速跑阶段步长指数、途中跑阶段步长指数和冲刺跑阶段步长指数这4个指标，得到分层聚类分析的结果，并根据运动员在起跑阶段、加速跑阶段、途中跑阶段和冲刺跑阶段步长指数的不同特点，将24条运动数据分为五类（见表4.58）。

表4.58　五类运动员的步长指数在100 m短跑各阶段的对比

运动员类别	起跑	加速跑	途中跑	冲刺跑
苏炳添	小	大	大	小
谢震业、许周政、吴智强	中	中	中	中
张培萌、江亨南、莫有雪	小	小	偏小	小
糜弘、王煜、褟达军	中	中	小	中
梁劲生、全英瑞	中	大	中	大

苏炳添单独划分为第一类。在加速跑阶段和途中跑阶段，苏炳添的步长指数都显著大于其他运动员在对应阶段的步长指数；而苏炳添在起跑阶

段的步长指数最小。

谢震业、许周政和吴智强归为第二类。这三名运动员的步长指数在100 m 短跑全程各阶段都位居所有决赛运动员的中间位置。

张培萌、江亨南和莫有雪归于第三类。在100 m 短跑的起跑、起跑后的加速跑和冲刺跑阶段中,他们的步长指数是最小的,在途中跑阶段,步长指数也偏小。

糜弘、王煜、褐达军归于第四类。在途中跑阶段,其步长指数最小。

梁劲生、全英瑞划分为第五类。他们运动记录的共有特点是,在起跑后的加速跑阶段和终点冲刺跑阶段步长指数最大。

根据相关性分析得知,在0.05 显著性水平下,五组运动员的100 m 短跑运动成绩存在显著差异,表明分段步长指数的不同会对运动员100 m 短跑成绩造成重要影响。在这五组运动员中,第一组、第二组、第三组选手的步长指数与运动成绩显著相关,第四组、第五组选手的步长指数与运动成绩中度相关。

以上研究结果提示:中国优秀男子100 m 短跑选手途中跑阶段的步长指数对运动成绩有着较大影响,经 Pearson 相关系数检验,途中跑阶段步长指数与中国优秀男子100 m 短跑选手运动成绩之间存在显著的负相关关系,即途中跑步长指数越大,全程分段用时越少,因此运动员要注重途中跑阶段的步长,并着重提高步长指数。

4.3.2.2 步频特征

步频是指单位时间内双腿交替的频率,是决定跑速的关键要素之一,通常以步/s 或 Hz 表示,其快慢取决于机体神经肌肉系统的整体协调能力、骨骼肌中快肌(白肌)纤维的百分比、骨骼肌收缩力量和收缩速率。步频受遗传影响,100 m 短跑选手步频可达 4.6—5.1 Hz,通过系统训练,能够进一步提高步频。

通过对上述三次大赛进行定点扫描拍摄,本书得出了中国短跑选手起跑阶段、起跑后的加速跑阶段、途中跑阶段和冲刺跑阶段平均步频和步频指数(见表4.59、表4.60、表4.61)。

表 4.59　2017 年第 13 届全运会男子 100 m 决赛选手的步频特征

姓名	运动成绩/s	全程			起跑阶段（0—30 m）		起跑后的加速跑阶段（30—60 m）		途中跑阶段（60—90 m）		冲刺跑阶段（90—100 m）	
		总步数/步	平均步频/Hz	步频指数	平均步频/Hz	步频指数	平均步频/Hz	步频指数	平均步频/Hz	步频指数	平均步频/Hz	步频指数
谢震业	10.04	46.05	4.65	8.56	4.78	8.80	4.80	8.84	4.91	9.01	4.50	8.28
苏炳添	10.10	48.15	4.83	8.31	5.24	9.01	4.95	8.51	5.06	8.71	4.65	7.99
徐海洋	10.28	48.20	4.76	8.37	4.92	8.62	4.99	8.74	4.99	8.74	4.67	8.17
吴智强	10.31	47.75	4.70	8.22	4.81	8.42	4.93	8.63	5.14	8.99	4.75	8.31
许周政	10.31	46.40	4.57	8.31	4.81	8.80	4.74	8.68	4.82	8.83	4.43	8.10
张培萌	10.34	47.50	4.66	8.72	4.96	9.28	4.75	8.87	4.97	9.30	4.81	8.99
梁劲生	10.37	44.00	4.31	7.97	4.36	8.16	4.44	8.30	4.72	8.82	4.37	8.17
糜弘	10.49	46.40	4.48	8.20	4.62	8.28	4.64	8.31	5.13	9.17	4.55	8.15
均值±偏差	10.28±0.15	48.81±1.41	4.62±0.17	8.33±0.23	4.81±0.26	8.67±0.38	4.78±0.18	8.61±0.22	4.97±0.15	8.95±0.21	4.59±0.15	8.27±0.31

表 4.60　2018 年全国田径大奖赛(肇庆站)男子 100 m 决赛选手的步频特征

姓名	运动成绩/s	全程			起跑阶段(0—30 m)		起跑后的加速跑阶段(30—60 m)		途中跑阶段(60—90 m)		冲刺跑阶段(90—100 m)	
		总步数/步	平均步频/Hz	步频指数	平均步频/Hz	步频指数	平均步频/Hz	步频指数	平均步频/Hz	步频指数	平均步频/Hz	步频指数
许周政	10.04	46.50	4.55	8.29	4.62	8.46	4.91	8.98	4.97	9.10	4.45	8.15
梁劲生	10.10	45.00	4.32	8.00	4.46	8.33	4.53	8.47	4.83	9.03	3.97	7.42
吴智强	10.28	48.20	4.61	8.11	4.58	8.02	5.05	8.84	4.90	8.57	4.77	8.35
莫有雪	10.31	47.00	4.49	8.04	4.61	8.30	5.00	9.01	5.00	9.00	4.64	8.35
江亨南	10.31	49.50	4.70	8.50	4.57	7.99	5.07	8.87	5.19	9.08	4.76	8.32
王　煜	10.34	50.40	4.77	8.40	4.57	8.14	4.71	8.38	5.12	9.11	4.59	8.17
全英端	10.37	47.30	4.48	7.97	4.69	8.40	4.66	8.35	4.92	8.81	4.36	7.81
檩　弘	10.49	47.05	4.44	7.95	4.51	8.08	4.71	8.42	4.83	8.65	4.37	7.92
均值±偏差	10.28±0.15	47.62±1.37	4.55±0.17	8.16±0.21	4.58±0.07	8.22±0.18	4.83±0.20	8.66±0.29	4.97±0.13	8.92±0.21	4.49±0.26	8.05±0.34

表4.61 2019年田径世锦赛选拔赛（沈阳站）男子100 m决赛选手的步频特征

姓名	运动成绩/s	全程			起跑阶段(0—30 m)		起跑后的加速跑阶段(30—60 m)		途中跑阶段(60—90 m)		冲刺跑阶段(90—100 m)	
		总步数/步	平均步频/Hz	步频指数	平均步频/Hz	步频指数	平均步频/Hz	步频指数	平均步频/Hz	步频指数	平均步频/Hz	步频指数
谢震业	10.03	46.70	4.66	8.57	4.48	8.24	4.88	8.97	4.85	8.92	4.65	8.55
苏炳添	10.19	48.20	4.73	8.14	4.90	8.43	4.96	8.53	4.83	8.31	4.69	8.06
许周政	10.20	46.00	4.51	8.21	4.53	8.28	4.85	8.87	4.80	8.79	4.56	8.35
梁劲生	10.21	43.40	4.25	7.86	4.45	8.32	4.72	8.83	4.73	8.85	4.58	8.56
吴智强	10.27	48.00	4.67	8.18	4.62	8.08	4.99	8.73	4.92	8.61	4.81	8.43
褚达军	10.29	48.40	4.70	8.18	4.63	8.11	4.99	8.74	4.93	8.63	4.89	8.55
全英瑞	10.39	46.40	4.47	7.95	4.49	8.05	4.91	8.78	4.84	8.67	4.65	8.33
糜弘	10.57	47.30	4.50	8.01	4.49	8.04	4.82	8.62	4.78	8.56	4.50	8.06
均值±偏差	10.26±0.17	46.80±1.39	4.56±0.16	8.14±0.22	4.57±0.15	8.19±0.14	4.89±0.09	8.76±0.14	4.84±0.07	8.67±0.19	4.67±0.13	8.36±0.21

为进一步检验上述三次比赛运动员的平均步频和步频指数均值是否具备差异性,我们进行了 K-W 检验。由于运动员的样本量太小,且数据不符合方差齐性和正态性,故选择非参数检验中的 K-W χ^2 检验。

本书对运动员在三次比赛中的起跑阶段平均步频进行了 K-W 检验,结果表明,中国优秀男子 100 m 短跑选手在起跑阶段平均步频存在显著性差异($H = 6.695, p = 0.035$),采用 Bonferroni 法校正显著性水平发现,2018 年全国田径大奖赛(肇庆站)和 2019 年田径世锦赛选拔赛(沈阳站)的起跑阶段平均步频未见显著性差异,但这两次比赛选手的平均步频均显著低于2017 年第 13 届全运会的平均步频。本书对 2017 年、2018 年和 2019 年三次100 m 短跑决赛选手起跑后的加速跑阶段的平均步频($H = 1.21, p > 0.05$)、途中跑阶段平均步频($H = 4.865, p > 0.05$)以及终点跑阶段的平均步频($H = 2.727, p > 0.05$)进行了 K-W 检验,结果表明,运动员在不同赛事中途中跑阶段和冲刺跑阶段平均步频均没有显著性差异;对全程平均步频进行K-W 检验,结果($H = 0.971, p > 0.05$)同样表明没有显著性差异。

本书对于中国优秀男子 100 m 短跑运动员的步频指数,同样进行了K-W 检验,以检验不同比赛年份步频指数的差异。结果表明,仅在起跑阶段($H = 8.345, p = 0.015$)和途中跑阶段($H = 6.66, p = 0.036$),不同赛事的步频指数具备显著性差异。采用 Bonferroni 法校正显著性水平发现,2018 年全国田径大奖赛(肇庆站)和 2019 年田径世锦赛选拔赛(沈阳站)的起跑阶段步频指数未见显著性差异,但这两次比赛选手的步频指数均显著低于 2017年第 13 届全运会的步频指数。本书采用 Bonferroni 法校正显著性水平发现,在 60—90 m 赛段,2017 年第 13 届全运会、2018 年全国田径大奖赛(肇庆站)全程步频指数未见显著性差异,和 2019 年田径世锦赛选拔赛(沈阳站)的起跑阶段步频指数没有显著性差异,但这两次比赛选手的全程步频指数均显著高于 2019 年田径世锦赛选拔赛(沈阳站)选手的步频指数。对 30—60 m 段步频指数($H = 1.46, p > 0.05$)、90—100 m 段步频指数($H = 3.965, p > 0.05$)以及全程步频指数进行了 K-W 检验,结果($H = 4.021, p > 0.05$)表明,2017 年第 13 届全运会、2018 年全国田径大奖赛(肇庆站)和 2019 年田径世锦赛选拔赛（沈阳站）男子 100 m 短跑决赛选手之间均无显著性差异（见表 4.62、表 4.63）。

表 4.62　K-W 检验不同比赛年份中国优秀男子 100 m 短跑选手平均步频

0—30 m 平均步频		30—60 m 平均步频		60—90 m 平均步频		90—100 m 平均步频		全程平均步频	
H	p	H	p	H	p	H	p	H	p
6.695	0.035	1.210	0.547	4.865	0.088	2.727	0.256	0.971	0.620

表 4.63　K-W 检验不同比赛年份中国优秀男子 100 m 短跑选手步频指数

0—30 m 步频指数		30—60 m 步频指数		60—90 m 步频指数		90—100 m 步频指数		全程步频指数	
H	p	H	p	H	p	H	p	H	p
8.345	0.015	1.460	0.482	6.660	0.036	3.965	0.138	4.021	0.130

步频越快，步长越大，跑速就越快。专家和教练员的访谈结果表明，世界精英级男子 100 m 短跑选手的步频指数通常为 8.25—8.45，步长指数通常为 1.22—1.25，但只要选手步频指数和步长指数的数值分别达到 8 和 1.2，其 100 m 短跑成绩基本在 10.40 s 左右，而有相当数量的短跑选手在国际比赛能够达到 10.40 s 的成绩，该成绩在国际比赛中基本处于中等竞技水平。

研究结果表明，2017 年第 13 届全运会、2018 年全国田径大奖赛（肇庆站）以及 2019 年田径世锦赛选拔赛（沈阳站）男子 100 m 决赛中，中国优秀男子 100 m 短跑选手的全程平均步频与步频指数分别是 4.62 ± 0.17 Hz 和 8.33 ± 0.23、4.55 ± 0.15 Hz 和 8.16 ± 0.21 以及 4.56 ± 0.16 Hz 和 8.14 ± 0.22。

以上结果显示，中国优秀男子 100 m 短跑选手的步频变化不大，在加速阶段以及途中跑阶段的步频较快，这与长期进行高频率的增强式训练、反应力量以及爆发力训练存在紧密联系。另外，中国优秀男子 100 m 短跑选手的平均步频与世界级优秀男子 100 m 短跑选手相差不大，但步频指数方面，世界级选手较中国优秀男子 100 m 短跑选手高 0.06。综合平均步长与步频及其对应指数得知,中国选手需要重点加大步长及提高步长指数。

根据中国优秀男子 100 m 短跑选手在不同阶段的步频聚类结果,可以将 2017—2019 年的短跑选手分为四类。

苏炳添单独归为第一类。在起跑阶段,其平均步频达到了 5.24 Hz,远高于其他短跑选手。在起跑后的加速跑阶段及途中跑阶段,平均步频也维持在较高水平,均在 5.0 Hz 左右,同时在 60—90 m 段落,平均步频达到了 5.06 Hz;而在冲刺阶段平均步频为 4.65 Hz,显著高于其他短跑选手。从全程平均步频来看,苏炳添的平均步频达到所有短跑选手的最高值,且苏炳添能够将平均步频始终维持在较高水平。

谢震业、许周政、莫有雪、全英瑞、糜弘、王煜归为第二类。该类短跑选手的步频特征为:在起跑阶段的平均步频均处于中等水平,在途中跑阶段平均步频均有所提升,在 30—60 m 或者 60—90 m 段落平均步频达到最大值,而在 90—100 m,平均步频均处于较低水平,小于 4.70 Hz。

张培萌、吴智强、褟达军、江亨南、徐海洋归为第三类。该类短跑选手的步频特征为在起跑阶段,平均步频处于领先水平,最高值达到了 4.96 Hz,仅落后于第一类短跑选手起跑阶段的平均步频;在途中跑阶段,最高步频均能够超过 4.90 Hz;在冲刺跑阶段,平均步频领先其他类短跑选手,最高达到 4.89 Hz。总体而言,该类短跑选手在起跑阶段和途中跑阶段平均步频均能维持较高水平,同时冲刺跑阶段的步频能力非常突出。

梁劲生归为第四类。梁劲生在起跑阶段平均步频为 4.41 Hz,为所有短跑选手中最低的,在途中跑阶段达到其个人平均步频最高值(4.83 Hz),处于中等偏下水平,而在冲刺跑阶段,平均步频仍然处于最低水平。总体而言,梁劲生的平均步频能力偏弱,要适当增强神经肌肉协调控制能力,加强步频能力的训练,例如跑格、敏捷梯等练习。

根据 100 m 短跑项目技术特点,中国优秀男子 100 m 短跑选手在起跑阶段(0—30 m)、起跑后的加速跑阶段(30—60 m)、途中跑跑阶段(60—90 m)和冲刺跑阶段(90—100 m)的步频指数方面存在不同特征。

为了探究中国优秀男子短跑选手在不同阶段步频指数的差异,本书将

2017 年第 13 届全运会、2018 年全国田径大奖赛（肇庆站）和 2019 年田径世锦赛选拔赛（沈阳站）共 24 条分段步频指数数据进行汇总，在 SPSS 22.0 软件中利用起跑阶段步频指数、加速跑阶段步频指数、途中跑阶段步频指数和冲刺跑阶段步频指数这 4 个指标，根据运动员在起跑阶段、加速跑阶段、途中跑阶段和冲刺跑阶段步频指数的不同特点进行分层聚类，将 24 条运动数据分为五类。

苏炳添、谢震业、许周政、徐海洋归为第一类。该类短跑选手步频指数特征为：在起跑阶段，处于领先水平，最高达到 9.01，高于其他类选手；而在途中跑阶段，能够维持在一定区间内，没有明显波动，同时处于领先位置；在冲刺跑阶段，处于中等水平。

吴智强、禤达军、莫有雪、江亨南归为第二类。该类短跑选手步频指数特征为：在起跑阶段，处于较低水平，最低为 7.99；在途中跑阶段，最高均超过了 8.70，处于中等水平；在冲刺跑阶段，处于领先水平，仅低于第五类选手。总体而言，全程步频指数维持在中等水平。

糜弘和王煜归为第三类。该类短跑选手步频指数特征为：在起跑阶段，均未达到 8.30；而在途中跑阶段，均在 60—90 m 达到最高值，且均超过了 9.10；在冲刺跑阶段，分别为 8.15 和 8.17，处于中等水平。总体而言，全程步频指数分别为 8.20 和 8.40。

梁劲生、全英瑞归为第四类。该类短跑选手步频指数特征为：在起跑阶段，处于中等水平，为 8.04—8.43；在途中跑阶段，均有所上升，处于中等水平；而在冲刺跑阶段，处于较低水平，远低于其余选手。

张培萌单独归为第五类。该类短跑选手步频指数特征为：在起跑阶段，达到 9.28，显著高于其他选手；而在途中跑阶段，仍然高于其他选手，同时在 60—90 m 达到最高值 9.30；在冲刺跑阶段，步频指数为 8.99，为所有选手中最高的。总体而言，张培萌的步频指数高于其他短跑选手的步频指数，亟须完善步长与步频的协同发展。

根据汇总 2017 年第 13 届全运会、2018 年全国田径大奖赛（肇庆站）、2019 年田径世锦赛选拔赛（沈阳站）男子 100 m 短跑决赛选手的统计数据,本书得出了中国优秀男子100 m短跑选手启动加速阶段的步态特征（见表4.64）。

表4.64 中国优秀男子100 m短跑选手在启动加速阶段的步态特征

姓名	谢震业	苏炳添	张培萌	吴智强	许周政	徐海洋	梁劲生	莫有雪	褚达军	王煜	江亨南	全英瑞
步态	摇摆型	摇摆型	摇摆型	摇摆型	直线型	摇摆型	直线型	摇摆型	摇摆型	摇摆型	摇摆型	摇摆型
步数	7	9	8	6	0	9	0	7	7	9	8	6

谢震业、苏炳添和张培萌等在起跑加速阶段采用摇摆型步态,腿部力量较强。在起跑加速阶段,摇摆型步态能够帮助选手摆脱静止,实现较大的加速度,比较适合身材高大的选手。中国多数选手均采用摇摆型步态。在国际上,采用摇摆型步态的典型代表有博尔特、布雷克和盖伊等。

4.3.2.3 分段速度特征

为进一步检验2017年第13届全运会、2018年全国田径大奖赛（肇庆站）和2019年田径世锦赛选拔赛（沈阳站）男子100 m短跑决赛运动员的分段速度均值是否具备差异性,本书采用了K-W检验方法。

本书运用K-W检验,检验中国优秀男子100 m短跑选手在不同比赛年份100 m决赛时的分段速度（m/s）差异,结果表明,三次比赛的0—10 m分段速度有显著差异,经过Bonferroni校正显著性水平,2019年田径世锦赛选拔赛（沈阳站）和2018年全国田径大奖赛（肇庆站）男子100 m短跑决赛运动员的分段速度均显著低于2017年第13届全运会决赛选手的分段速度（$p < 0.005$）,表明整体起跑能力有显著提升。10—20 m分段速度有显著差异,经过Bonferroni校正显著性水平,2019年田径世锦赛选拔赛（沈阳站）男子100 m短跑决赛运动员的分段速度显著高于2018年全国田径大奖赛（肇庆站）男子100 m短跑决赛运动员的分段速度（$p = 0.002$）,其他组别之间没有显著差别。三次比赛的20—30 m分段速度有显著差异,经过Bonferroni校正显著性水平,2019年田径世锦赛选拔赛（沈阳站）男子100 m短跑决赛运动员的分段速度显著高于2018年全国田径大奖赛（肇庆站）选手的平均速度（$p < 0.05$）,其他组别之间没有显著差别。三次比赛90—100 m分段速

度具备显著性差异,经过 Bonferroni 校正显著性水平,2019 年田径世锦赛选拔赛(沈阳站)男子 100 m 短跑决赛运动员的分段速度显著低于 2018 年全国田径大奖赛(肇庆站)的平均速度($p = 0.08$),2018 年全国田径大奖赛(肇庆站)选手 90 – 100 m 段的平均速度显著高于 2017 年第 13 届全运会决赛选手的平均速度($p = 0.013$)(见表 4.65—表 4.76)。

表 4.65　2018 年全国田径大奖赛(肇庆站)男子 100 m 短跑决赛分段速度

单位:m/s

姓名	0—10 m	10—20 m	20—30 m	30—40 m	40—50 m	50—60 m	60—70 m	70—80 m	80—90 m	90—100 m
许周政	5.51	9.47	10.57	11.29	11.56	11.76	11.43	11.31	11.12	10.33
梁劲生	5.28	9.37	10.49	10.99	11.33	11.39	11.56	11.30	11.05	9.72
吴智强	5.37	9.07	10.98	10.98	11.03	11.33	11.34	10.99	10.89	10.35
莫有雪	5.19	9.26	10.92	10.92	11.09	11.33	11.21	11.21	10.89	10.16
江亨南	5.31	8.76	10.74	10.74	11.04	11.22	11.22	11.31	10.78	10.32
王　煜	5.22	9.12	10.92	10.92	10.98	10.99	11.31	10.76	10.50	10.47
全英瑞	5.25	9.08	10.91	10.91	10.99	11.26	11.11	11.01	10.53	10.16
麋　弘	5.15	8.85	10.74	11.01	11.07	11.24	11.11	11.11	10.42	10.13

表 4.66　2019 年田径世锦赛选拔赛(沈阳站)男子 100 m 短跑决赛分段速度

单位:m/s

姓名	0—10 m	10—20 m	20—30 m	30—40 m	40—50 m	50—60 m	60—70 m	70—80 m	80—90 m	90—100 m
谢震业	5.21	9.81	10.44	11.37	11.37	11.64	11.57	11.52	11.37	11.06
苏炳添	5.38	9.70	10.42	11.03	11.18	11.42	11.27	11.01	10.91	10.50
许周政	5.17	9.85	10.53	11.09	11.23	11.42	11.23	11.11	11.10	10.63
梁劲生	5.21	9.48	10.56	10.98	11.16	11.14	11.27	11.29	11.24	10.85
吴智强	5.18	9.50	10.48	10.90	11.31	11.33	11.12	11.18	10.93	10.64
禤达军	5.29	9.37	10.36	10.92	11.08	11.11	11.11	11.00	11.04	10.70
全英瑞	5.14	9.45	10.32	10.91	11.11	11.25	10.98	10.95	10.76	10.42
麋　弘	5.20	9.48	10.29	10.74	10.81	10.96	10.83	10.73	10.59	10.08

表 4.67　K-W 检验不同比赛年份中国男子 100 m 短跑选手 0—10 m 段平均速度差异

赛事	平均速度/(m/s)
2017 年第 13 届全运会	5.66
2018 年全国田径大奖赛(肇庆站)	5.26
2019 年田径世锦赛选拔赛(沈阳站)	5.21

注:$H = 16.101$, $p = 0.001$。

表 4.68　K-W 检验不同比赛年份中国男子 100 m 短跑选手 10—20 m 段平均速度差异

赛事	平均速度/(m/s)
2017 年第 13 届全运会	9.43
2018 年全国田径大奖赛(肇庆站)	9.10
2019 年田径世锦赛选拔赛(沈阳站)	9.49

注:$H = 11.220$, $p = 0.004$。

表 4.69　K-W 不同比赛年份中国男子 100 m 短跑选手 20—30 m 段平均速度差异

赛事	平均速度/(m/s)
2017 年第 13 届全运会	10.53
2018 年全国田径大奖赛(肇庆站)	10.61
2019 年田径世锦赛选拔赛(沈阳站)	10.43

注:$H = 6.404$, $p = 041$。

表 4.70　K-W 不同比赛年份中国男子 100 m 短跑选手 30—40 m 段平均速度差异

赛事	平均速度/(m/s)
2017 年第 13 届全运会	10.70
2018 年全国田径大奖赛(肇庆站)	10.95
2019 年田径世锦赛选拔赛(沈阳站)	10.95

注:$H = 4.350$, $p = 0.120$。

表 4.71　K-W 不同比赛年份中国男子 100 m 短跑选手 40—50 m 段平均速度差异

赛事	平均速度/(m/s)
2017 年第 13 届全运会	11.05
2018 年全国田径大奖赛(肇庆站)	11.05
2019 年田径世锦赛选拔赛(沈阳站)	11.17

注:$H = 3.668$, $p = 0.160$。

表 4.72   K-W 不同比赛年份中国男子 100 m 短跑选手 50—60 m 段平均速度差异

赛事	平均速度/(m/s)
2017 年第 13 届全运会	11.26
2018 年全国田径大奖赛(肇庆站)	11.29
2019 年田径世锦赛选拔赛(沈阳站)	11.29

注:$H=0.039$,$p=0.981$。

表 4.74   K-W 不同比赛年份中国男子 100 m 短跑选手 60—70 m 段平均速度差异

赛事	平均速度/(m/s)
2017 年第 13 届全运会	11.34
2018 年全国田径大奖赛(肇庆站)	11.27
2019 年田径世锦赛选拔赛(沈阳站)	11.18

注:$H=2.244$,$p=0.326$。

表 4.73   K-W 不同比赛年份中国男子 100 m 短跑选手 70—80 m 段平均速度差异

赛事	平均速度/(m/s)
2017 年第 13 届全运会	11.26
2018 年全国田径大奖赛(肇庆站)	11.16
2019 年田径世锦赛选拔赛(沈阳站)	11.06

注:$H=2.847$,$p=0.241$。

表 4.74   K-W 不同比赛年份中国男子 100 m 短跑选手 80—90 m 段平均速度差异

赛事	平均速度/(m/s)
2017 年第 13 届全运会	10.96
2018 年全国田径大奖赛(肇庆站)	10.83
2019 年田径世锦赛选拔赛(沈阳站)	10.99

注:$H=2.791$,$p=0.248$。

表 4.76   K-W 不同比赛年份中国男子 100 m 短跑选手 90—100 m 段平均速度差异

赛事	平均速度/(m/s)
2017 年第 13 届全运会	10.51
2018 年全国田径大奖赛(肇庆站)	10.24
2019 年田径世锦赛选拔赛(沈阳站)	10.64

注:$H=11.423$,$p=0.003$。

根据中国优秀男子 100 m 短跑运动员不同阶段的平均速度成绩的分层聚类结果,可以将运动员划分为六类。

苏炳添归为第一类。该类运动员分段速度的特征为:在起跑阶段的速度均超过了 5.8 m/s,远远快于其他选手。而在途中跑阶段,在 30—40 m 的速度就已经达到 11 m/s,并且一直将超过 11 m/s 的速度维持到了 80—90 m 赛段,同时冲刺跑的速度也均超过 10.5 m/s。

谢震业单独归为第二类。该类运动员分段速度的特征为:在起跑阶段,速度仅为 5.21 m/s,而在途中跑阶段,在 30—40 m 便将速度提升到 11.37 m/s,同时一直将超过 11 m/s 的速度维持到了 90—100 m。谢震业在 2019 年田径世锦赛选拔赛(沈阳站)90—100 m 赛段的冲刺跑速度超过所有短跑选手。

吴智强、禤达军、全英瑞、徐海洋、张培萌归为第三类。该类运动员分段速度的特征为:起跑阶段(0—10 m)的速度均未超过 5.40 m/s,同时在途中跑阶段并未能将超过 11 m/s 的分段速度维持下去。在冲刺跑阶段,速度均未超过 10.70 m/s。该类短跑选手的比赛成绩处于中等水平。

糜弘归为第四类。该类运动员分段速度的特征为:起跑阶段的速度均超过 5.50 m/s,同时在途中跑阶段的速度均未超过 11 m/s,落后于其他运动员,同时在冲刺跑阶段,速度未超过 10.50 m/s。

许周政和梁劲生归为第五类。该类运动员分段速度的特征为:在 30—40 m 赛段,速度就已经达到了 11 m/s,并一直将该速度维持到了 80—90 m 赛段。然而在起跑阶段,速度均未超过 5.60 m/s,冲刺跑阶段均未超过 10.50 m/s。这表明该类运动员起跑加速能力有所欠缺,而途中跑能力达到高水平。

王煜、莫有雪、江亨南归为第六类。该类运动员分段速度的特征为:在起跑阶段,速度较慢,均未超过 5.50 m/s,同时均在 40—50 m 赛段速度达到 11 m/s,整体保持较高的速度到 70—80 m 赛段。在冲刺跑阶段,速度均未超过 10.40 m/s,表明选手冲刺能力并不突出,要增强速度耐力的训练。

综上,影响中国优秀男子 100 m 短跑运动员运动成绩的主要因素是最大速度和维持最大速度的能力。

4.3.2.4 全程平均触地时间和腾空时间特征

根据中国优秀男子100 m 短跑选手的触地时间、触地时间占比、腾空时间、腾空时间占比技术指标,并经过统计学处理,本书得出下述结果:中国优秀男子100 m 短跑选手全程平均触地时间为 107.5 ± 5.12 ms,全程平均腾空时间为 109.3 ± 5.77 ms,支撑时间占比与腾空时间占比分别为 49.22% ± 1.15% 、50.78% ± 1.15%(见表 4.77)。有研究发现,世界优秀男子100 m 短跑选手的全程平均触地时间和全程平均腾空时间分别为 101 ± 5.00 ms、118 ± 5.00 ms,全程腾空时间占比和全程支撑时间占比分别为 53.85% ± 1.73% 、46.17% ± 1.73%。腾空时间重点体现中国男子100 m 短跑选手的步长能力,而腾空时间与触地时间结合,可以反映中国男子100 m 短跑选手的步频能力,所以腾空时间与触地时间同样可以作为测量和评判中国优秀男子100 m 短跑选手技术合理性的重要指标。[197]

表4.77 中国优秀男子100 m 短跑选手触地时间与腾空时间技术参数指标

指标	均值	误差/%	均值标准误差
全程平均触地时间/ms	107.5	5.12	0.254468
全程平均腾空时间/ms	109.3	5.77	0.624568
全程腾空时间占比/%	50.78	1.15	0.365575
全程支撑时间占比/s	49.22	1.15	0.586651

通过统计学处理,中外优秀男子100 m 短跑选手在全程平均触地时间、全程平均腾空时间、腾空时间占比和支撑时间占比方面具备显著性差异($p < 0.05$),中国优秀男子100 m 短跑选手的腾空时间要显著短于国外优秀男子短跑选手。另外也有研究表明,竞技水平越高的男子100 m 短跑选手,其触地时间越短,其触地时间占比也就越低。缩短触地时间能够为短跑选手节省更多的能量,在腾空时间不变时,支撑时间越短,骨骼肌同步收缩的速率就越高,拮抗消耗的能量就相对较少,因此短跑选手全程技术的经济性就会提高。

影响触地时间的关键在于双腿的弹性与刚度,也就是基础身体肌力。小腿后侧的跟腱是中国优秀男子100 m短跑选手的主要动力来源之一,当脚掌落到地面时,跟腱伸展并释放出弹性力量,折叠前摆,积极伸髋,就会产生更好的前进效果,将核心肌群的力量传递到躯干和上肢,并且髋部肌群进行稳定的踩踏动作,以双臂摆动提高力量传递效能,将力量更有效地传递到短跑选手动力链循环中,以提高短跑选手跑动的经济性和实效性。

针对短跑来说,支撑时间还囊括制动与驱动两个部分,制动环节被认为是阻力环节,驱动环节被认为是助力环节,因此,支撑时间越长,阻力环节越长,阻力越大,全程节奏跑的能量损耗就越大,短跑的实效性和经济性就会受到很大影响。中国优秀男子100 m短跑选手的全程平均触地时间要比世界级短跑选手长8.30 ms,并且步长也小于世界级短跑选手,表明中国优秀短跑选手用了相对较长的触地时间换取了略小于世界级短跑选手的步长,这提醒运动员要增强短程式快速伸缩复合训练。

4.3.3　中国优秀男子100 m短跑选手的心理能力表现特征分析

随着世界竞技比赛的逐渐增多,100 m短跑选手的竞争也愈加激烈。提供心理治疗和辅助有利于参赛选手在重要赛事中斩获佳绩,发挥出较为理想的竞技水平。

根据男子100 m短跑选手在训练实践中的心理变化特征和规律,本书采用运动心理学原理和方法,根据大脑神经系统活动机制(注意、动机、竞赛情绪等)、运动感知、运动决策、运动表象等对男子100 m短跑选手的心理能力进行测量评估(意志品质、自信心、赛前焦虑等),提供旨在协助教练员针对重点运动项目为选手制订个性化心理干预和监控方案,增强选手内部的心理建设。

通过专家、教练员的访谈结果得出,其目前较为重视对运动员进行心理干预,从积极心理学(正能量的、欣赏的视角)和流畅体验(积极的情绪如享受比赛、热情洋溢、充满自信、体力强盛、精神饱满)角度,全力保障短跑运动员的训练和比赛。倘若教练员和选手不理解心理干预服务的价值以及流畅的高峰体验,就无法从根本上对心理学萌生兴趣和注意,使选手停留在消极的运动情境。优秀的行为习惯能够为选手提供目标激励效应;相反,消极的行为习惯会使选手产生负面情绪,会成为选手实现参赛目标的最大掣肘。短跑选手是心理咨询与服务的受益者,心理工作者需要具备全局意识和专业思维,持续为选手提供优质的心理服务。

100 m 短跑选手在重大比赛时通常会面临着较大的精神压力,承载着繁重的精神负担,随之产生连锁的身体、心理应激反应,例如恐惧、紧张、注意力不集中、精神涣散以及躯体麻木、恶心、呕吐、眩晕等。因此,对男子 100 m 短跑选手心理调整能力的诱导训练显得尤为关键。有研究发现,世界级 100 m 短跑选手在重大比赛时的心理状态调节能力要优于经验不足的青年选手,心理能力较强的选手普遍能够获得较好的运动表现。针对中国优秀男子 100 m 短跑选手的心理训练重点是围绕集体授课开展的,并且会对个体实施心理治疗与心理干预。在战术层面,多数以赛后解析录像以及赛后经验探讨的形式开展。

有研究指出:奥运会竞技运动项目亟须重点增强选手心理建设、心理技能训练(MST)、运动情境中人际关系以及心理干预等层面的疏导和服务。大量研究也有力地证实了心理能力训练对于精英选手竞技状态发展所发挥的重要意义,因此,针对中国优秀男子 100 m 短跑选手心理能力训练的紧迫性渐趋突显。100 m 短跑项目对选手的心理能力有较高要求,由于在集训期间受到测量设备等多维因素的局限性,本部分以向选手发放量表形式进行整体评估和研判,也能够较好地体现出 100 m 短跑选手的心理能力变化特征(见表4.78)。

本书针对 11 个评价项(个体失败焦虑、躯体焦虑、社会期待焦虑、自信心、特质运动任务自信心、特质运动应对自信心、果断性、坚韧性、主动性、自觉性、自制性),以及 12 项数据进行灰色关联度分析,并且以运动成绩作为参考值(母序列),研究 11 个评价项与运动成绩的关联关系(关联度),分辨系数取 0.5。本书结合关联系数计算公式计算出关联系数值(见表4.79)。

单位:分

表4.78 中国优秀男子100 m 短跑选手心理能力各项指标得分

姓名	个体失败焦感	躯体焦感	社会期待焦感	自信心	特质运动任务自信心	特质运动应对自信心	果断性	坚韧性	主动性	自觉性	自制性
苏炳添	25	18	23	39	25	28	30	44	18	29	24
谢震业	25	19	22	38	24	27	29	43	18	28	24
张培萌	25	18	23	38	24	28	30	44	17	28	24
梁劲生	27	21	25	36	22	27	28	43	17	27	24
许周政	27	20	24	36	22	26	28	43	17	27	23
吴智强	27	21	25	36	22	26	27	43	17	27	23
江亨南	27	21	25	37	21	25	27	43	17	27	23
莫有雪	28	21	25	36	21	25	27	42	16	26	22
徐海洋	28	21	26	35	20	25	26	42	16	26	22
王煜	27	21	26	35	20	25	27	42	17	27	22
褟达军	28	21	25	34	20	24	26	41	17	27	22
全英瑞	28	21	25	34	20	24	26	41	17	26	22
均值±偏差	26.83±1.15	18.50±0.94	24.50±1.20	36.17±0.66	21.75±1.37	25.73±1.52	27.58±0.33	42.58±0.97	17.00±1.35	27.08±1.12	22.92±1.67

表 4.79　中国优秀男子 100 m 短跑选手的运动成绩与心理能力各项指标灰色关联系数

姓名	个体失败焦虑	躯体焦虑	社会期待焦虑	自信心	特质运动任务自信心	特质运动应对自信心	果断性	坚韧性	主动性	自觉性	自制性
苏炳添	0.776	0.634	0.806	0.590	0.460	0.577	0.569	0.718	0.639	0.534	0.673
谢震业	0.753	0.779	0.643	0.680	0.548	0.698	0.678	0.837	0.656	0.634	0.691
张培萌	0.742	0.611	0.769	0.690	0.554	0.598	0.589	0.750	0.901	0.333	0.701
梁劲生	0.962	0.802	0.881	0.968	0.930	0.769	0.910	0.940	0.998	0.841	0.760
许周政	0.994	0.894	0.853	0.938	0.960	0.992	0.938	0.971	0.966	0.865	0.989
吴智强	0.932	0.782	0.856	1.000	0.903	0.931	0.900	0.912	0.970	0.818	0.948
江亨南	0.968	0.807	0.886	0.873	0.806	0.816	0.869	0.946	0.991	0.845	0.985
莫有雪	0.854	0.887	0.984	0.868	0.739	0.748	0.792	0.824	0.660	0.844	0.720
徐海洋	0.792	0.820	0.723	0.803	0.638	0.803	0.707	0.892	0.703	0.915	0.771
王　煜	0.962	0.857	0.752	0.770	0.617	0.770	0.817	0.852	0.925	0.901	0.741
禤达军	0.835	0.867	0.959	0.668	0.612	0.637	0.676	0.744	0.914	0.912	0.734
全英瑞	0.817	0.847	0.936	0.680	0.622	0.647	0.688	0.759	0.936	0.883	0.748

　　结合上述关联系数结果进行加权处理,本书最终得出关联度值,并使用关联度值针对 12 个评价对象进行评价排序;关联度值介于 0 和 1 之间,该值越大表示其与参考值(母序列)之间的相关性越强,也即意味着其评价越高。从表 4.80 可以看出:针对本次 11 个评价项,个体失败焦虑的综合评价最高(关联度为 0.866),其次是主动性(关联度为 0.855)和坚韧性(关联度为 0.846)。而关联度最低的 2 项是任务自信心和应对自信心。这表明中国优秀短跑选手在应对比赛时仍然承受着繁重的竞赛压力,也会担心失败而引起一定程度的焦虑,但是优秀运动员的坚韧性、主动性、自信心和自制性表现非常突出,这说明中国优秀男子 100 m 短跑运动员除了自身优秀的身体素质之外,其优秀的心理素质也能够为专项成绩的改善发挥关键作用。

表 4.80　中国优秀男子 100 m 短跑选手的运动成绩与心理能力各项指标灰色关联度

评价项	关联度	排名
个体失败焦虑	0.866	1
主动性	0.855	2
坚韧性	0.846	3
社会期待焦虑	0.837	4

评价项	关联度	排名
躯体焦虑	0.799	5
自信心	0.794	6
自制性	0.788	7
自觉性	0.777	8
果断性	0.761	9
特质运动（应对自信心）	0.749	10
特质运动（任务自信心）	0.699	11

4.3.4 研究小结

本书通过德尔菲法，最终确定对中国优秀男子100 m短跑选手核心竞技能力产生重要影响并与男子100 m短跑专项训练存在紧密联系的决定性要素是运动员的体能（身体形态、生理机能、身体素质）、运动技能以及心理能力，这些要素相互影响，相互渗透，共同构成了中国优秀男子100 m短跑选手核心竞技能力。其中，身体形态由10项三级指标构成，生理机能由15项三级指标构成，身体素质有5项三级指标，运动技能有5项二级指标、10项三级指标，心理能力有2项二级指标、10项三级指标。

4.3.4.1 身体形态特征

中国优秀男子100 m选手的平均身高为178.90 ± 4.96cm，体重均值为72.33 ± 5.00kg，平均克托莱指数是404.39 ± 19.81g/cm，下肢长度均值为105.58 ± 2.54cm，髂宽/肩宽 × 100、髂宽/髋宽 × 100和踝围/跟腱长 × 100的均值分别为73.85 ± 1.52、89.55 ± 0.22、90.25 ± 0.15，小腿紧张围和体脂百分比的均值分别为40.07 ± 3.32cm、15.79% ± 2.42%。中国优秀男子100 m短跑选手的身体形态表现出中等身材且匀称、踝围细、大小腿长度比值小、下肢长、跟腱细长、髂宽/肩宽 × 100大、体脂率低的特征。

4.3.4.2 生理机能特征

中国优秀男子100 m短跑选手的白细胞和红细胞平均血红蛋白浓度分

别为5.54±0.47×10⁹ 个/L、331.95±3.36g/L,血小板浓度和血小板体积分布宽度分别为218.52±8.17×10⁹ 个/L 和16.28% ±0.18%,磷酸肌酸激酶和磷酸肌酸激酶稀释10 倍后的值分别是297.25±8.26U/L 和307.39±7.79 U/L,血清皮质醇和血清睾酮均值分别为11.57±1.08 μg/dL、457.77±35.37 μg/dL,血尿素氮的均值为5.64±0.14 mmol/L。中国优秀男子100 m短跑选手磷酸原代谢能力高,无氧糖酵解能力一般,这与短跑的体能要求基本相符,而其有氧能力一般。

4.3.4.3 身体素质特征方面

在速度及速度耐力素质特征方面,对中国优秀男子100 m 短跑选手专项成绩影响由大到小为绝对速度、反应速度、速度耐力、加速速度;在力量及力量耐力素质特征方面,结合100 m 短跑的专项特征,力量素质可划分为最大力量、快速力量、力量耐力以及反应力量,影响中国优秀男子100 m 短跑选手专项成绩的依次为反应力量、快速力量、最大力量、力量耐力;在专项柔韧素质方面,整体上,中国优秀男子短跑选手坐位体前屈的平均成绩为15.08±0.21cm,横叉平均成绩为5.42±0.17cm,纵叉平均成绩为4.58±0.33cm;在专项灵敏素质方面,中国优秀男子短跑选手30 s 象限跳的平均成绩为25.00±0.22 个,20 s 立卧撑的平均成绩为12.83±1.16 个,跨栏架(8 个)平均成绩为5.00±0.09 s,20 m 后退跑平均成绩为4.01±0.11 s。

4.3.4.4 技能特征方面

中国优秀男子100 m 短跑选手整体趋向于步长、步频均衡型技术类型。

第一,在步长和步频方面,与世界优秀男子100 m 短跑选手相比,中国优秀男子100 m 短跑选手起跑及起跑后的加速跑环节步频偏快,途中跑环节步长偏小,冲刺跑环节步频下降明显,步长继续增大,并达到最大值。第二,在分段速度方面,我国优秀男子短跑选手在30—80 m 和90—100 m 赛段的分段速度存在显著差异,60—80 m 赛段是运动员达到并维持最大速度的阶段,而90—100 m 赛段是运动员速度急剧下降的阶段,这表明中国优秀男子100 m 短跑选手在前30 m 起跑加速阶段并无显著差异,而影响中国优秀男子 100 m 短跑运动员运动成绩的主要因素是最大速度和保持最大速度的能力。第三,在全程平均触地时间和腾空时间方面,中国优秀男子 100 m 短跑选手全程平均触地时间为 107.5 ± 5.12 ms,全程平均腾空时间为 109.3 ± 5.77 ms,支撑时间占比与腾空时间占比的均值分别为 49.22% ± 1.15%、50.78% ± 1.15%。

4.3.4.5 心理特征方面

中国优秀男子 100 m 短跑选手的心理能力各指标与运动成绩的灰色关联度由高到低依次是个体失败焦虑、主动性、坚韧性、社会期待焦虑、躯体焦虑、自信心、自制性、自觉性、果断性、特质运动应对自信心、特质运动任务自信心。个体失败焦虑得分高,但是优秀运动员的坚韧程度和主动态度表现好,表明中国优秀男子 100 m 短跑运动员除了自身优秀的身体素质之外,其优秀的心理素质也能够为专项成绩的提高发挥重要作用。

4.4 中国优秀男子 100 m 短跑选手核心竞技能力的训练特征

现代运动训练学正在朝着科学化、系统化方向发展,运动训练学理论体系所阐明的基本原理、基本原则等对 100 m 短跑运动训练和竞技参赛具有重要的指导作用,因此对运动训练主体具备较高的实践价值。短跑训练在综合和归纳运动训练实践经验的基础上,汲取和借鉴相关学科的基本原理,以运动训练学为指导,全面地体现了运动训练的目的与任务、训练原则、训练的方法手段、训练竞赛的组织与管理、训练计划的科学制订和对运动训练主体的训练要求。运动训练是围绕指导运动训练主体"如何练、练什么、练多少、怎样练",即训练目标、训练内容、负荷量度及训练的组织等而进行的,涵盖如何安排训练计划,如何在运动竞赛赛前、赛间和赛后合理参赛等。

100 m 短跑训练以运动员、教练员为训练主体,目的在于全面提高短跑选手的训练水平和竞技状态,重点涵盖短跑训练的原则、短跑训练的相关准备、训练的安排与组织、运动训练过程的调控、运动训练主体在参赛进程中的控制、运动训练的心理干预、教练员的运动训练、赛前赛间赛后的指导、运动训练总结和评价以及运动训练后的恢复等内容。

100 m短跑运动员的最终目标是通过运动训练,提高竞技能力,创造优异运动成绩。运动训练理论的提出对于丰富和充实100 m短跑专项理论具备较强的指导意义,需要运动训练主体深刻把握训练和参赛的稳定衔接,以实现两者的高效协同,获得满意的参赛效益。运动训练理论体系的主要目的是提高选手的竞技能力和参赛水平,促进选手在竞赛中赢得满意的运动成绩和名次。运动训练各要素始终围绕着该目标运行,即训练的目标导向是确定的,是训练计划制订的理论依据。运动训练计划是建立在起始状态诊断和训练目标建立的基础上的,是针对运动训练的最终目标而做出的预先设计和安排。训练计划的制订能够促进训练目标更加明确和具体化,是运动员和教练员参加训练与竞赛的保障。

运动训练目标的实现受到多重因素的影响,不可能靠单个环节或措施的影响就实现。运动训练是提高竞技能力最重要的手段,能够促进竞技能力系统结构中每一构成要素的全面发展和提高。因此,制订科学的训练计划对于提高选手竞技能力和训练效率非常重要。

优秀男子100 m短跑选手需要在教练员的指导下,确定重点目标赛事。通过赛前的积极备战(体能、技能、心理、再生恢复等层面),富有靶向性地为实现运动训练目标而统筹开展训练,以最大限度地激活选手的训练和参赛的内生动力。参赛后需要对选手开展保护性的调整和恢复,并组织选手进行赛后总结与评价,分析自身与对手在体能层面、技术层面、心理层面、经验层面等的区别,寻找需要改正的问题,重点解决,以促进优秀男子100 m短跑选手运动训练朝着科学化、信息化、有序化和合理化方向发展。有研究指出,提高专项参赛能力、创造优异运动成绩是竞技体育的最终目标和任务。在竞技能力的整个结构中,每个子因素都会影响整个结构系统,而有效协调系统内部各因素之间的关系、比例的确定均很重要。针对竞技能力而言,从横向发展视角理解,如何通过项目的特征以及运动员的专项能力特征靶向性地控制训练过程中各阶段不同的训练内容、负荷量度、周期安排、方法和手段,这个问题尤为关键。

通常,在相关条件能够得到满足的情况下,这种对训练计划的遴选,具有鲜明的周期性特征。运动训练主体的训练计划通常是以年度为单位来组织与实施的。因此,专项训练原理基于该理念,即特定训练变量的专项变异对于长期适应最有效,根据美国运动医学学院(American College of Sports Medicine, ACSM)的研究,精英运动员应定期进行具有较大相对负荷的训练,如竞技水平越高,专项训练系统变化就越大,因此年度周期性训练计划的合理安排就显得异常重要。

因此,本书以苏炳添为其训练小组代表,以下简称苏炳添组。谢震业、江亨南、许周政、吴智强和王煜等同样由其各自中国教练员(陶建荣、张培萌、周伟、刘侠教练等)与外籍教练雷德等组成的中外教练组联合指导训练。本书将以谢震业代表其训练小组,以下简称谢震业组。

苏炳添组在2018—2019年度的训练内容均是紧密围绕苏炳添组成员成功参加国内田径大奖赛、冠军赛以及国内最高水平的世锦赛选拔赛,并获得优异运动成绩为目标规划和设计的。苏炳添组的日常训练基本采用多周期训练计划,但在2018—2019年度实施的是单周期训练计划。其中,准备期包括3个阶段,竞赛期包括3个阶段,调整期涵盖1个阶段(见表4.81),紧密围绕多哈田径世锦赛及其选拔赛、亚洲田径锦标赛三场重大比赛组织安排的。在积极备战田径世锦赛选拔赛的过程中,中外教练组提出,要在共性特征当中寻找个性特征,单周期训练计划普遍适合专项训练的初期,但精英级选手因为要备战重大赛事,特别是奥运会、田径世锦赛选拔赛以及亚洲田径锦标赛等重大比赛,在选择训练周期上需要更谨慎。然而,2018—2019年度会举办多哈田径世锦赛选拔赛及其决赛、亚洲田径锦标赛这三大优秀赛事,群众关注度高,社会影响力大,赛事具备规模大、级别高、影响力大的特点,参赛选手的竞技表现将对国家综合实力的隐性较量发挥关键作用。因此,运动训练主体亟须全面统筹和组织好年度训练计划,保证选手合理参赛。

表 4.81　苏炳添组 2018—2019 年度训练周期整体安排

周期	阶段	时间	重点目标
准备期	1	2018 年 10 月中旬—11 月中旬	调整恢复训练,重点突出一般身体素质的训练,以功能性力量训练为主
	2	2018 年 11 月下旬—12 月下旬	提高有氧、无氧代谢混合供能的训练,发展专项身体素质,采用跳跃练习、专项技术分解练习
	3	2019 年 1 月初—2 月初	重点增强专项技术、专项速度能力、速度耐力以及专项力量的训练
竞赛期	1	2019 年 2 月末—4 月下旬	逐步进入完整专项技术的训练,准备参加国际、全国室内赛及各类全国系列大奖赛、亚洲田径锦标赛
	2	2019 年 5 月—6 月下旬	各类国际级挑战赛、亚运会及适应性比赛,以赛带练,提高参赛能力
	3	2019 年 7 月—9 月下旬	重点突出全程跑的能力,加强全程跑的节奏训练,为重大比赛做准备(世锦赛选拔赛等)
调整期	1	2019 年 10 月中旬—11 月	积极性休息,消除疲劳状态

在此需要明晰的是,并不是说苏炳添组全年参赛次数越少越好,因为精英级选手在重大比赛前均会参加适宜数量的适应赛和系列大奖赛,以便为重大比赛奠定基础,夯实大赛经验,保持最佳竞技状态。中外教练会依据每一年度和阶段重要比赛的次数、重要程度的差异而选取相适应的训练周期与训练模式,整体研判,科学划分训练阶段,并根据选手的竞技状态进行适宜性调整,及时修订和规划训练路径,将训练计划的安排与周期重点围绕重大比赛来进行,其余均依托"以赛带练"的训练模式来完善细节,检验苏炳添组的竞技水平和参赛水平,灵活调整训练计划,发现短板,逐个击破。一些国际精英级短跑选手也在不同程度上采用了类似周期训练的安排形式,例如博尔特、范尼凯克、道格拉塞等。

谢震业组 2018—2019 年度训练基本上是采取双周期训练模式,蕴含 2 个准备期、3 个竞赛期、1 个调整期。第 1 个准备期持续 4 个月(11 月、12 月、1 月、2 月),第 2 个准备期是从 6 月末持续到 7 月初。因此,能够得知,谢震业组的第 2 个准备期较第 1 个准备期持续时间短 3 个月左右,第 1 个准备期的重要目的是积攒体能储备,第 2 个准备期的负荷量度刺激要强于第 1 个

准备期。第 1 个竞赛期持续 2 个月(3 月初—5 月初),第 2 个竞赛期持续
1.5 个月(5 月中旬到 6 月末)。在此需要解释的是,第 1 个竞赛期和第 2 个
竞赛期虽然持续时间较长,但中外教练组在这 2 个竞赛期中增加了若干个
小周期,以确保选手适时调整和恢复。在第 1 个竞赛期,谢震业组成员参赛
次数相对较多,持续时间较长,竞赛密度高。

访谈专家和教练员的结果表明,第 1 个竞赛期重点提高选手的参赛能
力,选手会参加国内外室内和室外系列赛事,如全国大奖赛以及国际对抗
赛、国际各类积分赛等,获取相应的积分。谢震业坦言其第 2 个竞赛期的运
动成绩和竞技状态要显著优于第 1 个竞赛期。第 1 个竞赛期主要是为检验
冬训期间的训练效果,获得相应积分,第 2 个竞赛期主要是为提升个人的运
动训练能力,同时积累大赛经验,巩固信心,将自身的竞技状态提升至最理
想水平。中外教练组强调,谢震业组成员均很重视田径世锦赛选拔赛及决
赛、亚洲田径锦标赛,这与苏炳添组的重点目标是重叠吻合的。在第 2 个竞
赛期当中,谢震业组的选手会根据自身竞技状态参加国内外比赛。谢震业
先后参加了美国佛罗里达挑战赛和接力赛、亚洲田径锦标赛、奥斯陆钻石联
赛、中国田径街头巡回赛、田径世锦赛选拔赛等;吴智强、许周政和江亨南先
后参加了美国波莫纳挑战赛、美国塞里图斯田径公开赛、瑞士拉绍德封田径
赛、亚洲田径锦标赛、亚洲田径大奖赛。谢震业组只有 1 个调整期,是 10 月
初到 10 月末,即田径世锦赛选拔赛结束后。其重点解析技术录像,进行组
内讨论与自省检查,保持一定程度的训练,确保机体的心理和生理状况得以
恢复,同时加强积极性休息,以开启新一轮的训练计划。

上述中外教练组在谢震业组成员无伤病的情况下,为成员安排了 2 次
连续的竞赛期(2 次竞赛期之间安排了若干个微缩小周期,确保恢复),这对
谢震业组全体成员的体能要求极高,中外教练组的训练目标是谢震业组能
够在 2018—2019 年度实现新突破。

根据苏炳添组与谢震业组 2018—2019 年度的训练周期安排,我们发现
中外优秀教练员独特的训练理念以及训练部署策略比较合理。随着竞赛次
数与日俱增,部分教练员采用了多周期训练模式,并引入了板块分段训练,

专业术语为板块训练模式。而单周期(双高峰)和双周期在训练实践当中运用较少。中外教练组没有盲目择取多周期训练模式,而是根据本年度训练的侧重点和比赛规模进行灵活调整,同时还依据选手不同的个性特征、不同环境、不同的运动成绩而进行有效组织和调控。

根据专家、教练员的访谈结果,短期到长期周期模型中的一个关键特征是极化训练,以增强专项体能或促进恢复。前 100 m 短跑项目世界纪录保持者和奥运冠军的教练普法夫多年来,在临近比赛季节的微循环中,制订了一种两极化、由短期到长期的训练模式:在第 1 天进行起跑阶段的加速训练,在第 3 天进行最大速度的训练,在第 5 天进行专项速度耐力的训练。

整体上,中国优秀男子 100 m 短跑选手训练内容的安排略有不同,苏炳添组、谢震业组尽管在训练周期安排和组织方面存在差别,但中外教练员在训练课内容的侧重点保持一致。由于战术和智能训练课不单独在训练中作为课次安排,也不是本书的重点内容,因此,本部分主要对中国优秀男子 100 m 短跑选手的体能训练、技能训练和心理训练的内容进行阐述。

根据教练员访谈结果,苏炳添组在 2018—2019 年度冬训期间,训练课共计 178 次,体能训练占总训练课次的 51.12%(91 次体能训练课),技能训练占总训练课次的 41.57%(74 次技能训练课),心理训练占总训练课次的 7.30%(13 次心理训练课)。谢震业组在 2018—2019 年度冬训期间,训练课共计 165 次,体能训练占总训练课次的 51.52%(85 次体能训练课),技能训练占总训练课次的 40.00%(66 次技能训练课),心理训练占总训练课次的 8.48%(14 次心理训练课)。

4.4.1 中国优秀男子 100 m 短跑选手体能训练特征

中国优秀男子 100 m 短跑选手均围绕着下述五类训练内容进行训练:速度素质训练、力量素质训练、耐力素质训练、柔韧素质训练和灵敏素质训练。

通过冬训阶段训练课次的安排情况能够得知,苏炳添组的体能训练课比谢震业组多 6 次。在年度冬训训练课的内容安排层面,速度、力量训练基本贯穿于训练课的始终,两者所占比例在所有五类训练内容形式中最多,苏炳添组的速度训练比例比谢震业组高 1.85%。力量训练方面,苏炳添组的力量训练比例较谢震业组高 0.96%,力量训练课次相差 5 次。在耐力训练方面,谢震业组耐力训练比例比苏炳添组高 2.09%,主要原因是谢震业组的 6 位成员当中,3 人(谢震业、江亨南、许周政)的兼项是 200 m,所以在训练主项 100 m 的同时,采取以长促短、提高速度耐力水平的方针。这也是为什么谢震业能够在起跑环节不占优势的情况下,在后程冲刺阶段实现反超。

另外,中外教练组比较重视速度耐力和基础耐力的训练,比例确定较为合理,未超过专项训练、速度训练和力量训练的比例,可有效提高选手的心肺耐力以及肌肉耐力,对小组成员后程冲刺能力的增强具备重要意义。许周政说:"基本现在能够改换项目了,冬训期间教练每天都会安排跑 400 m,但是训练效果非常显著,个人最好成绩从 10.21 s 发展至 10.12 s。"整体而言,中外教练员联合训练和指导运动员的训练内容类型搭配比较合理,比例相对均衡,照顾到了组内成员的个体化差异和亟待改善的短板。另外,中外教练组在训练组织方面在最大限度上保障了苏炳添组和谢震业组及时调整恢复(见表 4.82)。

表 4.82　苏炳添组与谢震业组在 2018—2019 年度冬训阶段各训练内容占比

单位:%

组别	速度训练占比	力量训练占比	耐力训练占比	技术训练占比	专项训练占比
谢震业组	33.87	31.19	17.55	8.87	8.52
苏炳添组	35.72	32.15	15.46	7.09	9.58

4.4.1.1　中国优秀男子 100 m 短跑选手速度素质训练安排

速度素质、力量素质、技术和专项速度耐力素质训练普遍被认为是男子 100 m 短跑运动成绩的关键基础决定因素。速度素质训练与最大水平功率输出之间存在非常密切的关系。100 m 短跑项目距离短,平均速度快,与最大功率输出的关联较强。短跑中的功率输出需求会随着速度快速增长。袁国强教练认为,通常情况下男子、女子 100 m 短跑的平均最大输出功率分别为 30.3 ±2.5 W/kg 和 24.5 ±4.2 W/kg,通常在起跑约 1 s 后达到最大,男性的个体最大功率输出为 36.1 W/kg,基本是目前人类的极限。尽管短跑的基本原理相对简单,并且受运动规律支配,但蕴含生物力学的动作行为模式却比较复杂(例如速度训练)。

苏炳添组和谢震业组跟随各自的中外教练组进行速度素质训练的过程中,教练组均根据苏炳添组和谢震业组成员所处的训练阶段进行科学部署。2018—2019 年度冬训期间,苏炳添组速度训练所占的比例为 35.96%,开展专项速度素质训练的训练课次达 64 次。谢震业组速度训练所占的比例为 33.33%,开展专项速度素质训练的训练课次达 55 次。谢震业组的速度训练比例较苏炳添组低 2.63%(9 次速度训练课)。

在速度素质训练方面,多数教练员的安排本质上相似,均蕴含了不同短段落的速度训练,例如蹲踞式听枪起跑 30—60 m、负重牵拉跑、行进间 30—60 m 跑、站立式 30—300 m 跑和全程节奏跑等,因为该类短段落速度训练方法基本是短跑运动员势必要选择的内容。通过走访专家和教练员得知,目前也有个别教练员或许在训练手段上进行了革新,但本质上离不开传统的速度素质训练内容。专项速度训练能够最大限度增强神经系统兴奋与降低迅速转换速率、速度转换频率和无氧代谢产物的分解及合成的速率。另外,速度素质训练中要重点发展最大速度,并在极限强度下完成(程度≥95%),科学规划速度素质训练的间歇时间和间歇次数等。通常情况下,必须确保选手身体机能充分恢复,再开展下一次训练。速度训练是苏炳添组和谢震业组训练课的重点内容,基本贯穿于整个训练计划的始终(见表 4.83 和表 4.84)。

表 4.83 苏炳添组与谢震业组速度训练常用内容安排

组合	苏炳添组成员速度训练组合	谢震业组成员速度训练组合
I	负重牵拉 60 m 4 次、80 m 2 次、120 m 4 次,30—60 m 计时后蹬跑 3 次	上下坡快速跑 60 m 6 次、全程节奏跑 100 m 2 次、站立式 150 m 2 次
II	行进间跑 30 m 5 次、蹲踞式听枪起跑 60 m 4 次、站立式跑 300 m 1 次、120 m 节奏跑 2 次	负重牵拉雪橇跑 30 m 5 次、蹲踞式听枪起跑 30 m 4 次、80 m 反复跑 2 次、400 m 跑 1 次
III	蹲踞式起跑 30 m 2 次、站立式起跑 2 次、小栏架练习 3 次、超速跑(超速 105%)2 次、站立式 150 m 1 次	30—60 m 跑格练习 3 次、行进间 60 m 3 次、小栏架练习 3 次、超速跑练习(超速 105%)3 次、100 m 全程节奏跑 2 次

表4.84　男子100 m 短跑选手运动成绩等级的分段时间

100 m/s	n	30 m/s	60 m/s	80 m/s	30—60 m/s	60—80 m/s	80—100 m/s	60—100 m/s
9.58	1	3.78	6.31	7.92	2.53	1.61	1.66	3.27
9.71—9.80	5	3.82 ±0.01	6.37 ±0.03	8.05 ±0.03	2.55 ±0.02	1.68 ±0.03	1.72 ±0.03	3.40 ±0.05
9.81—9.90	7	3.83 ±0.01	6.42 ±0.04	8.12 ±0.02	2.60 ±0.02	1.70 ±0.03	1.75 ±0.02	3.45 ±0.05
9.91—10.00	12	3.85 ±0.04	6.46 ±0.04	8.18 ±0.04	2.61 ±0.02	1.73 ±0.01	1.77 ±0.02	3.50 ±0.03
10.01—10.10	21	3.89 ±0.04	6.51 ±0.03	8.26 ±0.03	2.62 ±0.03	1.74 ±0.01	1.79 ±0.02	3.54 ±0.04
10.11—10.20	24	3.95 ±0.04	6.60 ±0.05	8.36 ±0.05	2.64 ±0.03	1.75 ±0.01	1.81 ±0.04	3.57 ±0.03

根据教练员访谈结果,苏炳添组和谢震业组普遍运用不同距离的重复跑、间歇跑、超速跑、节奏跑、负重跑以及组合跑(30 m + 60 m + 80 m + 150 m、30 m 蹲踞式听枪起跑×4 + 200 m×1 + 300 m×1、蹲踞式起跑30 m× 6 + 400 m×1)等短距离速度素质训练手段。进行100 m短跑训练,务必精准掌握间歇时间和间歇次数的规律。目前,苏炳添组和谢震业组多采用"短间歇、高质量、快节奏"的速度训练理念,在从事专项速度素质训练时,训练强度逼近极限刺激(强度≥95%),间歇次数基本保持在1—4次,间歇组数维持在1—2组,每次练习后间歇时间维持在30—180 s,并依据负荷量度确定间歇时间,负荷刺激前心率在100—120次/min,负荷刺激后的心率在170—180次/min或175—185次/min。同时,采用助力训练法和阻力跑来提高专项速度素质,例如助力跑、顺风跑、下坡跑、超速跑(超过105%)、牵引跑等。阻力跑训练通常采用逆风跑、牵拉雪橇(行进间抗阻力跑)、抗阻背降落伞和下坡跑等,该类型训练内容和训练方法基本贯穿于苏炳添组和谢震业组的常规训练;此外,还可以采用改善神经肌肉系统(CNS)的牵张反射来增强肌肉纺锤体的敏感性,对于选手的专项速度素质的训练发展与水平提高发挥较大作用(见表4.85、表4.86)。

表4.85 苏炳添组专项速度指标训练

项目	负荷强度	次数	间歇时间	间歇次数	负荷前心率	负荷后心率
100 m 全程	90%—95%	2—3 次	120—180 s	2—3 次	100—120 次/min	170—180 次/min
30 m 跑	95%—100%	2—3 次	30—60 s	1—3 次	100—120 次/min	170—180 次/min
60 m 跑	95%—100%	5—7 次	30—60 s	2—3 次	100—120 次/min	170—180 次/min
80 m 跑	95%—100%	2—3 次	60—80 s	3—4 次	100—120 次/min	170—180 次/min
150 m 跑	90%—95%	1—2 次	120—180 s	1—2 次	100—120 次/min	170—180 次/min

表4.86 谢震业组专项速度指标训练

项目	负荷强度	次数	间歇时间	间歇次数	负荷前心率	负荷后心率
100 m 全程	90%—95%	1—3 次	120—180 s	1—2 次	100—120 次/min	175—185 次/min
30 m 跑	95%—100%	5—7 次	30—60 s	3—5 次	100—120 次/min	175—185 次/min
60 m 跑	95%—100%	5—7 次	60—80 s	2—3 次	100—120 次/min	175—185 次/min
80 m 跑	95%—100%	2—4 次	60—80 s	1—3 次	100—120 次/min	175—185 次/min
150 m 跑	90%—95%	1—2 次	120—180 s	1—2 次	100—120 次/min	175—185 次/min
300 m 跑	90%—95%	2—4 次	120—180 s	1—2 次	100—120 次/min	175—185 次/min

4.4.1.2 中国优秀男子100 m短跑选手力量素质训练安排

本书检阅多位教练员的训练日志，获悉教练对100 m短跑力量训练进行了进一步细分，并在原有力量训练的传统分类上做出了精细化分类，以便为运动员力量训练实现高质量发展保驾护航。力量训练的分类渐趋科学和微观，也有利于教练员及时监控和调整力量训练的强度刺激。特别是在最大力量和爆发力训练过程中，需要重点强调神经肌肉支配的能力，选手在爆发式启动加速过程中需要快速力量做先导，在途中跑环节进入最大速度段并利用最大力量为动量引擎，在终点撞线环节利用速度耐力和力量耐力作为动力来源。选手在单步和地面接触的时间小于80 ms，因此，亟待运动训练主体组织安排快速跳跃练习手段，增强苏炳添组和谢震业组所有成员快速伸缩复合训练，提高反应力量。截至2019年，我们所能够熟悉的100 m短跑项目的专项力量训练类型可细分为六种，即最大力量、爆发力量、反应力量、躯干支柱力量、专项力量和力量耐力（见表4.87）。

表4.87 力量分类的细化[198]

传统依据	分类内容			
专项关系	一般力量		专项力量	
训练阶段	基础力量		相应力量	
肌肉收缩形小	动力性力量		静力性力量	
发力位置	局部力量		整体力量	
人体体重	绝对力量(最大力量)		相对力量	
作用时间	爆发力	快速力量	力量耐力	
身体部位	上肢力量	躯干支柱力量	下肢力量	
表现形式	最大力量	反应力量	力量耐力	相对力量
工作形式	退让性力量	克制性力量	等长性力量	超等长力量

力量素质训练涵盖两部分内容:一是专项力量,二是一般性力量。苏炳添组和谢震业组跟随各自的中外教练组进行力量素质训练的过程中,教练组均根据成员所处的训练阶段进行科学部署。以2018—2019年度冬训为例,苏炳添组力量训练所占的比例为35.96%(64次),其中,专项力量素质训练的课次达52次(81.25%),一般性力量素质为12次(18.75%),表明苏炳添组较为重视专项力量。谢震业组力量训练所占的比例为31.52%(52次),专项力量素质训练所占的比例为78.85%(41次),一般力量素质训练所占的比例为21.15%(11次)。苏炳添组比谢震业组的专项力量训练比例要高2.40%。

苏炳添组和谢震业组的100 m短跑选手力量素质的个性化训练同样基于力量速度($F-v$)曲线,即将选手个人测试与集训组平均值进行比较,以提示存在速度短板的选手进行相应的技术水平提升,有力量短板的选手则应优先选择强化力量训练。此类训练方式的基础建立在选手加速度和峰值速度测量值与所涉及的肌肉群的基础收缩特性之间的假定关系上。

力量训练的训练适应性是对选手机体所施加的特定力量训练刺激,蕴含运动模式和速度力量特性,例如机体做功的肌肉动作和所工作的肌肉群、动作速度、运动范围、训练负荷以及所涉及的能量系统。基于上述考虑,

100 m 短跑的力量素质训练对于中国优秀男子 100 m 短跑选手提高运动成绩至关重要,较长时间积存的"短板债"所导致的基础体能以及专项力量调适乏力、孱弱限制了选手赛场上的能力发挥和实力增强。因此,2020 年东京奥运会赛前,国家体育总局颁布了增强奥运备战选手的基础体能训练的相关文件和纲要,强调要重视体能短板的恶补,狠抓基础体能训练,详细制订执行方案和措施,并建立了力量素质测试的评价标准,要求基础体能测试不符合标准的选手不能参赛的硬性规定,取得了阶段性成效。从而,中国田径短跑队的相关负责领导、管理人员、科研工作者以及教练员从整体思想上对专项力量素质训练的重要价值有了更深刻的潜熟把握和精深理解,在训练方法的遴选和运用层面也获得了崭新突破,特别是多数男子 100 m 短跑选手在力量训练中增强了赢得比赛的自信心,对其竞争力的提升裨益良多。

100 m 短跑选手在进入加速跑和途中跑阶段时,髋关节和腿部伸肌群对选手下肢力量的传导发挥最大作用,并且最终影响跑速。髋部肌群肌电活动在每块肌肉中动员得越快,神经肌肉本体感觉的表现就能越快得到。为了提升加速跑和途中跑的位移速度,最优策略是确保髋部以及腿部伸肌在启动前就被深度激活。在 100 m 短跑周期的触地阶段,根据身体重心加速度的变化特征,髋关节(单关节)伸肌是最重要的驱动肌群,虽然膝关节伸肌也在其中发挥重要作用,但其功能相对微弱,踝关节跖屈肌的作用最小。多关节肌群的功能与单关节肌群迥异之处在于,选手在腾空阶段进行离心收缩,在整个触地阶段(支撑阶段)进行向心收缩,而单关节肌群在触地阶段先进行离心收缩,然后进行向心收缩。此外,多关节肌群在骨骼肌长度层面的变异(和变异率)要比单关节肌群的变异程度更大。在膝关节周围肌群中,腘绳肌、腓肠肌、股肌和股内侧肌作为协同体,在触地阶段要伸展膝关节,在生理供能层面,参赛者用极限速度尽最大可能释放其髋部潜能。

在目前的实验试点中,科研工作者普遍认为跳跃练习(DJ)对 100 m 短跑选手的专项力量素质和专项速度素质有很大程度的提高。另有学者为确定力量素质与 100 m 短跑选手运动成绩之间的关系进行了相应的研究,共有 30 名年龄为 19—25 岁 100 m 短跑选手参加了这项研究,研究对选手的专

项力量素质进行了 4 项测试,即 T 测试、垂直跳跃测试、30 m 冲刺测试和
Bangsbo 冲刺测试,但在中国目前力量素质的测定标准尚未实现精确化和系
统化。

通过前文所述的研究结果得知,100 m 短跑对中国优秀男子选手力量素
质和速度素质的要求较高,特别是在起跑阶段、起跑后的加速跑阶段、途中
跑的最大速度阶段,对选手的反应力量、爆发力量、最大力量和快速力量要
求较为严格。根据与中国短跑队教练员等人的沟通,我们得知爆发力量以
及最大力量等的训练和速度训练是紧密相连的,不能够随意武断地拆分和
割裂两者的联系,故在集训期所组织的体能训练课上也重点呈现出了以极
限强度刺激下短时间的爆发力量、最大力量训练和速度训练并重的特点,并
以协调性训练、放松训练等为辅助训练(见表4.88)。

表 4.88 苏炳添组和谢震业组通常采用的专项力量练习手段

训练大周期	苏炳添组、谢震业组力量训练内容和手段
准备期	高抓举、高翻、角度蹲、半蹲、哑铃蹲跳、负重交换腿跳、保加利亚深蹲 、全蹲、深蹲起、杠铃弓箭步、弓步跳、负重沙背心双脚跳栏架、负重沙背心跳箱、负重沙跨步跳、立定三级跳远、立定十级跳、负重台阶练习、小皮条练习、跳箱支撑抬腿、跳箱快速推蹬
竞赛期	负重跨步跳、MB OHB、反向划船、土耳其起立、负重背心双脚跨栏架、小皮条练习、单腿仰卧挺髋、单腿硬拉、单腿硬拉接提膝、弓箭步接抬腿、单腿上台阶接高抬腿
调整期	高翻降落伞练习、栏架跳、壶铃摆臂、酒杯深蹲、单腿跳跃、壶铃硬拉、脑后抛球、壶铃实力举、仰面划船、壶铃单臂挺举、土耳其挺立快速抓举

离赛季越近,就越需要强调对最大速度、最大力量以及爆发力量的训练
和练习。专家和教练普遍认为,髋关节、膝关节和踝关节的充分伸展是提升
选手运动成绩的基础,而腘绳肌、大收肌和臀大肌被认为是对选手最高速度
贡献最大的肌群,为此要选择和搭配不同训练方法,以加大该类型肌肉的输
出功率。部分训练方法用于促进肌肉体积增大,其他训练方法是针对神经
系统的特殊适应性选择的,涵盖专项力量训练[肌肉增大和神经元激活,特
别是实现后激活增强效应(PAP)]、专项速度训练(速度力量)和动作专项性

(短跑相关练习)力量训练。在制订训练策略时,教练员和选手必须牢记力量与速度之间所具备的直接内在联系,因为爆发力量、最大速度和最大力量等都是同一个供能系统输出的产物。高强度抗阻力训练会导致骨骼肌纤维普通组b型转化为骨骼肌纤维普通组a型,因此教练员必须在100 m短跑专项训练和非专项训练之间寻求最佳平衡,基于中国优秀男子100 m短跑选手每个特定阶段短跑的运动表现及成绩情况等,必须考虑到集训选手的具体力量训练要求。苏炳添组和谢震业组在专项力量素质训练中所采用的训练方法见表4.89。

表4.89 苏炳添组和谢震业组通常采取的专项力量训练方法

力量训练方法	专项力量训练内容和手段
快速用力法	快速用力法的练习特征是以最大的收缩速度承担一定的器械重量,以发展中国优秀男子100 m短跑选手的爆发力量,包括以下两种形式:中等强度快速用力法,其特点是用70%—85%的强度,用最大速度练习4—6组,每组重复3—6次。这种方法对增强全身肌肉爆发力非常有效;小强度快速用力法,其特点是采用30%—60%的强度,练习3—6组,每组5—10次,进行专门发展练习,并使练习的结构和肌肉工作方式尽量接近比赛动作
超等长练习法	超等长练习法也叫超长训练法,实际上是把退让练习和克制练习结合在一起的训练方法。超等长练习时,肌肉先做退让工作,并且被极度拉长,然后再尽快转入克制工作,练习目的在于使纯力量转变成爆发力量。苏炳添组和谢震业组所有成员采用超等长练习发展爆发力方法与练习内容主要为跳深练习和各种跳跃练习,包括用最大速度进行原地纵跳、蛙跳、连续跳台阶、跳栏架、多级跳、跳上跳下、跳箱等练习。超等长练习的内容、组数和次数可根据训练要求和苏炳添组、谢震业组个人具体情况选定
启动力的训练	在最短时间内(通常不到150 ms)发挥下肢的肌肉力量,称之为启动力。发展启动力的方法很多,以下几种练习对发展启动力具有积极作用:利用地形、地物的各种短跑练习,如沙地跑、上(下)坡路跑、阶梯跑等;利用器械、仪器的各种跑的练习,如穿加重背心的起跑加速、加速跑突然改变动作方向跑、计时短跑、系铅腰带的加速跑、负轻杠铃跑等;利用同伴的各种阻力(助力)的加速跑、牵引跑、听信号改变起跑的准备姿势跑等。此外,发展弹跳反应力的超等长练习法,如跳深和各种跳跃练习,也是发展启动力的有效手段
弹跳反应力训练	发展弹跳反应力的方法主要为超等长训练法,训练内容主要有两方面:一是跳深练习。下落高度一般为50—110cm。如采用较低高度,有利于发展最大速度;如采用较高高度,可发展最大力量。跳下后应立即向上跳起,尽量跳高,这种练习,一周可安排2次,每次4组。二是各种跳跃练习。用最大速度做原地多次纵跳、跨步跳、多级跳、负重连续跳、单足跳、多级蛙跳、连续跳过低栏架、连续跳台阶、跳上跳下等。谢震业组和苏炳添组也将短跳练习、长跳练习结合起来进行训练

力量训练 方法	专项力量训练内容和手段
击打反应 力量训练	大量竞技项目都有击打、鞭打、踢踹、出手等动作。发展击打反应力,特别是对抗肌的力量能力,是短跑运动项目训练的重要任务。在苏炳添组和谢震业组发展击打反应力,主要有以下几种训练方法:一是退让性练习法(即离心收缩,发展对抗肌力量),如卧推和深蹲(负荷110%—150%,超过自己最大负荷10%—50%,加助力推起,加保护慢放下)、仰卧直臂下压(两手持哑铃,直臂下压时快,直臂后摆时慢)。二是模仿性练习法(发展对抗肌和击打速度等),即利用滑轮拉力器、橡皮筋、石块、短棒等模仿跑的训练(小步跑、高抬腿跑、后蹬跑、后踢腿跑、摆臂练习)
短时和长时 反应力量 训练	短时反应训练是大力量、低频率的动作,例如跳箱、团身跳、跨栏跑跳。这些动作具有最大的发力率(rate of force)和尽可能小的活动度,因此被划分在高阶反应力量训练。长时反应训练是中等力量、较大活动度的动作,重点在于针对稳定性和功率,为更高阶和更多的爆发性的练习打下基础。双脚接触地面的时间会较长,但是每次动作重复产生更大的功率

多年来,力量训练受到了相当多研究的关注,其针对精英选手、中级和初级选手的爆发力量、最大力量、最大速度等速度力量训练进行了系统概述。弹力带抗阻练习的最大负荷量度达到最大重复次数(RM)的60%,似乎是一种有效的负荷刺激,能够提高最大力量,但可能需要更大的负荷量度刺激才能增加功率方程的合力分量。从苏炳添组和谢震业组赛前训练的力量训练内容安排得知,谢震业组力量训练重点围绕最大力量训练和反应力量训练进行安排,一般身体素质的训练基本融合于整个赛前训练期,选手每日进行体能训练(重点是对反应力量、最大力量的训练)的训练时数长达1.50—3.00 h,平均每日最少训练时数在0.83—1.00 h。在体能训练方面,从苏炳添组和谢震业组赛前训练的力量训练内容安排来看,基本1/3的训练内容均是围绕力量训练展开的。谢震业组赛前集训期备战田径世锦赛的力量训练内容见表4.90。

不同教练的训练顺序有所不同,但是大多数在进行短跑专项训练后的第二天就安排力量训练,以避免在短跑进程中出现延迟性肌肉酸痛。爆发力量、最大力量和速度训练通常按连续的4—6周周期组织安排,首先安排最大力量、最大速度,然后组织爆发力量训练以及其他体能训练。教练员这样安排设置是为了将选手在力量训练室负重的最大力量转化为选手赛道上的功能力量,在这期间应注意高强度训练与次最大强度的大量冲刺训练相结合。爆发力量、最大力量的训练是精英短跑从业者整体训练策略中至关重要的,苏炳添组和谢震业组通常安排这类型训练在准备期每周进行 1—3 次、比赛期每周 2—4 次,训练顺序通常从基础力量训练(例如半蹲,抓举、卧推和挺举等)到更多的短跑专项训练(例如负重剪蹲、哑铃原地后弓步蹲、负重台阶蹲、单腿硬拉、保加利亚蹲以及单腿下蹲等),重点是增强臀部、髋部力量的稳定性以及伸髋肌群肌力的平衡性,具体练习内容及手段见表 4.91。

表 4.90　谢震业组赛前训练力量训练内容安排

	训练内容	训练强度	段落/时间/次数	组数
有氧耐力训练	100 m 快 + 100 m 慢变速跑	75%—90% HR_{max}	600 m	2 组
	越野跑	75%—85% HR_{max}	1000 m	3 组
	法特莱克跑(速度游戏跑)	75%—80% HR_{max}	3000 m	1 组
速度耐力训练(2 选 1)	200 m 间歇跑(组内间歇 3 min,组间间歇 8 min)	85% V_{max}	3 次	2 组
	150 m 间歇跑(间歇 12 min)	95% V_{max} 以上	2 次	1 组
最大力量训练	深蹲 + 高翻或抓举	100% 1RM	1 次	1 组
	深蹲 + 高翻或抓举	95% 1RM	2 次	1 组
	深蹲 + 高翻或卧推	90% 1RM	3 次	1 组
	深蹲 + 高翻或挺举	85% 1RM	4 次	1 组
	深蹲 + 高翻或挺举	80% 1RM	5 次	1 组
	深蹲 + 高翻或抓举	75% 1RM	6 次	1 组
反应力量训练(A 或 B + C + D + E)	A:7 - 8 级跳深(跳箱高度 50—120cm)	—	7 次	2 组
	B:立定跳远	100%	3 次	1 组
	C:立定三级跳远	100%	3 次	1 组
	D:立定三级跳远	100%	3 次	1 组
	E:立定十级跳远	100%	3 次	1 组

训练内容		训练强度	段落/时间/次数	组数
最大速度训练（A+B 或 C+D 或 D+E）	A:超速跑	$100\% V_{max}$	30—60 m	3 组
	B:起跑、加速跑	$100\% V_{max}$	40 m	3 组
	C:最大速度	$100\% V_{max}$	60 m	2 组
	D:阻力跑	$(90-95)\% V_{max}$	60 m	2 组
	E:助力跑	$(105-110)\% V_{max}$	110 m	2 组
一般身体素质训练	抡绳摆臂	—	45 s	3 组
	腰腹、背肌力量	—	15 次	3 组
	臀部和大腿后群力量	—	10—15 次	3 组
	核心稳定性力量	—	45 s	7 组
	平衡训练(坐姿抗阻上挑等)	—	40 s	3 组
	SET 悬吊训练(左/右)	—	45 s	7 组

表 4.91 苏炳添组与谢震业组不同时期力量训练常用内容安排

训练时期及使用的仪器设备	力量训练常用练习内容和手段
基础训练期： 1080 阻力 – 助力训练仪、Keiser 力量训练器、Tendo 爆发力监测仪	持壶铃或者杠铃下蹲起、负重弓箭步走、下蹲跳、拖雪橇跑、胶皮带牵引、杠铃挺举、卧推举、自行车卷腹、俄罗斯转体、哑铃摆臂、平板撑上推、单杠曲臂悬垂、交换腿向上跳、直臂悬垂、左右转体、深蹲、半蹲、绕栏架、降落伞、坐蹲、高翻、卧推、肩负沙袋体前屈、负重大腿后肌群练习、原地或负重快速高抬腿、滚肩仰卧转体、硬拉、仰卧屈膝提髋等(部分力量内容采用机器阻力技术，以提供可全方位控制，提高阻力等级)
竞赛期： 1080 阻力 – 助力训练仪、Keiser 力量训练器(利用气压阻力提供连续、可细微调整的阻力模式)、Tendo 爆发力监测仪	杠铃挺举、侧桥摆臂摆腿、平板卧推、杠铃肩上推、绕栏架、哑铃摆臂、侧卧支撑、胶皮带牵引、坐姿前推、弓箭步向前跳起、鸟狗式、单杠引体向上、交换腿向上跳、平板支撑、左右转体、深蹲、降落伞、半蹲、坐蹲、高翻、卧推、负重大腿后肌群练习立定跳远、立定三级跳远、立定十级跳远、侧向转体推实心球、持哑铃体侧屈、坐姿剪刀式踢腿等(Keiser 力量训练器可以任何角度进行全身部位的训练)
调整期： 1080 阻力 – 助力训练仪、Keiser 力量训练器、Tendo 爆发力监测仪	抓举、高翻、坐蹲、等动蹲、壶铃蹲跳、负重弓箭步蹲、负重交换跳、深蹲、负重双脚跳栏架、双杠臂屈伸、划船、推举、哑铃飞鸟、胶皮带牵引、平板卧推、保加利亚深蹲等[部分力量内容可根据力量训练目的和对应的力量发展速率(RFD)]

4.4.1.3 中国优秀男子100 m 短跑选手耐力素质训练安排

通过访谈中外教练组教练员等得知,苏炳添组耐力训练的重要目的是增强选手心肺功能,因为苏炳添组的选手大多在后程阶段维持最大速度的能力不够,这是他们共有的短板。好在苏炳添步频较其他所有选手快,起跑技术是其优势,才弥补了他速度耐力的短板,倘若维持最大速度的能力得到提升,将会赢得不错的运动成绩。我们通过访谈多位短跑教练员以及查阅其训练日志获悉,苏炳添组的耐力训练保持一定量的有氧耐力和无氧耐力的合理搭配,既不至于使苏炳添组选手的无氧能力下降太多,同时还能保证一定的有氧耐力,确保氧供应。苏炳添组的耐力训练以速度耐力训练为主,以有氧耐力训练为辅。

从对专家和教练员的访谈得知,尽管大多数科学研究建议以最大速度进行短跑重复训练,但在准备阶段以低于最大的强度进行了几十年的短跑训练。著名短跑教练卡罗·维托里(欧洲冲刺训练学校的创始人和前200 m世界纪录保持者彼得罗·门内亚的教练)在20 世纪70 年代中期就引入了速度耐力概念。这包括连续重复冲刺超过60—80 m 的系列段落,穿插在短距离最大限度冲刺的恢复时间约在2—8 min。在冬训的前3 周,训练总程以最大速度的90%为起始点,并在整个准备阶段逐渐发展到95%。在准备阶段,训练长度逐渐从60 m 增加到800 m(例如2 个5×60 m),并进一步增加到1500—2000 m(例如5 个系列5×60 m)。但是,随着赛季的逼近,耐力训练的总量逐渐减少,而强度逐渐增加至最大。

苏炳添组和谢震业组跟随各自的中外教练员进行耐力素质训练的过程中,中外教练组均根据成员所处的训练阶段进行科学部署。耐力素质训练蕴含两部分内容:一是速度耐力,二是有氧耐力。苏炳添组耐力训练所占的比例为15.17%,开展耐力素质训练的训练课次达27 次;谢震业组耐力训练所占的比例为17.58%,开展专项耐力素质训练的训练课次达29 次;谢震业组较苏炳添组的耐力训练比例大2.41%。速度耐力素质会逐渐随着练习距离的增加而相对提升,速度耐力各项指标成绩越好,100 m 短跑运动员的速度耐力也越好。

本书所阐述的耐力素质训练包括速度耐力素质训练和有氧耐力素质训练。运动生理学研究表明,100 m 短跑运动员的能量来源于磷酸原和糖酵解,练习段落越短,则磷酸原系统参与供能的比例越高,伴随着练习距离的逐渐增加,糖酵解参与供能的比例也会相应提高,直到乳酸大量积累,运动员产生疲劳,速度会大幅度降低,而长时间维持最大速度的能力是 100 m 短跑运动员取得理想运动成绩的基本保障。在苏炳添组和谢震业组的耐力训练中,专项速度耐力素质择取的是间歇训练法;在发展有氧耐力素质训练中,择取的是持续训练法和法特莱克法。例如,谢震业组在美国国际管理集团(IMG)学院周边的草地、平坦的丘陵上进行法特莱克跑和越野跑,以积极调动选手的注意力和有效增强心血管有氧耐力,同时可以提升存在速度障碍选手的神经肌肉系统的兴奋性和协调性。相应的训练手段应能够促进运动员获得最大摄氧量的持续运动,负荷强度以脉搏 150 – 160 次/min 最适宜。发展有氧耐力的主要训练方法和手段包括:各种球类活动,如毽球、篮球,持续时间大约是 1 min 到 1.5h;2—4 km 的越野跑;各种距离的变速跑,如 1000 m 变速跑、直道快弯道慢(负荷强度 30%—50%);丰富多彩的各类游戏活动,持续时间大约是 1—1.5h 以及 20 min 以上的匀速跑、草坪跑。

苏炳添组通常在星期二、星期四进行专项速度耐力和有氧耐力的训练,中外教练组对苏炳添组的专项速度耐力的具体训练内容安排见表 4.92。

表 4.92 苏炳添组专项速度耐力训练内容及其负荷安排

专项速度耐力常用练习手段	负荷安排特点
30 m、60 m、80 m 间歇跑 (3—4 组,每组 3—5 次)	根据比赛安排练习需要强度(85%—95%),每次练习时间为 2—3 min,组间歇为 5—8 min,心率恢复至 130 次/min
300 m(两弯一直 + 两直一弯) 1 次 + 500 m 1 次	间歇时间为心率恢复至 120 次/min,组间间歇时间为 8—10 min,心率恢复至 120 次/min,负荷强度为 85%—95%,每次间歇 3—5 min
150 m 1 次 + 200 m 1 次 + 400 m 1 次	间歇时间为心率恢复至 120 次/min,组间间歇时间为 8—10 min,心率恢复至 120 次/min,负荷强度为 85%—95%,间歇 3—5 min

续表

专项速度耐力常用练习手段	负荷安排特点
90%—95% 强度的蹲踞式听枪起跑 60 m 3 次	间歇时间为 1—3 min，心率恢复至 120 次/min 再进行下一组
80 m 1 次 + 150 m 1 次 + 300 m 1 次	间歇时间为心率恢复至 120 次/min，组间间歇时间为 8—10 min，心率恢复至 120 次/min，负荷强度为 85%—95%，每次间歇 3—5 min
组合跑 300 m（两弯一直 + 两直一弯）1 次 + 500 m 1 次 + 150 m 1 次	间歇时间为心率恢复 120 次/min，组间间歇心率恢复正常，训练的强度和间歇时间应根据训练所处的阶段进行调整和安排

谢震业组的专项速度耐力训练内容与苏炳添组的训练内容整体部署略有差异，但是谢震业组专项速度耐力的重点训练内容的强度刺激与苏炳添组较为近似，强度刺激基本是 85%—95%（见表 4.93）。30 m 跑、60 m 跑、100 m 跑、150 m 跑、400 m 跑重复跑练习、各种组合跑训练以及各种 150 m 以上的跳跃练习用来发展谢震业组的整体速度耐力，中外教练组对于谢震业组所采用的速度耐力训练方法和手段通常是在每周星期一、星期五进行专项速度耐力与有氧耐力训练。谢震业组发展有氧耐力的主要训练方法和手段为：30 min 轮滑或冬季滑冰、滑雪、3000 m 以内的骑自行车或 1000 m 以内的游泳；较长时间、中下强度的慢跑以及越野跑、各种游戏活动、球类活动，持续时间为 30 min 左右；法特莱克跑、越野跑等（以上各类活动要求心率保持在 150—160 次/min 即可）。

表 4.93　谢震业组专项速度耐力训练内容及其负荷安排

专项速度耐力常用练习手段	负荷安排特点
30 m、60 m、80 m 间歇跑（1 - 3 组，每组 1 - 3 次）	根据比赛的练习需要的强度（85%—95%），每次练习时间为 2—3 min，组间歇为 5—8 min，心率恢复至 130 次/min
间歇跑 80 m 2 次（2 - 3 组）	间歇时间为心率恢复至 120 次/min，组间间歇时间为 8—10 min，心率恢复至 120 次/min，负荷强度为 85%—95%，每次间歇 3—5 min
间歇跑 150 m 2 次（1 组）	间歇时间为心率恢复至 120 次/min，组间间歇时间为 8—10 min，心率恢复至 120 次/min，负荷强度为 85%—95%，每次间歇 3—5 min

专项速度耐力常用练习手段	负荷安排特点
反复跑400 m 1次(1—3组)	间歇时间为心率恢复至120次/min,组间间歇时间为8—10 min,心率恢复至120次/min,负荷强度为85%—95%,每次间歇3—5 min
间歇跑300 m 1次、150 m 1—2次、200 m 跨步跳3次	间歇时间为4—6 min,心率恢复至120次/min再进行下一组
85%—90%强度的计时跑150 m 或400 m 2次	间歇时间为4—6 min,心率恢复至120次/min再进行下一组
计时跑(60 m + 110 m + 200 m + 400 m + 60 m)(1—2组负荷强度70%—80%)	间歇时间为4—6 min,心率恢复至120次/min再进行下一组
150 m 1次 + 300 m 1次 + 400 m 1次	间歇时间为心率恢复至120次/min,组间间歇时间为8—10 min,心率恢复至120次/min,负荷强度为85%—95%,间歇3—5 min
组合跑300 m 1次 + 500 m 1次 + 150 m 1次	间歇时间为心率恢复120次/min,组间间歇心率恢复正常,训练的强度和间歇时间应根据训练所处的阶段进行调整及安排

4.4.1.4　中国优秀男子100 m 短跑选手柔韧素质训练安排

2018—2019年度冬训期间,苏炳添组柔韧素质训练所占的比例为7.30%,柔韧素质训练的训练课次达13次;谢震业组柔韧素质所占的比例为9.09%,柔韧素质训练的训练课次达15次。中国优秀男子100 m 短跑选手在柔韧素质方面的训练内容、方法与手段基本没有太大差异,苏炳添组在星期二发展专项柔韧素质,谢震业组在星期四发展专项柔韧素质,所采取的柔韧素质训练安排见表4.94、表4.95。

表4.94　中国优秀男子100 m 短跑选手发展柔韧素质的常用训练方法

柔韧素质训练方法	具体要求和内容
主动或被动的静力性拉伸	缓慢地将肌肉、肌腱、韧带拉伸到一定酸、胀、痛的感觉位置并稍微超过,然后坚持一定的时间,可减少或消除超过关节伸展能力的危险,避免拉伤,因为拉伸缓慢不会激发牵张反射。通常规定在酸、胀、痛的位置停留6—8 s,重复6—8次

续表

柔韧素质训练方法	具体要求和内容
主动或被动的动力性拉伸	有节奏地、快速地、幅度缓慢增大地多次重复某个拉伸动作。在应用该方法时不宜施加太大的力，幅度从小到大，先做一些小幅度的预备拉长，然后增大幅度，避免拉伤。每个练习重复 5—10 次（重复次数可根据专项技术需求而增加）。主动的动力性拉伸方法是靠选手的力量拉伸，被动的动力性拉伸是靠同伴的帮助或负重借助外力的拉伸，但外力应与运动员被拉伸的可能伸展能力相适应。上述方法可单独采用亦可混合运用，练习时间根据需要确定

表 4.95　中国优秀男子 100 m 短跑选手发展柔韧素质的常用训练手段

柔韧训练手段	具体训练手段和要求
手腕柔韧性训练手段	①握拳、伸展反复训练；②两手五指相触用力内压，使指根与手掌背向成直角或小直角；③两手五指交叉直臂头上翻腕，掌心朝上；④手腕伸屈、绕环；⑤手指垫高的俯卧撑；⑥杠铃至胸，用手指托住杠铃杆；⑦用左手掌心压右手四指，连续推压
肩关节柔韧性训练手段	①单杠各种握法（正、反、翻等握法）的悬垂摆动；②单杠负重静力悬垂；③杠悬垂或加转体；④后吊即单杠悬垂，两腿从两手间穿过下翻成后吊；⑤转肩即用木棍、绳或橡皮筋做直臂向前、向后的转肩动作（握距逐渐缩小）
腰腹部柔韧性训练手段	①弓箭步转腰压腿；②两脚前后开立，向左后转，向右后转，来回转腰；③体前屈手握脚踝，尽量使头、胸、腹与腿相贴；④站在一定高度上做体前屈，手触地面；⑤分腿体前屈，双手从腿中间后伸；⑥分腿坐，脚高位体前屈，教练员或队友可适当用力压其背部
下肢柔韧素质训练手段	①前后劈腿（可独立前后按压，也可以将腿部垫高，由队友或队医帮助下压）；②左右劈腿（练习者仰卧在垫子上，屈腿或直腿都可以，由同伴扶腿部不断下压）；③压腿［将脚放在一定高度上，另一腿站立脚尖朝前，然后正压（勾脚）、侧压、后压］；④踢腿［原地扶把杆或行进，正踢（勾脚）、侧踢、后踢］；⑤摆腿（向内、向外摆腿）；⑥控腿（手扶支撑物体，前控、侧控、后控）；⑦弓箭步压腿；⑧跪坐压脚面；⑨在特制不同形状的练习器上练习脚腕不同方位的柔韧性（特制练习器械）；⑩负重深蹲（脚跟不离地使脚尽量弯曲）

4.4.1.5 中国优秀男子 100 m 短跑选手灵敏素质训练安排

苏炳添组和谢震业组跟随各自的中外教练组进行速度素质训练的过程中,教练组均根据苏炳添组和谢震业组成员所处的训练阶段进行科学部署。2018—2019 年度冬训期间,苏炳添组灵敏素质训练所占的比例为 9.51% ,灵敏素质训练的训练课次达 17 次;谢震业组灵敏素质所占的比例为 8.48% ,灵敏素质训练的训练课次达 14 次。苏炳添组在星期一发展专项灵敏素质,谢震业组在星期三发展专项灵敏素质。具体中国优秀男子 100 m 短跑选手灵敏素质训练的内容、方法与手段见表 4.96。

表 4.96 中国优秀男子 100 m 短跑选手发展灵敏素质的常用训练方法和手段

灵敏素质训练方法与手段	具体要求和内容
小跨栏架组合训练	23 cm 低栏架 10 个(起始两栏间隔 80 cm,后面的栏架以 100 cm 的栏间距依次递增放置成一条直线)
敏捷梯练习	1 步 1 格,双脚向前依次进入,一脚进入 1 格,完成后从一侧倒退回来,做 4 遍;2 步 1 格,双脚交替踏进格内,直到完成,然后从敏捷梯一侧后退到起点,重复 4 次;横向 2 步 1 格,横向交替进入格内向一侧移动,然后回到起点,重复 4 次。交叉步训练:用交叉步的方式依次通过每一个格子,然后回到起点,继续重复。开合跳步法练习:双脚合并入敏捷梯,然后分腿出敏捷梯,依次向前,到终点后再次回到起点,重复 4 次。卡里奥克舞:身体侧对敏捷梯,一步往前、一步往后跨步跑,转动髋部依次进入每个格子,重复 4 次
快速交叉→后退跑	快速交叉步跑 15 m,听或看到信号后迅速后退跑 20 m。要求:交叉频率快
立卧撑 (burpee)	先处于站立姿态,将腰部弯曲,后将臀部向后方移动,蹲下直到双手到达地面,做 1 个俯卧撑,将腿收回,做 1 个深蹲动作,再站成直立的姿态(这个过程可以选择跳或者不跳)接着重复上面的动作,时间在 1 min 及以内
十字象限跳	运动员站在 1 区面向前方(3 区方向),听到开始口令后,以 1、3、2、4 的顺序准确而快速地双脚跳向各区,记录 10 s 内所跳次数,跳错区以 0.5 次计算
反应变向练习	听声(看手势)综合变向,即高抬腿、后退跑听哨音(或看手势)变向冲刺跑等

4.4.2 中国优秀男子100 m短跑选手技能训练特征

在运动技术训练方面,苏炳添组比谢震业组技术训练的比例高1.57%,两者差距不显著,均较为重视技术训练的优化。苏炳添表示,"自己哪个区间有瓶颈,需要提高,就着重完善哪个,根据科学训练来恶补短板",并坦言"自己10 m的好成绩已经达到0.83 s,但在全程节奏当中,每10 m的流畅衔接仍旧存在劣势,也是目前亟待继续完善的模块"。

苏炳添组和谢震业组跟随各自的中外教练组进行技术素质训练的过程中,中外教练组定期开会协商与探讨如何根据苏炳添组和谢震业组成员所处的训练阶段进行科学部署。2018—2019年度,苏炳添组冬训期专项技术训练所占比例为41.57%,开展专项技术训练的训练课次达74次;谢震业组专项技术训练所占的比例为40.00%,开展专项技术训练的训练课次达66次。教练对专项技术训练的课次安排基本统一。

根据专家和教练员的访谈结果,苏炳添组和谢震业组在进行专项技术训练时,采取的训练方法与手段、训练内容有很大程度的重合,表明中外教练组针对专项技术的训练理念和训练模式基本统一。专项技术训练通常安排蹲踞式30 m起跑、超速训练(锻炼神经肌肉对超快速度的适应性)、小栏架练习、橡胶弹力带练习以及短距离(30 m、60 m、80 m、150 m、200 m、300 m、400 m组合跑、段落跑)的起跑、加速跑、途中跑、冲刺跑和负重抗阻练习等。训练方法都借助了助力训练法、阻力训练法、超等长训练法等不同程度的训练方法与手段,苏炳添组和谢震业组专项技术常用的具体训练方法见图4.10。

我们通过走访中国田径短跑队的教练员和相关负责人等了解到了苏炳添组和谢震业组日常训练课的内容设置与训练方法,基于专项技术训练维度,苏炳添组和谢震业组队员日常较多采用了一种新的训练方法,即呼吸节奏训练法。袁国强总教练谈道:"苏炳添组和谢震业组采取该训练手段的目的是增强在后程冲刺环节维持最大速度的能力,全程采用4次呼吸。以苏

①阻力训练法是借助一定外力使自身速度受阻的方法,如训练过程中经常采用距离为30—60 m的负重跑、跳练习,以及上坡跑、拉皮筋跑、台阶跑等方式进行练习,为避免影响速率和步幅,训练中要求采用快节奏与大幅度相结合的方法,以此增强腿部力量,提高专项技术能力

②助力训练法是借助各种外力的跑,如下坡跑、顺风跑、牵引跑等。该训练方法的特点是省力、放松、动作轻快,特别是牵引跑,要求运动员跟着前面的标志物进行快速跑。由于借助于各种外力,在训练前要充分做好准备活动,在训练中避免破坏跑的正确技术,要保证动作的完成质量

专项技术训练

④调整全程呼吸节奏的训练:边吹气球边训练这一新的呼吸训练方式使苏炳添组在途中跑节奏上有明显的变化。在100 m短跑全程中,苏炳添会使用腹式呼吸4次(第1次换气在30—35 m,第2次换气在35—45 m,第3次换气在45—75m,第4次换气在95—100 m)

③超速训练是采用超出运动员最大速度能力的速度训练负荷进行速度训练,如小栏架间距跑是用来调整步长和跑动技术节奏的方法

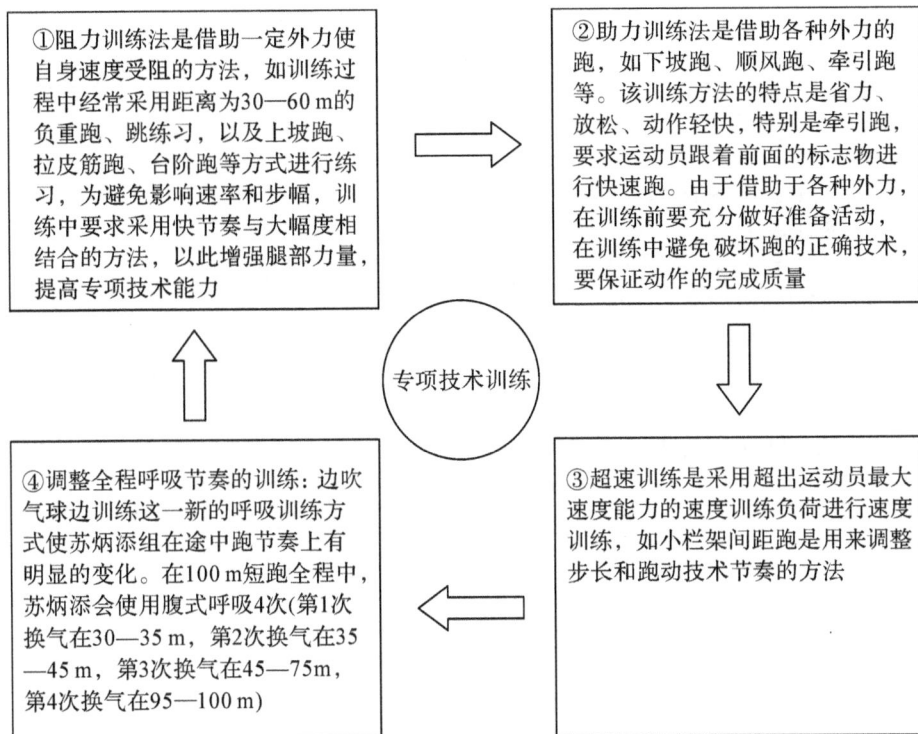

图4.10 苏炳添组和谢震业组专项技术常用的训练方法

炳添为例,他在最后冲刺阶段会出现技术动作变形和蹬伸节奏紊乱的问题,而谢震业在最后冲刺阶段常常出现左摇右晃、重心不稳的现象,其实是呼吸节奏和日常训练的技术细节没有处理好导致的……另外,苏炳添组、谢震业组增强了超速训练和固定间距小栏架训练,超速训练其实就是超过自身最大速度(11.5 m/s)的训练,通常需借助外力或外在手段来完成。同时加强了起跑技术的精准化,例如,训练和比赛过程中,苏炳添在绝大多数情况下都随身携带1把小皮尺,在2018—2019年度他的冬训技术训练重点是改进途中跑技术。"从苏炳添组和谢震业组集训的周课计划可知,专项技术训练主要有超速训练(提高神经系统灵活性和协调性)、助力训练、小栏架固定间距跑、呼吸节奏训练等(见表4.97、表4.98)。

表 4.97　2018—2019 年度冬训苏炳添组第七周训练计划

时间	训练内容		
	准备活动	主要训练内容	恢复训练
星期一	·激活下肢和核心的力量 ·韧带、肌肉、关节充分伸展 ·技术训练:呼吸训练法,行进间高抬腿跑 60 m、后蹬腿跑 30 m、加速跑 30 m 各 1 组	·85%—95% 负荷强度,75%—85% 负荷量 ·抗阻力跑 30 m 起跑 3 组(1 组负重,2 组释重) ·蹲踞式起跑 60 m 3 次(2 组)+行进间 30 m 跑 3 次 ·150 m 间歇跑×1—2 组(100 m)主项 ·300 m(2 弯 1 直 +2 直 1 弯)1 组 +600 m 1 组(梁劲生等部分选手兼项 200 m 专项)(抗阻力) ·间歇时间为心率恢复至 120 次/min;每次练习间歇时间 30—60 s,组间歇 4—6 min,脉搏恢复至 120 次/min	·泡沫轴滚动放松 ·慢跑、肌肉放松 ·液氧低温桶 ·按摩或者针灸
星期二	·激活下肢和核心的力量 ·韧带、肌肉、关节充分拉伸 ·专门性练习	95% 以上最大负荷强度 ·力量训练:悬吊 SET 训练 A. 深蹲至最大力量,以 75% 强度最大力量为基底值,逐渐增大至 85%、90%、95%、100%(金字塔训练法) 每组间再接 30 米加速跑 B. 半蹲 90%,单腿深蹲最大力量 3 组,每组 +30 m 加速跑 C. 半蹲跳 90%,酒杯深蹲 20 次(最大力量)+跨栏架跳跃 D. 髋关节力量 +三级跳跃 +负重摆臂 E. 皮筋抬腿练习,左右各 60 次(3 组),每组 +30 m 加速跑 F. 皮筋收小腿练习 +30 m 加速跑 +呼吸节奏训练(吹气球)	·泡沫轴滚动放松 ·慢跑 ·肌肉放松 ·盐浴 ·按摩或者针灸
星期三	·激活下肢和核心的力量 ·韧带、肌肉、关节充分活动	·专项技术:超速训练、助力训练、小栏架固定间距跑 ·杠铃 A 字跳 30 m 3 组 ·跳箱 10 次 ·壶铃摆臂 20 次(3 组)+1 min 仰卧直臂硬拉	·泡沫轴滚动放松 ·慢跑 1—2 圈 ·肌肉放松 ·苏打碳酸浴 ·按摩或者针灸

时间	训练内容		
	准备活动	主要训练内容	恢复训练
星期四	·慢跑4圈 ·韧带、肌肉、关节充分活动 ·专项训练:小步跑30 m、高抬腿跑30 m、后蹬腿跑30 m、加速跑30 m各2组	·蹲踞式起跑30 m、5组、60 m、8组、100 m、2组(100 m专项) ·150 m、2组+200 m、2组+400 m、1组(200 m专项),间歇时间为心率恢复正常 ·300 m+500 m+100 m 1组(200 m专项) 间歇时间为心率恢复120次/min,组间间歇心率恢复正常	·轻松训练 ·慢跑1圈 ·肌肉放松 ·盐浴 ·按摩或者针灸

表4.98 2018—2019年度冬训谢震业组第七周训练计划

时间	训练内容		
	准备活动	重点训练内容	恢复训练
星期一	·**热身**:激活下肢和核心的力量 ·髋关节练习 ·跑步专门性练习 ·间歇跑400 m 3次(1—2组) ·立定十级跨步跳7次 ·100 m全程节奏跑2次 ·力量+速度练习	·专门性练习:前后垫步、前后垫步高抬腿、垫步单腿跳等 ·蹲踞式起跑30 m 4次(3组)+行进间60 m跑3次 ·最大力量深蹲4组+卧推5次(2组)+3级跳跃 ·间歇跑150 m 2次(1—3组) ·立定十级跨步跳15次+皮筋抬腿练习50次(1—3组) 心率恢复至120次/min; 间歇时间为心率恢复至120次每分钟;组间间歇时间为心率恢复至120次/min	·泡沫轴滚动放松 ·慢跑 ·肌肉放松 ·蒸气浴 ·按摩或者针灸
星期二	·**热身**:激活下肢和核心的力量 ·髋关节练习 ·跑步专门练习 ·间歇跑300 m 2次(1—2组) ·超等长练习+摆臂练习	·专门性练习:前后垫步、前后垫步高抬腿、垫步单腿跳等 ·蹲踞式起跑60 m 4次(3组)+行进间60 m跑4次 ·臀中肌训练(蚌式)10次(3—5组) ·400 m 3次(负荷强度90%—95%) ·计时跑5×30 m、行进间跑5×60 m、支撑起跑练习 ·跳深10次+壶铃摆臂20次(3组),心率恢复至120次/min; ·间歇时间为心率恢复至120次/min;组间间歇时间为心率恢复至120次/min,90%—100%最大力量负荷强度	·泡沫轴滚动放松 ·慢跑 ·肌肉放松 ·蒸气浴 ·按摩或者针灸

续表

时间	训练内容		
	准备活动	重点训练内容	恢复训练
星期三	·**热身**:激活下肢和核心的力量 ·专项技术练习 ·跑步专门练习 ·变速跑+循环力量组合	·专门性练习:前后垫步、前后垫步高抬腿、垫步单腿跳等 ·专项技术练习:行进间 60 m 跑 3 次、超速训练(105%) ·计时跑 150 m 或 400 m 3 次(负荷强度 90%—95%) ·行进间起跑 60 m 4 次(2 组)+行进间 30 m 跑 4 次 ·皮筋收小腿练习+迷你障碍跑格 (30 m)4 次(1—3 组) ·循环力量练习(18 种循环力量组合:杠铃肩推+瑜伽球收后肌+保加利亚深蹲+单腿深蹲+壶铃摆臂+脑后抛球等)	·泡沫轴滚动放松 ·慢跑 ·肌肉放松 ·蒸气浴 ·按摩或者针灸
星期四	·激活下肢和核心的力量 ·越野跑 1000 – 3000 m ·身体素质练习	·各种球类活动 ·一般的身体素质练习 ·法特莱克跑 ·超速训练(105%—110%) ·A95%最大力量深蹲 4 组,卧推 5 次(2 组)+Exogen 贴片式负重方法(Alternate Fast leg、Straight leg bounce +B run)	·泡沫轴滚动放松 ·慢跑 ·肌肉放松 ·蒸气浴 ·按摩或者针灸
星期五	·准备活动:1 公里越野跑 ·柔韧性练习 ·跑步专门练习 ·计时跑(60+110 +250+110+60)× 1 – 2 组 ·负荷强度 70%— 80%,间歇 5 – 7min ·力量+速度耐力练习	·专门性练习:前后垫步、前后垫步高抬腿、垫步单腿跳等 ·单腿深蹲 10 次(1—3 组) ·300 m(2 弯一直+2 直 1 弯)+600 m (谢震业等部分选手兼项 200 m 专项)(或负重抗阻力 80 m 跑 2 组) ·心率恢复至 120 次/min:间歇时间为心率恢复至 120 次/min ·循环力量练习(18 种循环力量组合)	·泡沫轴滚动放松 ·慢跑 ·肌肉放松 ·蒸气浴 ·按摩或者针灸

4.4.3 中国优秀男子 100 m 短跑选手心理能力的训练特征

100 m 短跑属于体能主导类竞速性运动项目。心理能力是 100 m 男子短跑选手赢得比赛的基础保障,选手即使具备再高的竞技水平,倘若不具备一定的抗压性、自信心、坚韧性和果断性等,也会使训练成果付诸东流。因此,在竞赛前和竞赛过程中,男子100 m短跑选手维持稳定心理状态的能力显得异常重要,其特别影响着选手技术动作的合理性和均衡性。100 m短跑项目与其他项目的不同点在于其关键是全程维持最高跑速的能力,心理状态略有变化就会导致全程跑动节奏出现混乱,继而导致选手产生失误。因此,心理能力的重要价值对于男子100 m短跑选手来说是毋庸置疑的。男子100 m短跑项目整个赛程较短,全程每一环节的稳定性发挥均决定着竞赛的输赢。

在竞赛过程中,男子100 m短跑选手被安排在各自对应的道次,选手与选手之间距离较近。选手们虽然不产生直接的身体接触,但是在跑动过程中会间接性地相互产生干扰。在100 m起跑发令枪响的时刻,倘若有选手犯规被罚下,将会影响其余选手的心理状态。始终保持良好心理状态的选手能克服消极情绪,通常情况下能够较好地完成比赛,取得满意的运动成绩。

另外,男子100 m短跑选手也较易受气候、时差、环境和对手实力的影响,该类不可控因素对选手心理承受能力提出了更为严格的要求,故有意识地、全方位地对短跑选手进行赛前心理能力的干预和诱导训练也是赢得胜利的关键。普遍情况下,优秀男子100 m短跑选手具有较好的情绪控制能力,而且能够有意识地转移和分散注意力,接收正面、积极的信息,规避负面的威胁性信息,使社会期待焦虑和躯体焦虑得到有效遏制。

特质运动任务自信心是选手在竞赛中面临紧急情境中出现的重要任务产生必胜信心的运动表现;特质运动应对自信心代表着选手在整个赛程面临艰难处境和压力的运动情境下解决、克服困难的自信心。综合多方面因素,中国优秀男子100 m短跑选手既要具备强大的体能储备、技能储备和丰富的比赛经验,与此同时还亟须增强心理能力,以应对渐趋复杂的竞赛环境。全力保障男子100 m短跑选手斩获卓越的运动成绩,培养运动员坚韧不拔的意志品质、强大的自信心和特质任务自信心等,能使他们更直观地认识自己的能力,更好地提高自身的竞赛水平。

2018—2019年度冬训期间,苏炳添组心理技术训练所占比例为7.30%,

开展专项心理训练的训练课次达13次；谢震业组心理训练所占的比例为8.31%。

通过访谈专家和教练，本书将中国优秀男子100 m短跑选手常用的心理训练方法分为下述六个方面。

（1）意志品质训练

长时间的运动训练和运动竞赛会导致100 m短跑运动员身心疲惫，"刺激—适应—再刺激—再适应—再恢复"等循环往复的过程对中国优秀男子100 m短跑选手提出较大考验。因此，运动员要具备顽强拼搏、吃苦耐劳的意志品质，并与骨骼肌肉产生的紧张、酸痛、疲劳和心理惰性持续抗衡，保质保量完成训练，达到竞赛中预先设定的负荷强度和负荷量度。

（2）注意力集中训练

通常情况下，短跑选手在神经中枢处于极度紧张的时候，集中注意力有较大难度，这就急需中国优秀男子100 m短跑选手将注意力集中点分配好。在常规化训练与竞赛过程中，影响和分散注意力的因素比较多，如气候温差、环境噪声、选手的心理波动、赛事规模与赛事级别、观众起哄等。因此，需要增强中国优秀短跑选手在训练、竞赛中的抗干扰能力，可适当选择在不同环境下进行适应性训练和参赛，以提高心理耐受力以及适应比赛的能力。因此，落实注意力集中训练的调控，能够进一步激发中国优秀男子100 m短跑选手良好的心理能量和心理状态，使之始终保持适宜的心理觉醒。

（3）模拟训练

模拟训练主要是根据比赛过程中可能发生的状况和问题提前进行实战模拟与演练，主要是为中国优秀男子100 m短跑选手适应国内外大赛而做的预先准备，以确保选手的竞技水平能够在比赛过程中得到正常发挥。教练员等通过模拟比赛情景，使中国优秀男子100 m短跑选手的日常训练尽量与现实比赛场景接近，另外也可通过观看国内外优秀运动员的录像视频等，借鉴与汲取其比赛经验和比赛方式，培养选手在不同环境下的应对能力和处理突发事件的能力，积极动员中国优秀男子100 m短跑选手的兴奋情绪，唤醒其成功欲望和竞赛气氛，以全面改善竞技状态。

（4）恢复训练

倘若中国优秀男子100 m短跑选手在训练和比赛过程中过分紧张,其动作协调能力就会骤然下降,那么可安排恢复训练,以促进短跑选手生理和心理疲劳的快速消除。恢复训练措施有自言自语、自我表扬、自我鼓励等。

（5）呼吸节奏法

调整呼吸深度与呼吸频率可以适应赛前节奏,放松身心。先是缓慢平稳做适度的深呼吸并保持一定的呼吸节奏,尽量多呼吸空气,使之充满肺部,随后屏住呼吸,体会压力,然后缓慢将气体倾吐出来,使肺部松弛,这样做能够使身体在极度紧张的竞赛环境中达到舒缓身心的目的,并且可以使短跑选手的动作更加熟练敏捷、协调流畅。在竞赛过程中,心理状态的突然变化会导致动作僵硬,打乱全程节奏,消耗大量能量,因此应体会空气从肺部进入和流出的放松感觉。

（6）肌肉放松训练

因为短跑项目的激烈性,中国优秀短跑选手在正式参赛时难免心里紧张,但在如此大的竞赛强度下,心理素质的较量（"比心理"）就对比赛结果产生70%—80%甚至90%的影响,因此可采用套语来进行有意识的自我暗示以实现骨骼肌的充分放松,唤醒心理正能量,消除竞赛带来的恐慌和焦虑,利用骨骼肌的松弛反应对抗恐惧、紧张等消极情绪,消除中国优秀短跑选手生理功能性紊乱现象。该种手段具备一定技巧和策略,必须在参训和参赛前反复练习。

在负荷量度不断增加的前提下,中国优秀男子短跑选手理想的竞技状态不仅和其各项素质与能力有关,还取决于选手的心理稳定性。因此,在训练模式不断完善、科学化的同时,也要更加重视中国优秀男子短跑选手的心理素质,特别是年龄较小的短跑运动员基本处于心理发展定型期,具有心理素质不稳定的特征。每名短跑选手都有其独特的个体性,选手的身体素质、技术、心理状态都存在着差异。因此,教练员在训练过程中要量体裁衣,选择不同手段和方法,因材施教,实现理想的训练效果。教练员还要善于观察研判,及时解决中国优秀男子短跑运动员思想上产生的问题,掌握选手的情绪变化情况。

心理状态对比赛成绩有很大影响,教练员应根据中国优秀男子 100 m 短跑选手的心理障碍特征和情绪波动情况,在训练中鞭策和鼓励他们,调动其积极性和执行力,帮助选手克服畏难情绪,让系统的心理训练贯穿整个训练过程,不断提高运动员的心理能力,促进选手在参赛时保持最佳竞技状态,赢取满意运动成绩。对 100 m 短跑选手心理素质的训练使其能够承担重大赛事引发的系列风险和压力,锤炼选手坚韧不拔的意志品质和锐意进取的精神风貌。因此,心理能力同样囊括在中国优秀男子 100 m 短跑选手的核心竞技能力当中,并且扮演着重要角色。

4.4.4 研究小结

在 2018—2019 年度冬训期间,苏炳添组训练课共计 178 次,其中,体能训练占总训练课次的 51.12%(91 次),技能训练占总训练课次的 41.57%(74 次),心理训练占总训练课次的 7.30%(13 次);谢震业组训练课共计 165 次,其中,体能训练占总训练课次的 51.52%(85 次体能训练课),技能训练占总训练课次的 40.00%(66 次),心理训练占总训练课次的 8.48%(14 次)。

在体能训练方面,第一,苏炳添组速度素质训练所占的比例为 35.96%,开展专项速度素质训练的训练课次达 64 次;谢震业组速度素质训练所占的比例为 33.33%,开展专项速度素质训练的训练课次达 55 次。谢震业组较苏炳添组的速度训练比例小 2.63%(9 次)。第二,苏炳添组力量训练所占的比例为 35.96%(64 次),谢震业组力量训练所占的比例为 31.52%(52 次),苏炳添组和谢震业组选手力量训练常用的方法有快速用力法、超等长练习法、起动力的训练、击打反应力量训练、退让模仿力量训练和弹跳反应力量训练等。第三,苏炳添组耐力训练所占的比例为 15.17%,耐力素质训练的训练课次达 27 次;谢震业组耐力训练所占的比例为 17.58%,开展专项耐力素质训练的训练课次达 29 次,谢震业组较苏炳添组的速度训练比例大 2.41%。第四,苏炳添组柔韧素质训练所占的比例为 7.30%,柔韧素质训练的训练课次达 13 次;谢震业组柔韧素质训练所占的比例为 9.09%,柔韧素质训练的训练课次达 15 次。中国优秀男子 100 m 短跑选手在柔韧素质方面的训练内容、方法与手段基本无显著差异。第五,苏炳添组灵敏素质训练课次达 17 次;谢震业组灵敏素质训练课次达 14 次。

　　在技能训练方面,苏炳添组比谢震业组技术训练的比例高 1.38% ,两者差距不显著,均较为重视技术训练和技术短板的优化。苏炳添组专项技术训练所占比例为 41.57% ,谢震业组 2018—2019 年度冬训期间专项技术训练所占的比例为 40.00% 。技能训练方法主要是超速(11.7 m/s)训练、小栏架固定间距跑、助力训练、阻力训练等。

　　在心理训练方面,苏炳添组心理技术训练所占比例为 7.30% ,开展专项心理训练的训练课次达 13 次;谢震业组心理训练所占的比例为 8.31% 。中国优秀男子 100 m 短跑选手采用的心理训练方法与手段主要有意志品质训练、注意力集中训练、模拟训练、恢复训练、呼吸节奏训练和肌肉放松训练。

5   研究结论与建议

5.1   研究结论

中国优秀男子100 m短跑选手核心竞技能力构成要素包括体能、技能以及心理能力,三者呈相互影响、相互融合、相互作用、相互制约的紧密关系。

5.1.1   中国优秀男子100 m短跑选手体能表现特征

在身体形态特征方面,身材中等,皮下脂肪少,体脂百分比低,下肢长,大腿较小腿短,髋关节围度小,踝围纤细且扁平,髂宽/肩宽×100、踝围/跟腱长×100小;在生理机能特征方面,磷酸肌酸激酶活性在第5周实现高峰值,在第1周达到低谷值,在第1—5周磷酸肌酸激酶活性具备统计学差异,血清睾酮活性在第3—7周逐渐呈显著性增长;在身体素质特征方面,绝对速度>反应速度>速度耐力>加速速度,反应力量>快速力量>最大力量>力量耐力;在柔韧素质测试指标方面,坐位体前屈综合评价最高,其次是横叉和纵叉;在灵敏素质测试指标方面,20 m后退跑>跨栏架>30 s象限跳>20 s立卧撑。

5.1.2   中国优秀男子100 m短跑选手技能表现特征

整体趋向于步长、步频均衡型;全程步长指数小,步频指数大;起跑阶段、起跑后的加速跑阶段和途中跑阶段平均步长小,步频快,冲刺跑阶段步频急剧下降,步长继续增大,并达到最大值,因此中国优秀男子100 m短跑选手要增强步长能力的训练;在分段速度方面,30—80 m段、90—100 m段的分段速度呈显著性差异,前30 m段分段速度无显著差异,整体平均速度曲线呈波浪形双高峰趋势,90—100 m 段速度下降率高;在全程平均触地时间和腾空时间方面,全程平均触地时间为 107.5 ± 5.12 ms,全程平均腾空时间为 109.3 ± 5.77 ms,支撑时间占比与腾空时间占比分别为 49.22% ± 1.15%、50.78% ±1.15%。

5.1.3 中国优秀男子100 m 短跑选手心理能力表现特征

本书运用心理量表测试,经灰色关联研究得出,心理能力各指标与运动成绩的灰色关联度由高到低依次是:个体失败焦虑、主动性、坚韧性、社会期待焦虑、躯体焦虑、自信心、自制性、自觉性、果断性。

5.1.4 中国优秀男子100 m 短跑选手核心竞技能力的训练特征

在体能训练特征方面,2018—2019 年度冬训期间,苏炳添组比谢震业组的体能训练比例低 0.5%,两者几乎相同。在技能训练特征方面,苏炳添组比谢震业组技术训练的比例高 1.38%,两者差距不显著,均较为重视技术训练和技术短板的优化,技术训练方法主要是围绕着超速(11.7 m/s 左右)训练、小栏架固定间距跑、助力与阻力训练等手段。在心理能力训练特征方面,苏炳添组心理技术训练所占比例为 7.52%,谢震业组心理训练所占的比例为 8.31%,采用的心理训练方法与手段主要有意志品质训练、注意力集中训练、模拟训练、恢复训练、呼吸节奏训练和肌肉放松训练。

5.2 研究建议

第一,继续探索和挖掘中国优秀男子 100 m 短跑选手的核心竞技能力,持续关注中国短跑项目的未来发展,以期为 100 m 短跑项目的纵深发展提供理论导向。

第二,加强中国优秀男子 100 m 短跑选手髋部伸、屈肌及股后肌群的力量训练,增大步长,减少全程平均触地时间;增强反应力量和快速力量的训练,改善扒地与蹬伸的技术效果;完善中国优秀男子 100 m 短跑选手起跑技术,加强后程速度耐力训练,完善灵敏素质和柔韧素质的评估手段。

第三,增强神经驱动、神经激活速率和骨骼肌群协调控制方面的专项适应性,提高力量发展速率和既有的技术水平,完善全程跑动节奏,重点改善速度耐力和最高跑速的保持能力,优化中国优秀男子100 m短跑选手在支撑阶段和腾空阶段踝关节的肌肉收缩速度与幅度,减小支撑、腾空阶段水平分量的损耗,以便促进机体能量供应的节省化和高效化。

第四,加大中国优秀男子100 m短跑选手心理能力训练课的比重,重视短跑选手心理能力的变化特征,采取心理训练方法与手段,强化对中国优秀男子100 m短跑选手的心理干预,为其赢得满意运动成绩保驾护航。

5.3 研究局限与展望

5.3.1 研究局限性

第一,本书未对中国优秀男子100 m短跑选手核心竞技能力的协调素质、战术能力和运动智能进行测试。因为通过专家、教练员问卷调查,发现专家一致性较低,平均分低于3.5 分,故进行选择性删除。另外,针对灵敏素质和战术能力的研判标准尚未得到明确和统一。

第二,本书所选取的样本为中国短跑集训队现役成绩最为突出的男子短跑选手,彰显着中国男子100 m短跑的最高水平。受测试条件的影响,本书并未对国家集训队以外的世界优秀短跑选手进行跟踪调研。

第三,本书仅对影响中国优秀男子100 m短跑选手的关键技术指标(步长、步频、步频指数、步长指数、腾空时间、触地时间、分段速度、触地时间占比和腾空时间占比)进行了阐述,并未对身体质心、躯干前倾角、摆动腿与支撑腿的膝角、踝角等参数进行研究。

5.3.2 研究展望

第一,后续研究需要继续加强对国外优秀男子100 m短跑选手训练模式及竞赛层面的情报搜集和追踪等,准确获取、掌握目前世界短跑领域的先进理念和训练模式,进一步挖掘世界优秀男子100 m短跑选手的竞技能力特征。

第二,后续研究可择取能够有效反映中国优秀男子100 m短跑选手灵敏素质、协调素质等的测试手段,切实做到精确量化,以探索各专项核心竞技子能力对中国男子100 m各个等级的短跑选手运动成绩的贡献率差异。

第三,目前针对中国优秀男子100 m短跑选手核心竞技能力的研究略显单薄、屈指可数,亟须深层次地挖掘中国优秀男子100 m短跑选手核心竞技能力,丰富中国100 m短跑项目的后备力量,丰富中国男子短跑项目的理论体系,并为中国100 m短跑项目优秀选手的遴选、训练和竞赛工作提供理论依据与借鉴。

参考文献

［1］田麦久.关于运动训练原则的辩证思考［J］.北京体育大学学报,2010
（3）:1-9.

［2］邓运龙.认识运动项目本质的矛盾分析法与基本内容［J］.沈阳体育学
院学报,2008（1）:66-70.

［3］姜自立.短跑不同模式速度耐力训练的能量代谢特征［C］.北京:中国体
育科学学会,2019:1940.

［4］周维方.短距离跑的实践创新与基于体认范式的解读——程志理学术
对话录［J］.体育与科学,2020（1）:13-15.

［5］姜自立,李庆.李庆短跑训练理念研究［J］.体育科学,2018（2）:55-64.

［6］解正伟.竞技运动专项的"核心"及其训练研究——以田径项目为例
［J］.北京体育大学学报,2017（9）:112-117.

［7］田麦久.运动训练学［M］.北京:人民体育出版社,2000.

［8］赵倩颖.日本备战2020年东京奥运会和残奥会的强化战略［J］.中国体
育科技,2019（9）:78-83.

［9］李卫.竞技能力"长板效应"理论的提出与推演［J］.北京体育大学学报,
2019（11）:100-106.

［10］过家兴.运动训练学［M］.北京:北京体育大学出版社,1985.

［11］田麦久,过家兴.运动训练学［M］.北京:人民体育出版社,1986.

［12］田麦久.运动训练科学化探索［M］.北京:北京体育大学出版社,1988.

［13］周西宽.体育学［M］.北京:人民体育出版社,1988.

［14］徐本力.运动训练学［M］.济南:山东人民出版社,1999.

［15］李宗浩.集体同场对抗类奥林匹克运动项目群特征、核心竞技能力及

其制胜对策研究[J].北京体育大学学报,2008(2):148-150.

[16]李厚林.北京奥运会女子投掷高水平运动员核心竞技能力训练理论与实践[D].北京:北京体育大学,2009.

[17]邓运龙.主导竞技能力[J].武汉体育学院学报,2010(2):5-11.

[18]夏娇阳.优秀短距离速度滑冰运动员核心竞技能力训练理论体系与实证研究[J].体育科学,2008(3):86-96.

[19]曹景川.中国优秀女子三级跳远运动员核心竞技能力特征及训练内容体系研究[D].太原:山西大学,2010.

[20]王举涛.中国优秀男子举重运动员核心竞技能力评价与诊断体系的研究[D].太原:山西大学,2012.

[21]张晓明,高峰.短距离速滑项目核心竞技能力研究[J].体育文化导刊,2009(11):52-53.

[22]过家兴.运动训练学[M].北京:人民体育出版社,1990.

[23]田麦久,刘筱英.论竞技运动项目的分类[J].体育科学,1984(3):41-46.

[24]张洪潭.重建运动训练理论初探[J].体育与科学,1999(1):17-22.

[25]田麦久,刘大庆,熊焰.竞技能力结构理论的发展与"双子模型"的建立[J].体育科学,2007(7):3-6.

[26]李赞.竞技能力理论的中国建构[J].中国体育教练员,2019(3):3-8.

[27]仇乃民.试论竞技能力系统的复杂性及其网络模型[J].山东体育学院学报,2016(4):103-108.

[28]田麦久,刘大庆.运动训练学[M].北京:人民体育出版社,2012.

[29]王敬志,马祖长,姚志明,等.基于桨力测量分析的皮艇专项竞技能力评价指标体系构建[J].体育科学,2012(6):55-61.

[30]朱保成,陈晓荣.足球选手竞技能力模糊评价方法研究[J].北京体育大学学报,2012(7):128-131.

[31]李赞,田麦久.选手竞技子能力非同步性发展的致因解析[J].体育学刊,2011(1):95-98.

[32] 李赞,田麦久.非同步性发展视角下的竞技能力非衡结构及其补偿效应[J].体育学刊,2009(12):79-82.

[33] 仇乃民,李少丹.论竞技能力系统的结构复杂性[J].北京体育大学学报,2011(2):113-116.

[34] 邓运龙.基于功能属性的竞技状态实质[J].南京体育学院学报(社会科学版),2010(3):100-105.

[35] 代永胜,王三保.马拉松竞技能力特点理论诠释[J].武汉体育学院学报,2019(12):94-100.

[36] 袁晓毅,胡忠忠,景磊,等.冬奥滑降项目竞技能力特征与制胜规律研究[J].北京体育大学学报,2019(5):139-149.

[37] 黄达武,陈月亮,吴瑛.体能类竞速项目速度节奏研究进展[J].天津体育学院学报,2012(2):154-157.

[38] 孙俊.体能主导类项群代表项目竞技能力特征的比较研究[D].武汉:武汉体育学院,2009.

[39] 赵鲁南.竞速运动制胜因素及训练特征的集成与分群研究[D].苏州:苏州大学,2014.

[40] 王宏.技能主导类表现难美性项群的竞技特点与训练要求[J].中国体育教练员,2016(4):6-9.

[41] 郭秀文,田麦久.难美项群女子运动员身体形态学分类及不同竞技能力发展模式研究——以体操、蹦床、跳水、艺术体操为例[J].中国体育科技,2014(1):29-42.

[42] 李静.技战能主导类同场对抗性项群的竞技特点及训练要求[J].中国体育教练员,2017(1):9-11.

[43] 高玉花.技战能主导类隔网对抗性项群的竞技特征及训练要求[J].中国体育教练员,2016(4):10-13.

[44] 马驰.表现性项群代表项目竞技能力特征研究[D].武汉:武汉体育学院,2009.

[45] 杨锋,张现成,江广和,等.体能、技能水平发展特征比较研究——兼论

竞技能力主导因素视角下的运动项目归属[J].武汉体育学院学报,2013(7):80-84.

[46] 于少华.同场对抗球类集体项目竞技能力特征研究[J].中国体育科技,2013(5):43-49.

[47] 刘亚,乔平均.中外优秀女子三级跳远运动员竞技能力表现特征的比较研究[J].西安体育学院学报,2011(4):509-512.

[48] 谢飞,王德新,王海峰.国际拳联新规则影响下哈萨克斯坦冠军运动员竞技能力表现特征研究[J].北京体育大学学报,2016(12):124-130.

[49] 杜长亮,丁振峰.竞技能力网络结构特征[J].体育科学,2012(10):39-49.

[50] 刘芳,袁革.中外优秀男子100 m选手身体形态、步长、步频与最好成绩特征分析[J].成都体育学院学报,2012(8):59-62.

[51] 彭学增,秦宁秋.广西短跑选手身体形态、机能、素质的选材特点[J].北京体育大学学报,1999(2):76-78.

[52] 李龙,杜翠娟.对中国田径项群类项目优秀男子选手身体形态的比较研究[J].体育科学,2004(6):29-32.

[53] 周意萍,过平江.浙江省少年短跑选手身体形态特征分析[J].中国体育科技,2003(4):20-22.

[54] 王幼荣.绍兴市少年女子短跑选手身体形态的分析[J].上海体育学院学报,1993(1):35-36.

[55] Ettema G J C. Muscle efficiency：The controversial role of elasticity and mechanical energy conversion in stretch-shortening cycles[J]. European Journal of Applied Physiology, 2001(5)：457-465.

[56] Fukutani A, Takei S, Hirata K, et al. Influence of the intensity of squat exercises on the subsequent jump performance[J]. Journal of Strength and Conditioning Research, 2014(8)：2236-2243.

[57] Debaere, Jonkers I, Delecluse C. The contribution of step characteristics to sprint running performance in high-level male and female athlete[J].

Journal of Strength and Conditioning Research，2013(1)：116-124.

[58] 袁运平，张良力. 短跑选手体能指标研究综述[J]. 天津体育学院学报，2004(2):26-30.

[59] 陈海英，郭巧，徐力. 基于神经网络的人体100 m跑运动能力综合评价[J]. 中国体育科技，2003(2):2-4.

[60] 于开峰，华道远. 短跑选手竞技能力与身体形态评价模式之研究[J]. 山东体育科技，2000(2):20-28.

[61] 翁锡全，林文韬，吴少群. 不同个性类型选手定量负荷时某些生理、生化指标变化特点[J]. 中国体育科技，2002(4):17-19.

[62] 任弘，杨昊，安林彬，等. 中国青少年越野滑雪选手体能现状及选材指标筛选[J]. 北京体育大学学报，2019(7):43-52.

[63] 罗晓珊. 摄入高浓度氧气对短跑运动员运动表现及生理代谢的影响[J]. 西南师范大学学报(自然科学版)，2020(4):75-81.

[64] 刘洵. 心肺机能对短跑运动后酸碱失衡恢复的影响[J]. 天津体育学院学报，1995(1):43-45.

[65] 邱志钊. 对青少年短跑机能试验的研究[J]. 中国学校体育，1994(1):56-57.

[66] 曾远生. 优秀短跑选手赛前训练负荷及机能状态的生化监控[J]. 成都体育学院学报，2018(4):86-91.

[67] 王维群. 运用生理指标进行短跑选材的研究[J]. 天津体育学院学报，1995(2):9-11.

[68] 姜自立. 短跑不同模式速度耐力训练的能量代谢特征[C]. 北京:中国体育科学学会，2019:1940.

[69] 黄文聪. 男子短跑运动员比赛时期机能评定及综合康复干预[C]. 北京:中国大学生田径协会，2006:621.

[70] Prampero P, Botter A, Osgnach C. The energy cost of sprint running and the role of metabolicpower in setting top performances [J]. European Journal of Applied Physiology, 2015(3)：451-469.

［71］Bam J, Noakes T D, Juritz J, et al. Could women outrun men in ultramarathon races? ［J］. Medicine & Science in Sports & Exercise, 1997 （2）: 244-247.

［72］Sparling P B. A meta-analysis of studies comparing maximal oxygen uptake in men and women［J］. Research Quarterly for Exercise and Sport, 1990 （3）: 542-552.

［73］Schiffer J. Training to overcome the speed plateau［J］. Focus on the Sprints, 2011（1）: 7-11.

［74］冯敦寿.田径专项速度的训练方法(部分项目)［J］.体育科研,1992(1): 27-61.

［75］崔玉芝.对青少年100 m速度的研究及提高成绩的对策［J］.山西财经 大学学报,2010(2):315-317.

［76］吴向明.对田径运动短跑速度训练的方法学研究［J］.成都体育学院学 报,2003(6):54-57.

［77］苑玲伟,董慧娟.BIODEX-Ⅱ型等速测力仪检测男性短跑选手各关节肌 力的灰色关联分析［J］.中国组织工程研究与临床康复,2008(42): 8299-8302.

［78］李双成.短跑的助力训练和阻力训练［J］.北京体育大学学报,2003 （1）:130-131.

［79］马勇占,王培广.对100 m跑血乳酸变化特征及速度训练方法的初步研 究［J］.北京体育大学学报,2002(1):61-63.

［80］Balsom P D, Seger J Y, Sjodin B, et al. Maximal-intensity intermittent exercise: Effect of recovery duration［J］. International Journal of Sports Medicine, 1992(7): 528-533.

［81］Balsom P D, Gaitanos G C, Ekblom B, et al. Reduced oxygen availability during high intensity intermittentexercise impairs performance［J］. Acta Physiologica Scandinavica, 1994(3): 279-285.

［82］Bishop D, Spencer M, Duffield R, Lawrence S. The validity of a repeated

sprint ability test[J]. Journal of Science and Medicine in Sport, 2001(1):
19-29.

[83] Crowther G J, Kemper W F, Carey M F, et al. Control of glycolysis in
contracting muscle. 1. Turning it off[J]. American Journal of Physiology,
2002(1):74-79.

[84] Majdell R, Alexander M J L. The effect of overspeed training on kinematic
variables in sprinting[J]. Journal of Human Movement Studia, 1991(21):
19-39.

[85] Suominen T H, Korhonen M T, Alén M, et al. Effects of a 20-week high-
intensity strength and sprinttraining program on tibial bone structure and
strength in middle-aged and older male sprint athletes: A randomized
controlled trial[J]. Osteoporosis International, 2007(28), 2663-2669.

[86] Wilson G J, Newton R U, Murphy A J, et al. The optimal training load for
the development of dynamic athletic performance[J]. Medicine & Science
in Sports Exercice, 1993(11):1279-1286.

[87] Delecluse C, Van Coppenolle H, Willems E, et al. Influence of high-
resistance and high-velocity training on sprint performance[J]. Medicine &
Science in Sports & Exercice, 1995(8):1203-1209.

[88] Tidow G. Muscular adaptations induced by training and detraining: A
review of biopsy studies[J]. New Studies in Athletics, 1995(2):47-56.

[89] Majdell R, Alexander M J L. The effect of overspeed training on kinematic
variables in sprinting [J]. Journal of Human Movement Studies, 1991
(21):19-39.

[90] Haugen T, Buchheit M. Sprint running performance monitoring: Methodo-
logical and practical considerations [J]. Sports Medicine, 2016 (5):
641-656.

[91] Tøien T, Pedersen Haglo H, Unhjem R J, et al. Maximal strength
training: the impact of eccentric overload[J]. Journal of Neurophysiol,

2018(6): 2868-2876.

[92] Schoenfeld B J. The mechanisms of muscle hypertrophy and their application to resistance training[J]. Journal of Strength and Conditioning Research, 2010(10): 2857-2872.

[93] Edge J, Bishop D, Hill-Haas S, Goodman C. The influence of training status on muscle buffer capacity [J]. European Journal of Applied Physiology, 2006(16): 225-234.

[94] Bogdanis G C, Nevill M E, Boobis L H, et al. Contribution of phosphocreatine and aerobic metabolism to energy supply during repeated sprint exercise[J]. Journal of Applied Physiology, 1996(3): 876-884.

[95] Bloomquist K, Langberg H, Karlsen S, et al. Effect of range of motion in heavy load squatting on muscle and tendon adaptations[J]. Journal of Applied Physiology, 2013(8): 2133-2140.

[96] Murray B, Rosenbloom C. Fundamentals of glycogen metabolism for coaches and athletes[J]. Nutrition Reviews, 2018(4): 243-259.

[97] 余维立. 关于中国短跑运动力量训练问题的思考[J]. 体育科研, 1995 (3):1-6.

[98] 余维立. 对田径训练理念的认识与探讨[J]. 北京体育大学学报, 2017 (6):94-98.

[99] 谢慧松, 刘胜兵. 百米专项速度的理论层次构建[J]. 北京体育大学学报, 2008(9):1276-1278.

[100] 马秀杰, 刘昆, 周纯. 跑的专门性练习与短跑途中跑下肢肌电贡献特征的对比研究[J]. 成都体育学院学报, 2013(5):74-78.

[101] 王俊平. 短跑伸髋高摆鞭打技术探析[J]. 内蒙古师范大学学报(自然科学汉文版), 2016(6):895-896.

[102] 王润斌. 古奥运会短跑距离论释[J]. 中国体育科技, 2018(2):128-137.

[103] 王志强, 罗跃兵, 邱爱华. 对短跑新技术理论的综述与分析[J]. 武汉体育学院学报, 1997(3):44-47.

[104] 孙为民, 王国强. 着地缓冲对中国男子短跑途中跑技术的影响[J]. 北

京体育大学学报,2008(3):425-427.

[105] 谢慧松. 中外优秀男子百米分段速度的研究[J]. 北京体育大学学报,
2005(3):407-409.

[106] 骆建. 论 100 m 途中跑后蹬腿和摆动腿的结构特点与后蹬技术[J]. 成
都体育学院学报,1999(1):30-34.

[107] 姜迪,郭文俊,袁鹏. 力量素质促进女子短跑运动员专项技术完善的
相关分析[J]. 成都体育学院学报,2013(9):73-76.

[108] 骆建. 对中国男子短跑途中跑技术落后原因的探讨[J]. 成都体育学
院学报,2000(6):87-90.

[109] 徐开春. 试论现代短跑技术的发展趋向[J]. 中国体育科技,1998(2):
14-16.

[110] 沈红斌,张夏. 当代短跑技术的发展趋势[J]. 北京体育学院学报,
1992(2):80-85.

[111] 王世雄,姜成宏. 现代短跑"屈蹬式"与传统"后蹬型"技术的比较分析
[J]. 体育科研,1992(4):20-23.

[112] 胡柏平,吕彦平. 股后肌群在短跑中的作用[J]. 中国体育科技,1993
(8):36-38.

[113] 宫本庄. 通过下肢肌电观察对部分短跑专门力量练习的分析[J]. 体
育科学,1993(5):40-43.

[114] Ae M, Muraki Y, Koyama H, et al. Biomechanical method to establish a
standard motion and identify critical motion by motion variability: With
examples of high jump and sprint running[J]. Bulletin of Institute of
Health & Sports Sciences, 2007(30): 5-12.

[115] Rabita G, Dorel S, Slawinski J, et al. Sprint mechanics in world-class
athletes: A new insight into the limits of human locomotion [J].
Scandinavian Journal of Medicine & Science in Sports, 2015 (5):
583-594.

[116] Gander R E, McClements J D, Sanderson L K, et al. Sprint start

instrumentation[J]. IEEE Transactions on Instrumentation and Measurement,
1994(4): 637-643.

[117] 柴国荣,高连峰.世界优秀100 m运动员起跑反应时研究[J].北京体
育大学学报,2012(4):122-124.

[118] 李平,魏晓光.对提高短跑放松能力因素的探讨[J].体育与科学,
1998(6):20-22.

[119] 骆建.短跑途中跑着地缓冲技术的生物学特点及作用[J].成都体育
学院学报,2000(2):59-62.

[120] 姜自立,李庆,曹人天.对现代短跑技术若干问题的重新审视[J].体
育学刊,2016(4):6-11.

[121] 王志强,罗跃兵,邱爱华.对短跑新技术理论的综述与分析[J].武汉
体育学院学报,1997(3):44-47.

[122] 李铁录."主客观评定法"在田径短跑技术教学中的应用[J].北京体
育大学学报,2001(3):402-404.

[123] 王健.国外优秀男子短跑运动员100 m跑速度的动态分析[J].武汉体
育学院学报,2006(5):89-92.

[124] 詹建国,戴兴鸿,周伟.中国优秀女子短跑选手陶宇佳后程加速能力
的研究[J].北京体育大学学报,2013(8):117-121.

[125] 程其练,窦榕滨,李宏明,等.论人类速度极限——初揭创造短跑世界
纪录牙买加运动员博尔特的秘诀[J].江西师范大学学报(自然科学
版),2009(3):376-378.

[126] 谢慧松,刘胜兵.100 m专项速度的理论层次构建[J].北京体育大学
学报,2008(9):1276-1278.

[127] 苑廷刚,王国杰,姜自立,等.2018年上海钻石联赛苏炳添最后10m冲
刺视频全景技术分析及苏炳添进步的启示[J].北京体育大学学报,
2019(1):147-156.

[128] 宋小凤.田径短跑成绩变化趋势动态预测仿真研究[J].计算机仿真,
2016(10):417-420.

［129］穆雪莲.基于 OpenSim 对短跑起跑后第一步下肢肌肉工作特点的研究［D］.北京:北京体育大学,2019.

［130］曾博谦.短跑运动员步幅的数学建模分析［J］.数学通报,2016(6):50-52.

［131］邓万金,管莹莹.博尔特现象的运动训练哲学思考［J］.山东体育科技,2013(1):45-48.

［132］邢瑜.基于精确分段计时的优秀短跑训练理论与实践［J］.成都体育学院学报,2014(6):51-56.

［133］Hunter J P, Marshall R N, McNair P J. Relationships between ground reaction force impulse and kinematics of sprint-running acceleration［J］. Journal of Applied Biomechanics, 2005(1): 31-43.

［134］王志强.短跑途中跑支撑摆动动作系统研究［J］.首都体育学院学报,2012(6):569-572.

［135］Weyand P G, Sternlight D B, Bellizzi M J, et al. Faster top running speeds are achieved with greaterground forces not more rapid leg movements［J］. Journal of Applied Physiology, 2000(5): 1991-1999.

［136］王保成,严波涛,张伯强.100 米跑的速度结构模式及其提高成绩的训练途径研究［J］.体育科学,1994(5):36-43.

［137］艾康伟.世界优秀 100 m 短跑选手的速度特征［J］.中国体育科技,1999(4):37-40.

［138］姚卫宇.影响短跑起跑速度的若干因素分析［J］.成都体育学院学报,2003(4):41-43.

［139］McFarlane B. Sport-specific: A basic and advanced technical model for speed［J］. Strength and Conditioning Journal, 1993(5): 57-62.

［140］曾理,田逢盛.短跑运动员赛时心理状态核心要素量表研制与应用［J］.北京体育大学学报,2010(10):65-68.

［141］李玲,方程.短跑运动员赛前失眠的心理因素研究［J］.武汉体育学院学报,2007(12):35-38.

[142] 孙达平,傅彬.短跑运动员的心理训练[J].中国体育科技,1992(2):32-35.

[143] 刘建平,朱继红.短跑运动员心理选材探讨[J].武汉体育学院学报,1993(3):114-116.

[144] 张小兵.浅析青少年短跑运动员的心理训练[J].山西师大学报(社会科学版),2011(1):165-166.

[145] 王亚男.影响短跑运动员起跑的心理因素分析[C].北京:中国体育科学学会,2013:562.

[146] 郭强.短跑训练中应注重心理因素的影响[J].沈阳体育学院学报,2000(8):89-92.

[147] 郭恩次.短跑运动员赛前不良心理及其调节[C].北京:中国体育科学学会,2013:480.

[148] Grimm S, Schmidt C F, Bermpohl F, et al. Segregated neural representation of distinct emotion dimensions in the prefrontal cortex-an fMRI study[J]. NeuroImage, 2006(30): 325-340.

[149] Bergomi C, Tschacher W, Kupper Z. Meditation practice and self-reported mindfulness: A cross-sectional investigation of meditators and non-meditators using the comprehensive inventory of mindfulness experiences (CHIME)[J]. Mindfulness, 2015(6): 1411-1421.

[150] 祝大鹏,王凯军.运动心理咨询的态度与选择:基于选手的视角[J].武汉体育学院学报,2018(12):95-100.

[151] Abler B, Walter H, Erk S, et al. Prediction error as a linear function of rewardprobability is coded in human nucleus accumbens[J]. NeuroImage, 2006(31): 790-795.

[152] Birrer D, Morgan G. Psychological skills trainings as a way to enhance an athlete's performance in high-intensity sports[J]. Scandinavian Journal of Mechcine & Science in Sports, 2010(20): 78-87.

[153] Brown K W, Ryan R M. The benefits of being present: Mindfulness and

its role in psychological well-being[J]. Journal of Personality and Social Psychology, 2003(4): 822-848.

[154] 刘菁.陕西省高校男子短跑运动员专项心理能力与运动成绩的相关研究——兼论专项心理能力选材指标体系和评价标准的建立[D].兰州:西北师范大学,2004.

[155] 殷怀刚,陆东东.高尔夫球选手核心竞技能力的特征及评价[J].成都体育学院报,2018(2):75-79.

[156] 黄竹杭,杨雪芹,徐湘.构建以战术意识为核心的足球竞技能力结构[J].北京体育大学学报,2008(9):1269-1272.

[157] 曲伯霖.现代篮球中锋运动员核心竞技能力的研究[D].长春:吉林体育学院,2013.

[158] 夏娇阳.优秀短距离速度滑冰运动员核心竞技能力训练理论体系与实证研究[D].北京:北京体育大学,2007.

[159] 范凯斌.射箭运动核心竞技力研究[J].体育文化导刊,2009(8):58-60.

[160] 李建涛.田径中跑项目运动员核心竞技能力结构与评价研究[J].广州体育学院学报,2011(3):78-83.

[161] 李宗浩,孙敬,张欣,等.高水平排球队核心竞技能力、制胜规律及其对策研究[J].北京体育大学学报,2008(7):865-867.

[162] 邓运龙.认识与发展核心竞技能力[J].吉林体育学院学报,2010(3):1-4.

[163] 石磊.备战东京奥运会国家田径队短距离跑重点集训队员赛前及赛中体能调控研究[C].北京:中国体育科学学会,2019:2162.

[164] 陶然.中国优秀男子短跑运动员下肢关节力矩研究[C].北京:中国体育科学学会,2017:100.

[165] 李静.短跑运动员体能训练方法与手段[C].北京:中国体育科学学会,2016:270.

[166] 赵鲁南,赵曼.竞技体育国际竞争力评价指标体系构建研究[J].北京体育大学学报,2018(1):102-108.

［167］张廷晓.非奥运项目可持续发展评价指标体系构建研究［J］.武汉体育学院学报,2018(10):88-94.

［168］马丹.中国优秀体育舞蹈选手竞技能力可拓学评价模型的构建［D］.北京:北京体育大学,2019.

［169］丁花阳,汪君民.有氧及复合运动对单纯性肥胖青少年身体形态和生化指标影响［J］.中国学校卫生,2017(12):1859-1862.

［170］陈文佳,章碧玉,张建虎.中国男子短跑后备人才专项体能素质与100 m成绩的关联性研究［J］.成都体育学院学报,2019(4):85-90.

［171］李龙,杜翠娟.对中国田径项群类项目优秀男子运动员身体形态的比较研究［J］.体育科学,2004(6):29-32.

［172］Ross A, Leveritt M, Riek S. Neural influences on sprint running: Training adaptations and acute responses［J］. Sports Medicine, 2001 (11): 409-425.

［173］李小兵.伦敦奥运会田径运动员身体形态与参赛年龄分析［J］.体育文化导刊,2013(7):70-73.

［174］刘芳,袁革.中外优秀男子100 m运动员身体形态、步长、步频与最好成绩特征分析［J］.成都体育学院学报,2012(8):59-62.

［175］王荣辉,任弘,林晞.中国跳水选手的身体机能与素质特征［J］.北京体育大学学报,2007(8):1054-1056.

［176］过平江.浙江省少年田径竞赛中建立身体形态测评制度的效应评价［J］.中国体育科技,2003(10):48-50.

［177］Nevill A M. Atkinson G, Hughes, Cooper S M. Statistical methods for analysing discrete and catego? Rical data recorded in sport performance and notation analyses［J］. Journal of Sports Sciences, 2002 (20): 829-844.

［178］高玲.中国优秀男子100 m跑运动员发展现状研究［D］.武汉:湖北大学,2014.

[179] 赵鑫,张健.第13届世界田径锦标赛男子100 m短跑项目运动员的年龄、身体形态及竞技表现研究[J].中国体育科技,2012(3):33-38.

[180] 王倩,任占兵.世界优秀男子短跑运动员的竞技特征[J].广州体育学院学报,2005(5):95-97.

[181] 周财亮,任弘,李红娟,等.北京市部分社区老年人身体素质与生命质量的关联[J].中国运动医学杂志,2018(3):237-240.

[182] 王倩丽.短跑运动员采用200米+200米训练方案时不同间歇时间的生理机能变化[D].上海:上海体育学院,2019.

[183] 周文福,詹建国.中国优秀男子撑竿跳高选手复合性专项身体素质结构的理论构建[J].北京体育大学学报,2014(9):133-138.

[184] 刘兰娟,司虎克,刘成.全民健身上升为国家战略的历史演进与现实动因分析[J].南京体育学院学报(社会科学版),2016(3):17-25.

[185] 魏惠琳,王寅博,邱招义.短距离速度滑冰竞技能力研究进展与发展趋势[J].北京体育大学学报,2019(10):128-138.

[186] 宸铮,尹军,王姣姣.国家游泳队身体运动功能训练实证研究[J].体育学刊,2019(2):131-136.

[187] 郑湘平,袁卫华,孙伟,等.中国女子体操运动员专项身体素质评价指标体系的构建[J].首都体育学院学报,2019(1):80-85.

[188] 胡好,王卫星,王林.中国20 km优秀竞走运动员体能训练结构研究[J].北京体育大学报,2011(4):120-123.

[189] 王超懿,邹晓峰,朱寒笑,等.目标大小对单臂和双臂动作控制特点的影响[J].天津体育学院学报,2019(3):243-249.

[190] 冯毅.小腿附加质量作用下短跑途中跑的生物力学研究[D].上海:上海体育学院,2018.

[191] 邵伟德,李启迪,刘忠武.运动技术教学原理构建[J].体育学刊,2013(2):9-14.

[192] 严波涛,王清.运动生物力学能量学研究进展[J].体育科学,2009(4):69-75.

［193］魏书涛,刘宇,傅维杰,等.短跑运动控制的生物力学分析［J］.体育科学,2010(9):37-43.

［194］Hunter J P, Marshall R N, McNair P J. Relationships between ground reaction force impulse and kinematics of sprint-running acceleration［J］. Journal of Applied Biomechanics, 2005(1): 31-43.

［195］Brughelli M, Cronin J, Chaouachi A. Effects of running velocity on running kinetics and kinematics［J］. Journal of Strength and Conditioning Research, 2011(4): 933-939.

［196］Duthie G M, Pyne D B, Ross A A, et al. The reliability of 10 meter sprint time using different startingtechniques［J］. Journal of Strength and Conditioning Research, 2006(2): 246-251.

［197］姜自立,苑廷刚,王国杰,等.2017 年第 13 届全运会男子 100 m 决赛运动员关键技术特征研究［J］.中国体育科技,2018(6):109-117.

［198］王卫星.体能训练与实践［M］.北京:高等教育出版社,2012.

附　录

专家、教练员访谈提纲

尊敬的_____专家：

您好！我是北京体育大学的博士研究生，现正在进行《中国优秀男子100 m短跑选手核心竞技能力特征研究》学位论文的资料收集工作，特就100 m短跑项目的相关问题向您咨询。感谢您的支持与大力配合，对您的帮助表示由衷的感谢！

1. 您认为中国男子100 m短跑项目在近年来取得阶段性突破，其原因有哪些方面？

2. 您认为100 m短跑项目的核心竞技能力特征表现在哪些方面？其中哪些是核心要素？

3. 您认为中国优秀男子100 m短跑选手核心竞技能力构成包括哪些要素？100 m短跑项目训练的核心内容体现在哪些层面？

4. 请您谈谈对100 m短跑项目在核心竞技能力特征与构成研究价值的认识。

5. 您认为中国优秀男子100 m短跑选手在体能、技能和心理方面的训练特点是什么？

6. 您认为目前中国优秀男子100 m短跑选手的整体训练理念和传统的训练理念有什么不同点？

7. 您认为中国优秀男子100 m短跑选手与世界顶级100 m短跑选手在

哪些层面仍存在较大差距？如何发挥自身优势与国外优秀 100 m 短跑选手抗衡？

8. 依据中国 100 m 短跑项目的发展，您认为能否继续实现突破？请您提供一些突破的建设性建议与策略。

9. 您执教的 100 m 短跑项目可以从哪个项目中汲取训练经验，或者您执教的 100 m 短跑项目能够为哪个项目提供竞技能力与训练经验的升华？

10. 您执导的 100 m 短跑项目训练内容、方法、手段都有哪些？

11. 您的大周期训练计划、周课训练计划等是如何安排的？每个训练周期是如何安排的？

12. 您认为中国优秀男子 100 m 短跑选手的训练安排都有哪些？

外籍教练员访谈提纲

Dear Expert/Professor, (　　)

Hello! We are carrying out the "100 m sprint project special sports characteristics and special ability composition law" research work, and need your questionnaire consultation on the relevant issues. Your answers will play an important role in the study of this topic, and please fill out the questionnaire in your busy schedule and make valuable comments or suggestions. Your answers are for academic research purposes only and will not be used for any other purpose. Sincerely thank you for your support!

1. Outline coaches personal basic information (omitted).

2. What do you think are the special sports features of your 100 m sprint project and which of them are the core elements?

3. What elements do you think include the special ability composition of your 100 m sprint project? What are the core contents of the training of 100 m sprint project?

4. Please talk about your understanding of the research value of 100 m sprint project of special sports characteristics and special ability composition.

5. According to the development of China's 100 m sprint project, whether you can continue to achieve a breakthrough? Please provide some constructive suggestions and strategies.

调查问卷专家效度评价表

尊敬的＿＿＿＿＿＿＿专家：

您好！我是北京体育大学中国田径运动学院的博士研究生，目前正在开展《中国优秀男子100 m短跑选手核心竞技能力特征研究》学位论文相关的调研工作，特就100 m短跑项目的相关问题向您咨询。感谢您的支持与大力配合，对您的帮助表示由衷感谢！

一、您的基本情况

姓名（　　　　　），工作单位（　　　　　　　　　　　　），

年龄（　　　　　），

职称（　　　　　）

（1）教授　（2）副教授　（3）国家级教练员　（4）高级教练员

二、问卷效度检验

问题	选项				
您认为问卷的问题都与本课题研究相关吗？	非常相关	相关	基本相关	不太相关	无关
您认为问卷的问题是否概括了本课题要研究的内容？	高度概括	概括	基本概括	不太概括	没概括
您认为问卷设计的合理程度如何？	非常合理	合理	基本合理	不太合理	不合理

三、补充性建议

_____

_____

感谢您对此次问卷调查的支持与理解!

专家第一轮指标筛选问卷

尊敬的_____专家:

您好!我是北京体育大学中国田径运动学院的博士研究生,目前正在开展《中国优秀男子100 m 短跑选手核心竞技能力特征研究》学位论文的相关调研工作,特就中国优秀男子100 m 短跑选手核心竞技能力特征研究的相关问题向您咨询。您是这方面的专家,您的回答对本课题的研究将具有重要作用,期盼您能在百忙中填写该问卷并提出您宝贵的意见和建议。您的回答仅作为学术研究之用,不做其他用途。

衷心感谢您的配合!

相关概念解释

短跑是田径竞赛项目中的一类,一般包括50 m 跑、60 m 跑、100 m 跑、200 m 跑、400 m 跑、110 m 跨栏跑、100 m 跨栏跑、400 m 跨栏跑、4×100 m 接力跑、4×400 m 接力跑等,其运动特性是人们同时以最快的速度,在田径跑道上跑完规定的距离,并以最快速度跑完者为获胜方。

答题说明

选择题请将所选项目加注颜色或打钩,填答题请在空白处填写相应内容。

一、您的个人基本情况

1. 您的姓名:_____

2. 您的职称:_____

3. 您执教的运动项目或理论课程或从事的具体工作:_____

4. 您的工作单位：_____

5. 您的联系方式：_____

6. 是否硕导：□是　　　□否

7. 是否博导：□是　　　□否

二、关于 100 m 短跑项目理论与实践价值的基本认识

1. 您认为 100 m 短跑项目在综合运动会中的重要程度是：

A. 非常重要；　B. 重要；　C. 一般；　D. 不重要；　E. 很不重要

2. 您认为对 100 m 短跑项目进行专项能力特征方面的研究：

A. 很有意义；　B. 有意义；　C. 一般；　D. 没意义；　E. 很没意义

3. 您认为对 100 m 短跑项目进行核心竞技能力特征方面的研究价值体现在哪些方面（可多选）：

A. 能够丰富 100 m 短跑项目的专项理论体系；

B. 能够拓宽 100 m 短跑项目的研究视域；

C. 能够为 100 m 短跑运动员的专项训练实践提供现实依据；

D. 能够为 100 m 短跑项目的管理人员、科研人员等提供思路；

E. 能够进一步创新当前 100 m 短跑项目的训练理念；

F. 验证 100 m 短跑项目运动员之间在专项能力特征及其构成因素方面有无共性；

G. 其他（请说明）_____

三、关于中国优秀男子 100 m 短跑选手核心竞技能力特征指标体系的认识

1. 将评判 100 m 短跑项目核心竞技能力特征的一级指标确定为以下因素，您的意见是：

专项能力	认可程度判别				
体能特征	非常认可	比较认可	一般	不太认可	很不认可
技术能力特征	非常认可	比较认可	一般	不太认可	很不认可
战术能力特征	非常认可	比较认可	一般	不太认可	很不认可
心理能力特征	非常认可	比较认可	一般	不太认可	很不认可
运动智能特征	非常认可	比较认可	一般	不太认可	不太认可
其他（请说明）					

2.关于中国优秀男子 100 m 短跑选手核心竞技能力影响因素的认识（请紧密结合竞速项目填答）：

序号	初选的专项能力影响因素	认可程度判别				
1	运动员自身竞技能力	非常认可	认可	一般	不认可	很不认可
2	运动员的竞技状态	非常认可	认可	一般	不认可	很不认可
3	运动员的比赛发挥	非常认可	认可	一般	不认可	很不认可
4	教练员的执教水平	非常认可	认可	一般	不认可	很不认可
5	围绕运动员的科技服务	非常认可	认可	一般	不认可	很不认可
6	运动员医疗损伤防治水平	非常认可	认可	一般	不认可	很不认可
7	管理人员的服务与管理策略	非常认可	认可	一般	不认可	很不认可
8	裁判员的职业道德素养	非常认可	认可	一般	不认可	很不认可
9	政策资金扶持力度	非常认可	认可	一般	不认可	很不认可
10	运动员服装的科技含量	非常认可	认可	一般	不认可	很不认可
11	运动器材的科技含量	非常认可	认可	一般	不认可	很不认可
12	运动营养膳食的均衡性	非常认可	认可	一般	不认可	很不认可
13	竞赛场地的适宜性	非常认可	认可	一般	不认可	很不认可
14	空气气候的适宜性	非常认可	认可	一般	不认可	很不认可
15	赛场观众	非常认可	认可	一般	不认可	很不认可
16	社会关注度	非常认可	认可	一般	不认可	很不认可
17	裁判水平高低	非常认可	认可	一般	不认可	很不认可
18	竞赛规则的变化	非常认可	认可	一般	不认可	很不认可
19	对手教练员的执教水平	非常认可	认可	一般	不认可	很不认可
20	对手实力高低	非常认可	认可	一般	不认可	很不认可
21	对手服装、器材、膳食等准备的充足性	非常认可	认可	一般	不认可	很不认可
22	其他(请说明)					

四、关于中国优秀男子 100 m 短跑选手核心竞技能力特征构成要素指标的认识

1.将评判中国优秀男子 100 m 短跑选手核心竞技能力构成要素指标的一级指标确定为以下方面,您的意见是:

序号	初选指标	赞同程度判别				
1	身体形态指标	非常赞同	赞同	一般	不赞同	很不赞同
2	生理机能	非常赞同	赞同	一般	不赞同	很不赞同
3	身体素质	非常赞同	赞同	一般	不赞同	很不赞同
4	技术能力	非常赞同	赞同	一般	不赞同	很不赞同
5	战术能力	非常赞同	赞同	一般	不赞同	很不赞同
6	运动智能	非常赞同	赞同	一般	不赞同	很不赞同
7	其他(请说明)					

2. 上述中国优秀男子100 m 短跑选手身体形态的一级评判指标包括下述二级及其涵盖的三级评判指标,您对这些二级指标和三级指标的意见是:

序号	二级指标	三级指标	赞同程度判别				
1	长度	身高	非常赞同	赞同	一般	不赞同	很不赞同
2		下肢长	非常赞同	赞同	一般	不赞同	很不赞同
3		足长	非常赞同	赞同	一般	不赞同	很不赞同
4		跟腱长	非常赞同	赞同	一般	不赞同	很不赞同
5		足弓高	非常赞同	赞同	一般	不赞同	很不赞同
6		上肢长	非常赞同	赞同	一般	不赞同	很不赞同
7		(下肢长 B – 小腿长 A)/小腿长 $A \times 100$	非常赞同	赞同	一般	不赞同	很不赞同
8	宽度	髂宽/肩宽$\times 100$	非常赞同	赞同	一般	不赞同	很不赞同
9		髂宽/髋宽$\times 100$	非常赞同	赞同	一般	不赞同	很不赞同
10	围度	踝围/跟腱长$\times 100$	非常赞同	赞同	一般	不赞同	很不赞同
11		小腿紧张围(优势侧)	非常赞同	赞同	一般	不赞同	很不赞同
12	充实度	体重	非常赞同	赞同	一般	不赞同	很不赞同
13		克托莱指数	非常赞同	赞同	一般	不赞同	很不赞同
14		体脂百分比	非常赞同	赞同	一般	不赞同	很不赞同
15		BMI	非常赞同	赞同	一般	不赞同	很不赞同

3. 上述中国优秀男子 100 m 短跑选手生理机能的一级评判指标包括下述二级及其涵盖的三级评判指标,您对这些二级指标和三级指标的意见是:

序号	二级指标	三级指标	赞同程度判别				
1	有氧能力评定	肺活量	非常赞同	赞同	一般	不赞同	很不赞同
2		每分通气量	非常赞同	赞同	一般	不赞同	很不赞同
3		最大摄氧量	非常赞同	赞同	一般	不赞同	很不赞同
4	心血管系统	心率	非常赞同	赞同	一般	不赞同	很不赞同
5		血压	非常赞同	赞同	一般	不赞同	很不赞同
6	泌尿系统	尿酮体	非常赞同	赞同	一般	不赞同	很不赞同
7		胆红素(UBIL)	非常赞同	赞同	一般	不赞同	很不赞同
8		尿酸碱度检查	非常赞同	赞同	一般	不赞同	很不赞同
9		尿蛋白定型试验	非常赞同	赞同	一般	不赞同	很不赞同
10	循环系统	血红蛋白(HGB)	非常赞同	赞同	一般	不赞同	很不赞同
11		红细胞比容	非常赞同	赞同	一般	不赞同	很不赞同
12		血小板	非常赞同	赞同	一般	不赞同	很不赞同
13		平均红细胞体积	非常赞同	赞同	一般	不赞同	很不赞同
14		平均红细胞血红蛋白量	非常赞同	赞同	一般	不赞同	很不赞同
15		红细胞平均血红蛋白浓度	非常赞同	赞同	一般	不赞同	很不赞同
16		红细胞体积分布宽度	非常赞同	赞同	一般	不赞同	很不赞同
17		血小板压积	非常赞同	赞同	一般	不赞同	很不赞同
18		平均血小板体积	非常赞同	赞同	一般	不赞同	很不赞同
19		血小板体积分布宽度	非常赞同	赞同	一般	不赞同	很不赞同
20	免疫系统	白细胞(WBC)	非常赞同	赞同	一般	不赞同	很不赞同
21	内分泌系统	血清睾酮(T)	非常赞同	赞同	一般	不赞同	很不赞同
22		血清皮质醇	非常赞同	赞同	一般	不赞同	很不赞同
23	肌肉负荷反应	磷酸肌酸激酶(稀释10倍后)	非常赞同	赞同	一般	不赞同	很不赞同
24		磷酸肌酸激酶	非常赞同	赞同	一般	不赞同	很不赞同
25		血尿素氮	非常赞同	赞同	一般	不赞同	很不赞同

4.上述中国优秀男子100 m短跑选手身体素质的一级评判指标包括下述二级及其涵盖的三级评判指标,您对这些二级指标和三级指标的意见是:

序号	二级指标	三级指标	赞同程度判别				
1	速度素质	蹲踞式起跑30 m	非常赞同	赞同	一般	不赞同	很不赞同
2		蹲踞式起跑60 m	非常赞同	赞同	一般	不赞同	很不赞同
3		站立式30 m跑	非常赞同	赞同	一般	不赞同	很不赞同
4		行进间30 m跑	非常赞同	赞同	一般	不赞同	很不赞同
5	速度素质	行进间60 m跑	非常赞同	赞同	一般	不赞同	很不赞同
6		站立式150 m跑	非常赞同	赞同	一般	不赞同	很不赞同
7		站立式300 m跑	非常赞同	赞同	一般	不赞同	很不赞同
8		30 m跑格(格间距80cm)	非常赞同	赞同	一般	不赞同	很不赞同
9	耐力素质	Yoyo间歇性耐力测试	非常赞同	赞同	一般	不赞同	很不赞同
10		1000 m跑	非常赞同	赞同	一般	不赞同	很不赞同
11		越野跑	非常赞同	赞同	一般	不赞同	很不赞同
12		法特莱克跑	非常赞同	赞同	一般	不赞同	很不赞同
13	力量素质	半蹲	非常赞同	赞同	一般	不赞同	很不赞同
14		保加利亚深蹲	非常赞同	赞同	一般	不赞同	很不赞同
15		连续快速抓举	非常赞同	赞同	一般	不赞同	很不赞同
16		挺举	非常赞同	赞同	一般	不赞同	很不赞同
17		杠铃卧推	非常赞同	赞同	一般	不赞同	很不赞同
18		负重杠铃A字跳	非常赞同	赞同	一般	不赞同	很不赞同
19		弓步蹲	非常赞同	赞同	一般	不赞同	很不赞同
20		立定跳远	非常赞同	赞同	一般	不赞同	很不赞同
21		立定三级跳远	非常赞同	赞同	一般	不赞同	很不赞同
22		跳箱	非常赞同	赞同	一般	不赞同	很不赞同
23		平板支撑	非常赞同	赞同	一般	不赞同	很不赞同
24		单、双腿跨栏跳	非常赞同	赞同	一般	不赞同	很不赞同
25		立定十级跳	非常赞同	赞同	一般	不赞同	很不赞同
26		握力	非常赞同	赞同	一般	不赞同	很不赞同
27		深蹲	非常赞同	赞同	一般	不赞同	很不赞同

序号	二级指标	三级指标	赞同程度判别				
28	力量素质	半蹲	非常赞同	赞同	一般	不赞同	很不赞同
29		前抛实心球	非常赞同	赞同	一般	不赞同	很不赞同
30		侧向转体推实心球	非常赞同	赞同	一般	不赞同	很不赞同
31		坐姿推药球	非常赞同	赞同	一般	不赞同	很不赞同
32		纵跳摸高	非常赞同	赞同	一般	不赞同	很不赞同
35	柔韧素质	坐位体前屈	非常赞同	赞同	一般	不赞同	很不赞同
36		横叉	非常赞同	赞同	一般	不赞同	很不赞同
37		纵叉	非常赞同	赞同	一般	不赞同	很不赞同
38	灵敏素质	20 m 后退跑	非常赞同	赞同	一般	不赞同	很不赞同
39		30 s 象限跳	非常赞同	赞同	一般	不赞同	很不赞同
40		快速交叉－后退跑	非常赞同	赞同	一般	不赞同	很不赞同
41		跨栏架(8 个)	非常赞同	赞同	一般	不赞同	很不赞同
42		30 s 立卧撑	非常赞同	赞同	一般	不赞同	很不赞同

5. 100 m 短跑项目的全程技术结构的具体划分中,中国优秀男子 100 m 短跑选手运动技术的一级评判指标包括下述二级及其涵盖的三级评判指标,您对这些二级指标和三级指标的意见是:

序号	二级指标	三级指标	赞同程度判别				
1	起跑技术	反应时	非常赞同	赞同	一般	不赞同	很不赞同
2		步长	非常赞同	赞同	一般	不赞同	很不赞同
3		步频	非常赞同	赞同	一般	不赞同	很不赞同
4		步长指数	非常赞同	赞同	一般	不赞同	很不赞同
5		步频指数	非常赞同	赞同	一般	不赞同	很不赞同
6		触地时间	非常赞同	赞同	一般	不赞同	很不赞同
7		腾空时间	非常赞同	赞同	一般	不赞同	很不赞同
8		支撑时间占比	非常赞同	赞同	一般	不赞同	很不赞同
9		腾空时间占比	非常赞同	赞同	一般	不赞同	很不赞同

续表

序号	二级指标	三级指标	赞同程度判别				
10	起跑后的加速跑	步长	非常赞同	赞同	一般	不赞同	很不赞同
11		步频	非常赞同	赞同	一般	不赞同	很不赞同
12		步长指数	非常赞同	赞同	一般	不赞同	很不赞同
13		步频指数	非常赞同	赞同	一般	不赞同	很不赞同
14		触地时间	非常赞同	赞同	一般	不赞同	很不赞同
15		腾空时间	非常赞同	赞同	一般	不赞同	很不赞同
16		支撑时间占比	非常赞同	赞同	一般	不赞同	很不赞同
17		腾空时间占比	非常赞同	赞同	一般	不赞同	很不赞同
18	途中跑	步长	非常赞同	赞同	一般	不赞同	很不赞同
19		步频	非常赞同	赞同	一般	不赞同	很不赞同
20		步长指数	非常赞同	赞同	一般	不赞同	很不赞同
21		步频指数	非常赞同	赞同	一般	不赞同	很不赞同
22		触地时间	非常赞同	赞同	一般	不赞同	很不赞同
23		腾空时间	非常赞同	赞同	一般	不赞同	很不赞同
24		支撑时间占比	非常赞同	赞同	一般	不赞同	很不赞同
25		腾空时间占比	非常赞同	赞同	一般	不赞同	很不赞同
26	终点跑	步长	非常赞同	赞同	一般	不赞同	很不赞同
27		步频	非常赞同	赞同	一般	不赞同	很不赞同
28		步长指数	非常赞同	赞同	一般	不赞同	很不赞同
29		步频指数	非常赞同	赞同	一般	不赞同	很不赞同
30		触地时间	非常赞同	赞同	一般	不赞同	很不赞同
31		腾空时间	非常赞同	赞同	一般	不赞同	很不赞同
32		支撑时间占比	非常赞同	赞同	一般	不赞同	很不赞同
33		腾空时间占比	非常赞同	赞同	一般	不赞同	很不赞同
34	全程总步数	—	非常赞同	赞同	一般	不赞同	很不赞同
35	分段速度	—	非常赞同	赞同	一般	不赞同	很不赞同
36	其他(请说明)						

6. 战术能力下的二级评判指标：

序号	初选的战术能力构成要素指标	赞同程度判别				
1	不同赛次的体力分配	非常赞同	赞同	一般	不赞同	很不赞同
2	注意力导向	非常赞同	赞同	一般	不赞同	很不赞同
3	战术规则运用情况	非常赞同	赞同	一般	不赞同	很不赞同
4	专项战术知识储备	非常赞同	赞同	一般	不赞同	很不赞同
5	制订专项战术策略	非常赞同	赞同	一般	不赞同	很不赞同
6	竞赛所需的专项战术风格	非常赞同	赞同	一般	不赞同	很不赞同
7	执行专项战术方案	非常赞同	赞同	一般	不赞同	很不赞同
8	专项战术运用情况	非常赞同	赞同	一般	不赞同	很不赞同
9	专项战术保密与隐蔽工作	非常赞同	赞同	一般	不赞同	很不赞同
10	其他（请说明）					

7. 心理能力下的二级评判指标：

序号	初选的专项心理构成要素指标	认可程度判别				
1	动作频率	非常认可	认可	一般	不太认可	很不认可
2	动作频率感	非常认可	认可	一般	不太认可	很不认可
3	肌肉用力感	非常认可	认可	一般	不太认可	很不认可
4	速度感	非常认可	认可	一般	不太认可	很不认可
5	运动注意	非常认可	认可	一般	不太认可	很不认可
6	意志品质	非常认可	认可	一般	不太认可	很不认可
7	运动动机	非常认可	认可	一般	不太认可	很不认可
8	自信心	非常认可	认可	一般	不太认可	很不认可
9	赛前情绪	非常认可	认可	一般	不太认可	很不认可
10	其他（请说明）					

8. 运动智能下的二级评判指标：

以体育科学常用量表的个别量表为编制题目的依据，择取运动想象、运动注意、运动感知、运动意志、运动思维、注意力、运动智能及运动记忆能力等8个指标以及通过瑞文标准推理测验、加德纳多元智能量表进行评价。

序号	初选的专项智能构成要素指标	认可程度判别				
1	运动想象	非常认可	认可	一般	不太认可	很不认可
2	运动注意	非常认可	认可	一般	不太认可	很不认可
3	运动感知	非常认可	认可	一般	不太认可	很不认可
4	运动意志	非常认可	认可	一般	不太认可	很不认可
5	运动思维	非常认可	认可	一般	不太认可	很不认可
6	注意力	非常认可	认可	一般	不太认可	很不认可
7	运动智能	非常认可	认可	一般	不太认可	很不认可
8	运动记忆能力	非常认可	认可	一般	不太认可	很不认可
9	瑞文标准推理测验	非常认可	认可	一般	不太认可	很不认可
10	加德纳多元智能量表	非常认可	认可	一般	不太认可	很不认可
11	其他(请说明)					

谢谢您的评价,感谢您的配合!

专家第二轮指标筛选问卷

尊敬的＿＿＿＿＿＿＿＿专家:

您好! 我是北京体育大学中国田径运动学院的博士研究生,目前正在开展《中国优秀男子 100 m 短跑选手核心竞技能力特征研究》学位论文的相关调研工作,特就中国优秀男子 100 m 短跑选手核心竞技能力特征研究的相关问题向您咨询。您是这方面的专家,您的回答对本课题的研究将具有重要作用,期盼您能在百忙中填写该问卷并提出您宝贵的意见和建议。您的回答仅作学术研究之用,不做其他用途。

衷心感谢您的配合!

相关概念解释

短跑是田径竞赛项目中的一类,一般包括 50 m 跑、60 m 跑、100 m 跑、200 m 跑、400 m 跑、110 m 跨栏跑、100 m 跨栏跑、400 m 跨栏跑、4×100 m 接力跑、4×400 m 接力跑等,其运动特性是人们同时以最快的速度,在田径跑道上跑完规定的距离,并以最快速度跑完者为获胜方。

答题说明

选择题请将所选项目加注颜色或打钩,填答题请在空白处填写相应内容。

一、您的个人基本情况

1. 您的姓名:＿＿＿＿＿＿＿＿＿＿＿＿＿＿＿＿＿＿＿＿＿

2. 您的职称:＿＿＿＿＿＿＿＿＿＿＿＿＿＿＿＿＿＿＿＿＿

3. 您执教的运动项目或理论课程或从事的具体工作:＿＿＿＿＿＿＿

4. 您的工作单位:＿＿＿＿＿＿＿＿＿＿＿＿＿＿＿＿＿＿＿

5. 您的联系方式:＿＿＿＿＿＿＿＿＿＿＿＿＿＿＿＿＿＿＿

6. 是否硕导:□是　　　□否

7. 是否博导:□是　　　□否

二、关于 100 m 短跑项目理论与实践价值的基本认识

1. 您认为 100 m 短跑项目在综合运动会中的重要程度是:

A. 非常重要;　B. 重要;　C. 一般;　D. 不重要;　E. 很不重要

2. 您认为对 100 m 短跑项目进行专项能力特征方面的研究:

A. 很有意义;　B. 有意义;　C. 一般;　D. 没意义;　E. 很没意义

3. 您认为对 100 m 短跑项目进行核心竞技能力特征方面的研究价值体现在哪些方面(可多选):

A. 能够丰富 100 m 短跑项目的专项理论体系;

B. 能够拓宽 100 m 短跑项目的研究视域;

C. 能够为 100 m 短跑运动员的专项训练实践提供现实依据;

D. 能够为 100 m 短跑项目的管理人员、科研人员等提供思路;

E. 能够进一步创新当前 100 m 短跑项目的训练理念;

F. 验证 100 m 短跑项目运动员之间在专项能力特征及其构成因素方面有无共性;

G. 其他(请说明)＿＿＿＿＿＿＿＿＿＿＿＿＿

三、关于中国优秀男子100 m短跑选手核心竞技能力特征指标体系的认识

1.将评判100 m短跑项目核心竞技能力特征的一级指标确定为以下因素,您的意见是:

专项能力	认可程度判别				
体能特征	非常认可	比较认可	一般	不太认可	很不认可
技术能力特征	非常认可	比较认可	一般	不太认可	很不认可
心理能力特征	非常认可	比较认可	一般	不太认可	很不认可
其他(请说明)					

2.关于中国优秀男子100 m短跑选手核心竞技能力影响因素的认识(请紧密结合竞速项目填答):

序号	竞技能力影响因素	认可程度判别				
1	运动员自身竞技能力	非常认可	认可	一般	不认可	很不认可
2	运动员的竞技状态	非常认可	认可	一般	不认可	很不认可
3	运动员的比赛发挥	非常认可	认可	一般	不认可	很不认可
4	教练员的执教水平	非常认可	认可	一般	不认可	很不认可
5	围绕运动员的科技服务	非常认可	认可	一般	不认可	很不认可
6	运动员医疗损伤防治水平	非常认可	认可	一般	不认可	很不认可
7	管理人员的服务与管理策略	非常认可	认可	一般	不认可	很不认可
8	裁判员的职业道德素养	非常认可	认可	一般	不认可	很不认可
9	政策资金扶持力度	非常认可	认可	一般	不认可	很不认可
10	运动员服装的科技含量	非常认可	认可	一般	不认可	很不认可
11	运动器材的科技含量	非常认可	认可	一般	不认可	很不认可
12	运动营养膳食的均衡性	非常认可	认可	一般	不认可	很不认可
13	竞赛场地的适宜性	非常认可	认可	一般	不认可	很不认可
14	空气气候的适宜性	非常认可	认可	一般	不认可	很不认可
15	赛场观众	非常认可	认可	一般	不认可	很不认可
16	社会关注度	非常认可	认可	一般	不认可	很不认可
17	裁判水平高低	非常认可	认可	一般	不认可	很不认可
18	竞赛规则的变化	非常认可	认可	一般	不认可	很不认可
19	对手教练员的执教水平	非常认可	认可	一般	不认可	很不认可

序号	竞技能力影响因素	认可程度判别				
20	对手实力高低	非常认可	认可	一般	不认可	很不认可
21	对手服装、器材、膳食等准备的充足性	非常认可	认可	一般	不认可	很不认可
22	其他(请说明)					

四、关于中国优秀男子100 m短跑选手核心竞技能力特征构成要素指标的认识

1. 将评判中国优秀男子100 m短跑选手核心竞技能力构成要素指标的一级指标确定为以下方面,您的意见是:

序号	指标	赞同程度判别				
1	身体形态	非常赞同	赞同	一般	不赞同	很不赞同
2	生理机能	非常赞同	赞同	一般	不赞同	很不赞同
3	身体素质	非常赞同	赞同	一般	不赞同	很不赞同
4	技术能力	非常赞同	赞同	一般	不赞同	很不赞同
5	心理能力	非常赞同	赞同	一般	不赞同	很不赞同
6	其他(请说明)					

2. 上述中国优秀男子100 m短跑选手身体形态的一级评判指标包括下述二级及其涵盖的三级评判指标,您对这些二级指标和三级指标的意见是:

序号	二级指标	三级指标	赞同程度判别				
1	长度	身高	非常赞同	赞同	一般	不赞同	很不赞同
2		下肢长	非常赞同	赞同	一般	不赞同	很不赞同
3		跟腱长	非常赞同	赞同	一般	不赞同	很不赞同
4		上肢长	非常赞同	赞同	一般	不赞同	很不赞同
5	宽度	髂宽/肩宽×100	非常赞同	赞同	一般	不赞同	很不赞同
6		髂宽/髋宽×100	非常赞同	赞同	一般	不赞同	很不赞同
7	围度	踝围/跟腱长×100	非常赞同	赞同	一般	不赞同	很不赞同
8		小腿紧张围(优势侧)	非常赞同	赞同	一般	不赞同	很不赞同
9	充实度	体重	非常赞同	赞同	一般	不赞同	很不赞同
10		克托莱指数	非常赞同	赞同	一般	不赞同	很不赞同
11		体脂百分比	非常赞同	赞同	一般	不赞同	很不赞同

3. 上述中国优秀男子 100 m 短跑选手生理机能的一级评判指标包括下述二级及其涵盖的三级评判指标，您对这些二级指标和三级指标的意见是：

序号	二级指标	三级指标	赞同程度判别				
1	有氧能力评定	肺活量	非常赞同	赞同	一般	不赞同	很不赞同
2		每分通气量	非常赞同	赞同	一般	不赞同	很不赞同
3		最大摄氧量	非常赞同	赞同	一般	不赞同	很不赞同
4	心血管系统	心率	非常赞同	赞同	一般	不赞同	很不赞同
5		血压	非常赞同	赞同	一般	不赞同	很不赞同
6	泌尿系统	尿酮体	非常赞同	赞同	一般	不赞同	很不赞同
7		胆红素（UBIL）	非常赞同	赞同	一般	不赞同	很不赞同
8		尿酸碱度检查	非常赞同	赞同	一般	不赞同	很不赞同
9		尿蛋白定型试验	非常赞同	赞同	一般	不赞同	很不赞同
10	循环系统	血红蛋白（HGB）	非常赞同	赞同	一般	不赞同	很不赞同
11		红细胞比容	非常赞同	赞同	一般	不赞同	很不赞同
12		血小板	非常赞同	赞同	一般	不赞同	很不赞同
13		平均红细胞体积	非常赞同	赞同	一般	不赞同	很不赞同
14		平均红细胞血红蛋白量	非常赞同	赞同	一般	不赞同	很不赞同
15							
16		红细胞平均血红蛋白浓度	非常赞同	赞同	一般	不赞同	很不赞同
17							
18		红细胞体积分布宽度	非常赞同	赞同	一般	不赞同	很不赞同
19		血小板压积	非常赞同	赞同	一般	不赞同	很不赞同
		平均血小板体积	非常赞同	赞同	一般	不赞同	很不赞同
		血小板体积分布宽度	非常赞同	赞同	一般	不赞同	很不赞同
20	免疫系统	白细胞（WBC）	非常赞同	赞同	一般	不赞同	很不赞同
21	内分泌系统	血清睾酮（T）	非常赞同	赞同	一般	不赞同	很不赞同
22		血清皮质醇	非常赞同	赞同	一般	不赞同	很不赞同
23	肌肉负荷反应	磷酸肌酸激酶（稀释 10 倍后）	非常赞同	赞同	一般	不赞同	很不赞同
24		磷酸肌酸激酶	非常赞同	赞同	一般	不赞同	很不赞同
25		血尿素氮	非常赞同	赞同	一般	不赞同	很不赞同

4. 上述中国优秀男子 100 m 短跑选手身体素质的一级评判指标包括下述二级及其涵盖的三级评判指标,您对这些二级指标和三级指标的意见是:

序号	二级指标	三级指标	赞同程度判别				
1	速度素质	蹲踞式起跑 30 m	非常赞同	赞同	一般	不赞同	很不赞同
2		蹲踞式起跑 60 m	非常赞同	赞同	一般	不赞同	很不赞同
3		站立式 30 m 跑	非常赞同	赞同	一般	不赞同	很不赞同
4		行进间 30 m 跑	非常赞同	赞同	一般	不赞同	很不赞同
5		行进间 60 m 跑	非常赞同	赞同	一般	不赞同	很不赞同
6		站立式 150 m 跑	非常赞同	赞同	一般	不赞同	很不赞同
7		站立式 300 m 跑	非常赞同	赞同	一般	不赞同	很不赞同
8		30 m 跑格(格间距 80cm)	非常赞同	赞同	一般	不赞同	很不赞同
9	耐力素质	Yoyo 间歇性耐力测试	非常赞同	赞同	一般	不赞同	很不赞同
10		1000 m 跑	非常赞同	赞同	一般	不赞同	很不赞同
11		越野跑	非常赞同	赞同	一般	不赞同	很不赞同
12		法特莱克跑	非常赞同	赞同	一般	不赞同	很不赞同
13	力量素质	半蹲	非常赞同	赞同	一般	不赞同	很不赞同
14		保加利亚深蹲	非常赞同	赞同	一般	不赞同	很不赞同
15		连续快速抓举	非常赞同	赞同	一般	不赞同	很不赞同
16		挺举	非常赞同	赞同	一般	不赞同	很不赞同
17		杠铃卧推	非常赞同	赞同	一般	不赞同	很不赞同
18		负重杠铃 A 字跳	非常赞同	赞同	一般	不赞同	很不赞同
19		弓步蹲	非常赞同	赞同	一般	不赞同	很不赞同
20		立定跳远	非常赞同	赞同	一般	不赞同	很不赞同
21		立定三级跳远	非常赞同	赞同	一般	不赞同	很不赞同
22		跳箱	非常赞同	赞同	一般	不赞同	很不赞同
23		平板支撑	非常赞同	赞同	一般	不赞同	很不赞同
24		单、双腿跨栏跳	非常赞同	赞同	一般	不赞同	很不赞同
25		立定十级跳	非常赞同	赞同	一般	不赞同	很不赞同
26		握力	非常赞同	赞同	一般	不赞同	很不赞同
27		深蹲	非常赞同	赞同	一般	不赞同	很不赞同
28		半蹲	非常赞同	赞同	一般	不赞同	很不赞同
29		纵跳摸高	非常赞同	赞同	一般	不赞同	很不赞同

续表

序号	二级指标	三级指标	赞同程度判别				
30	柔韧素质	坐位体前屈	非常赞同	赞同	一般	不赞同	很不赞同
31		横叉	非常赞同	赞同	一般	不赞同	很不赞同
32		纵叉	非常赞同	赞同	一般	不赞同	很不赞同
33	灵敏素质	20 m 后退跑	非常赞同	赞同	一般	不赞同	很不赞同
34		30 s 象限跳	非常赞同	赞同	一般	不赞同	很不赞同
35		快速交叉－后退跑	非常赞同	赞同	一般	不赞同	很不赞同
36		跨栏架(8 个)	非常赞同	赞同	一般	不赞同	很不赞同
37		30 s 立卧撑	非常赞同	赞同	一般	不赞同	很不赞同

5.100 m 短跑项目的全程技术结构的具体划分中,中国优秀男子100 m 短跑选手运动技术的一级评判指标包括下述二级及其涵盖的三级评判指标,您对这些二级指标和三级指标的意见是：

序号	二级指标	三级指标	赞同程度判别				
1	起跑技术	反应时	非常赞同	赞同	一般	不赞同	很不赞同
2		步长	非常赞同	赞同	一般	不赞同	很不赞同
3		步频	非常赞同	赞同	一般	不赞同	很不赞同
4		步长指数	非常赞同	赞同	一般	不赞同	很不赞同
5		步频指数	非常赞同	赞同	一般	不赞同	很不赞同
6		触地时间	非常赞同	赞同	一般	不赞同	很不赞同
7		腾空时间	非常赞同	赞同	一般	不赞同	很不赞同
8		支撑时间占比	非常赞同	赞同	一般	不赞同	很不赞同
9		腾空时间占比	非常赞同	赞同	一般	不赞同	很不赞同
10	起跑后的加速跑	步长	非常赞同	赞同	一般	不赞同	很不赞同
11		步频	非常赞同	赞同	一般	不赞同	很不赞同
12		步长指数	非常赞同	赞同	一般	不赞同	很不赞同
13		步频指数	非常赞同	赞同	一般	不赞同	很不赞同
14		触地时间	非常赞同	赞同	一般	不赞同	很不赞同
15		腾空时间	非常赞同	赞同	一般	不赞同	很不赞同
16		支撑时间占比	非常赞同	赞同	一般	不赞同	很不赞同
17		腾空时间占比	非常赞同	赞同	一般	不赞同	很不赞同

序号	二级指标	三级指标	赞同程度判别				
18	途中跑	步长	非常赞同	赞同	一般	不赞同	很不赞同
19		步频	非常赞同	赞同	一般	不赞同	很不赞同
20		步长指数	非常赞同	赞同	一般	不赞同	很不赞同
21		步频指数	非常赞同	赞同	一般	不赞同	很不赞同
22		触地时间	非常赞同	赞同	一般	不赞同	很不赞同
23		腾空时间	非常赞同	赞同	一般	不赞同	很不赞同
24		支撑时间占比	非常赞同	赞同	一般	不赞同	很不赞同
25		腾空时间占比	非常赞同	赞同	一般	不赞同	很不赞同
26	终点跑	步长	非常赞同	赞同	一般	不赞同	很不赞同
27		步频	非常赞同	赞同	一般	不赞同	很不赞同
28		步长指数	非常赞同	赞同	一般	不赞同	很不赞同
29		步频指数	非常赞同	赞同	一般	不赞同	很不赞同
30		触地时间	非常赞同	赞同	一般	不赞同	很不赞同
31		腾空时间	非常赞同	赞同	一般	不赞同	很不赞同
33		支撑时间占比	非常赞同	赞同	一般	不赞同	很不赞同
		腾空时间占比	非常赞同	赞同	一般	不赞同	很不赞同
34	全程总步数	—	非常赞同	赞同	一般	不赞同	很不赞同
35	分段速度	—	非常赞同	赞同	一般	不赞同	很不赞同
36	其他(请说明)						

6. 心理能力下的二级评判指标:

序号	心理能力构成要素指标	认可程度判别				
1	动作频率	非常认可	认可	一般	不太认可	很不认可
2	动作频率感	非常认可	认可	一般	不太认可	很不认可
3	肌肉用力感	非常认可	认可	一般	不太认可	很不认可
4	速度感	非常认可	认可	一般	不太认可	很不认可
5	运动注意	非常认可	认可	一般	不太认可	很不认可
6	意志品质	非常认可	认可	一般	不太认可	很不认可
7	运动动机	非常认可	认可	一般	不太认可	很不认可

续表

序号	心理能力构成要素指标	认可程度判别				
8	自信心	非常认可	认可	一般	不太认可	很不认可
9	赛前情绪	非常认可	认可	一般	不太认可	很不认可
10	其他(请说明)					

谢谢您的评价,感谢您!

专家第三轮指标筛选问卷

尊敬的＿＿＿＿＿＿＿＿＿专家：

您好！我是北京体育大学中国田径运动学院的博士研究生,目前正在开展《中国优秀男子100 m短跑选手核心竞技能力特征研究》学位论文的相关调研工作,特就中国优秀男子100 m短跑选手核心竞技能力特征研究的相关问题向您咨询。您是这方面的专家,您的回答对本课题的研究将具有重要作用,期盼您能在百忙中填写该问卷并提出您宝贵的意见和建议。您的回答仅作学术研究之用,不做其他用途。

衷心感谢您的配合！

相关概念解释

短跑是田径竞赛项目的其中一类,一般包括50 m跑、60 m跑、100 m跑、200 m跑、400 m跑、110 m跨栏跑、100 m跨栏跑、400 m跨栏跑、4×100 m接力跑、4×400 m接力跑等,其运动特性：是人们同时以最快的速度,在田径跑道上跑完规定的距离,并以最快速度跑完者为获胜方。

答题说明

选择题请将所选项目加注颜色或打钩,填答题请在空白处填写相应内容。

一、您的个人基本情况

1. 您的姓名：＿＿＿＿＿＿＿＿＿＿＿＿＿＿＿＿＿＿＿＿＿

2. 您的职称：＿＿＿＿＿＿＿＿＿＿＿＿＿＿＿＿＿＿＿＿＿＿

3. 您执教的运动项目或理论课程或从事的具体工作：＿＿＿＿＿＿＿＿

4. 您的工作单位：＿＿＿＿＿＿＿＿＿＿＿＿＿＿＿＿＿＿＿＿

5. 您的联系方式：＿＿＿＿＿＿＿＿＿＿＿＿＿＿＿＿＿＿＿＿

6. 是否硕导：□是　　□否

7. 是否博导：□是　　□否

二、关于100 m短跑项目理论与实践价值判断的基本认识

1. 您认为100 m短跑项目在综合运动会中的重要程度是：

A. 非常重要；　B. 重要；　C. 一般；　D. 不重要；　E. 很不重要

2. 您认为对100 m短跑项目进行专项能力特征方面的研究：

A. 很有意义；　B. 有意义；　C. 一般；　D. 没意义；　E. 很没意义

3. 您认为对100 m短跑项目进行核心竞技能力特征方面的研究价值体现在哪些方面(可多选)：

A. 能够丰富100 m短跑项目的专项理论体系；

B. 能够拓宽100 m短跑项目的研究视域；

C. 能够为100 m短跑运动员的专项训练实践提供现实依据；

D. 能够为100 m短跑项目的管理人员、科研人员等提供思路；

E. 能够进一步创新当前100 m短跑项目的训练理念；

F. 验证100 m短跑项目运动员之间在专项能力特征及其构成因素方面有无共性；

G. 其他(请说明)＿＿＿＿＿＿＿＿＿＿＿＿＿＿

三、关于中国优秀男子100 m短跑选手核心竞技能力特征指标体系的认识

1. 将评判100 m短跑项目核心竞技能力特征的一级指标确定为以下因素，您的意见是：

专项能力	认可程度判别				
体能特征	非常认可	比较认可	一般	不太认可	很不认可
技术能力特征	非常认可	比较认可	一般	不太认可	很不认可
心理能力特征	非常认可	比较认可	一般	不太同意	很不认可
其他(请说明)					

2. 关于中国优秀男子100 m短跑选手核心竞技能力影响因素的认识(请紧密结合竞速项目填答):

序号	竞技能力影响因素	认可程度判别				
1	运动员自身竞技能力	非常认可	认可	一般	不认可	很不认可
2	运动员的竞技状态	非常认可	认可	一般	不认可	很不认可
3	运动员的比赛发挥	非常认可	认可	一般	不认可	很不认可
4	教练员的执教水平	非常认可	认可	一般	不认可	很不认可
5	围绕运动员的科技服务	非常认可	认可	一般	不认可	很不认可
6	运动员医疗损伤防治水平	非常认可	认可	一般	不认可	很不认可
7	管理人员的服务与管理策略	非常认可	认可	一般	不认可	很不认可
8	裁判员的职业道德素养	非常认可	认可	一般	不认可	很不认可
9	政策资金扶持力度	非常认可	认可	一般	不认可	很不认可
10	运动员服装的科技含量	非常认可	认可	一般	不认可	很不认可
11	运动器材的科技含量	非常认可	认可	一般	不认可	很不认可
12	运动营养膳食的均衡性	非常认可	认可	一般	不认可	很不认可
13	竞赛场地的适宜性	非常认可	认可	一般	不认可	很不认可
14	空气气候的适宜性	非常认可	认可	一般	不认可	很不认可
15	赛场观众	非常认可	认可	一般	不认可	很不认可
16	社会关注度	非常认可	认可	一般	不认可	很不认可
17	裁判水平高低	非常认可	认可	一般	不认可	很不认可
18	竞赛规则的变化	非常认可	认可	一般	不认可	很不认可
19	对手教练员的执教水平	非常认可	认可	一般	不认可	很不认可
20	对手实力高低	非常认可	认可	一般	不认可	很不认可
21	对手服装、器材、膳食等准备的充足性	非常认可	认可	一般	不认可	很不认可
22	其他(请说明)					

四、关于中国优秀男子100 m短跑选手核心竞技能力特征构成要素指标的认识

1. 将评判中国优秀男子100 m短跑选手核心竞技能力构成要素指标的一级指标确定为以下方面,您的意见是:

序号	竞技能力构成要素	赞同程度判别				
1	身体形态	非常赞同	赞同	一般	不赞同	很不赞同
2	生理机能	非常赞同	赞同	一般	不赞同	很不赞同
3	身体素质	非常赞同	赞同	一般	不赞同	很不赞同
4	技术能力	非常赞同	赞同	一般	不赞同	很不赞同
5	心理能力	非常赞同	赞同	一般	不赞同	很不赞同
6	其他(请说明)					

2. 上述中国优秀男子100 m短跑选手身体形态的一级评判指标包括下述二级及其涵盖的三级评判指标,您对这些二级指标和三级指标的意见是:

序号	二级指标	三级指标	赞同程度判别				
1		身高	非常赞同	赞同	一般	不赞同	很不赞同
2	长度	下肢长	非常赞同	赞同	一般	不赞同	很不赞同
3		跟腱长	非常赞同	赞同	一般	不赞同	很不赞同
4		上肢长	非常赞同	赞同	一般	不赞同	很不赞同
5	宽度	髂宽/肩宽×100	非常赞同	赞同	一般	不赞同	很不赞同
6		髂宽/髋宽×100	非常赞同	赞同	一般	不赞同	很不赞同
7	围度	踝围/跟腱长×100	非常赞同	赞同	一般	不赞同	很不赞同
8		小腿紧张围(优势侧)	非常赞同	赞同	一般	不赞同	很不赞同
9		体重	非常赞同	赞同	一般	不赞同	很不赞同
10	充实度	克托莱指数	非常赞同	赞同	一般	不赞同	很不赞同
11		体脂百分比	非常赞同	赞同	一般	不赞同	很不赞同

3. 上述中国优秀男子100 m短跑选手生理机能的一级评判指标包括下述二级及其涵盖的三级评判指标,您对这些二级指标和三级指标的意见是:

序号	二级指标	三级指标	赞同程度判别				
1	有氧能力评定	肺活量	非常赞同	赞同	一般	不赞同	很不赞同
2		每分通气量	非常赞同	赞同	一般	不赞同	很不赞同
3		最大摄氧量	非常赞同	赞同	一般	不赞同	很不赞同
4	心血管系统	心率	非常赞同	赞同	一般	不赞同	很不赞同
5		血压	非常赞同	赞同	一般	不赞同	很不赞同
6	泌尿系统	尿酮体	非常赞同	赞同	一般	不赞同	很不赞同
7		胆红素(UBIL)	非常赞同	赞同	一般	不赞同	很不赞同
8		尿酸碱度检查	非常赞同	赞同	一般	不赞同	很不赞同
9		尿蛋白定型试验	非常赞同	赞同	一般	不赞同	很不赞同
10	循环系统	血红蛋白(HGB)	非常赞同	赞同	一般	不赞同	很不赞同
11		红细胞比容	非常赞同	赞同	一般	不赞同	很不赞同
12		血小板	非常赞同	赞同	一般	不赞同	很不赞同
13		平均红细胞体积	非常赞同	赞同	一般	不赞同	很不赞同
14		平均红细胞血红蛋白量	非常赞同	赞同	一般	不赞同	很不赞同
15		红细胞平均血红蛋白浓度	非常赞同	赞同	一般	不赞同	很不赞同
16		红细胞体积分布宽度	非常赞同	赞同	一般	不赞同	很不赞同
17		血小板压积	非常赞同	赞同	一般	不赞同	很不赞同
18		平均血小板体积	非常赞同	赞同	一般	不赞同	很不赞同
19		血小板体积分布宽度	非常赞同	赞同	一般	不赞同	很不赞同
20	免疫系统	白细胞(WBC)	非常赞同	赞同	一般	不赞同	很不赞同
21	内分泌系统	血清睾酮(T)	非常赞同	赞同	一般	不赞同	很不赞同
22		血清皮质醇	非常赞同	赞同	一般	不赞同	很不赞同
23	肌肉负荷反应	磷酸肌酸激酶(稀释 10 倍后)	非常赞同	赞同	一般	不赞同	很不赞同
24		磷酸肌酸激酶	非常赞同	赞同	一般	不赞同	很不赞同
25		血尿素氮	非常赞同	赞同	一般	不赞同	很不赞同

4. 上述中国优秀男子 100 m 短跑选手身体素质的一级评判指标包括下述二级及其涵盖的三级评判指标，您对这些二级指标和三级指标的意见是：

序号	二级指标	三级指标	赞同程度判别				
1		蹲踞式起跑 30 m	非常赞同	赞同	一般	不赞同	很不赞同
2		蹲踞式起跑 60 m	非常赞同	赞同	一般	不赞同	很不赞同
3		站立式 30 m 跑	非常赞同	赞同	一般	不赞同	很不赞同
4	速度素质	行进间 30 m 跑	非常赞同	赞同	一般	不赞同	很不赞同
5		行进间 60 m 跑	非常赞同	赞同	一般	不赞同	很不赞同
6		站立式 150 m 跑	非常赞同	赞同	一般	不赞同	很不赞同
7		站立式 300 m 跑	非常赞同	赞同	一般	不赞同	很不赞同
8		1000 m 跑	非常赞同	赞同	一般	不赞同	很不赞同
9	耐力素质	越野跑	非常赞同	赞同	一般	不赞同	很不赞同
10		法特莱克跑	非常赞同	赞同	一般	不赞同	很不赞同
11		半蹲	非常赞同	赞同	一般	不赞同	很不赞同
12		保加利亚深蹲	非常赞同	赞同	一般	不赞同	很不赞同
13		连续快速抓举	非常赞同	赞同	一般	不赞同	很不赞同
14		挺举	非常赞同	赞同	一般	不赞同	很不赞同
15		杠铃卧推	非常赞同	赞同	一般	不赞同	很不赞同
16		负重杠铃 A 字跳	非常赞同	赞同	一般	不赞同	很不赞同
17		弓步蹲	非常赞同	赞同	一般	不赞同	很不赞同
18		立定跳远	非常赞同	赞同	一般	不赞同	很不赞同
19	力量素质	立定三级跳远	非常赞同	赞同	一般	不赞同	很不赞同
20		跳箱	非常赞同	赞同	一般	不赞同	很不赞同
21		平板支撑	非常赞同	赞同	一般	不赞同	很不赞同
22		单、双腿跨栏跳	非常赞同	赞同	一般	不赞同	很不赞同
23		立定十级跳	非常赞同	赞同	一般	不赞同	很不赞同
24		握力	非常赞同	赞同	一般	不赞同	很不赞同
25		深蹲	非常赞同	赞同	一般	不赞同	很不赞同
26		半蹲	非常赞同	赞同	一般	不赞同	很不赞同
27		纵跳摸高	非常赞同	赞同	一般	不赞同	很不赞同

续表

序号	二级指标	三级指标	赞同程度判别				
28	柔韧素质	坐位体前屈	非常赞同	赞同	一般	不赞同	很不赞同
29		横叉	非常赞同	赞同	一般	不赞同	很不赞同
30		纵叉	非常赞同	赞同	一般	不赞同	很不赞同
31	灵敏素质	20 m后退跑	非常赞同	赞同	一般	不赞同	很不赞同
32		30 s象限跳	非常赞同	赞同	一般	不赞同	很不赞同
33		跨栏架(8 个)	非常赞同	赞同	一般	不赞同	很不赞同
34		30 s立卧撑	非常赞同	赞同	一般	不赞同	很不赞同

5. 100 m短跑项目的全程技术结构的具体划分中,中国优秀男子100 m短跑选手运动技术的一级评判指标包括下述二级及其涵盖的三级评判指标,您对这些二级指标和三级指标的意见是:

序号	二级指标	三级指标	赞同程度判别				
1	起跑技术	反应时	非常赞同	赞同	一般	不赞同	很不赞同
2		步长	非常赞同	赞同	一般	不赞同	很不赞同
3		步频	非常赞同	赞同	一般	不赞同	很不赞同
4		步长指数	非常赞同	赞同	一般	不赞同	很不赞同
5		步频指数	非常赞同	赞同	一般	不赞同	很不赞同
6		触地时间	非常赞同	赞同	一般	不赞同	很不赞同
7		腾空时间	非常赞同	赞同	一般	不赞同	很不赞同
8		支撑时间占比	非常赞同	赞同	一般	不赞同	很不赞同
9		腾空时间占比	非常赞同	赞同	一般	不赞同	很不赞同
10	起跑后的加速跑	步长	非常赞同	赞同	一般	不赞同	很不赞同
11		步频	非常赞同	赞同	一般	不赞同	很不赞同
12		步长指数	非常赞同	赞同	一般	不赞同	很不赞同
13		步频指数	非常赞同	赞同	一般	不赞同	很不赞同
14		触地时间	非常赞同	赞同	一般	不赞同	很不赞同
15		腾空时间	非常赞同	赞同	一般	不赞同	很不赞同
16		支撑时间占比	非常赞同	赞同	一般	不赞同	很不赞同
17		腾空时间占比	非常赞同	赞同	一般	不赞同	很不赞同

序号	二级指标	三级指标	赞同程度判别				
18	途中跑	步长	非常赞同	赞同	一般	不赞同	很不赞同
19		步频	非常赞同	赞同	一般	不赞同	很不赞同
20		步长指数	非常赞同	赞同	一般	不赞同	很不赞同
21		步频指数	非常赞同	赞同	一般	不赞同	很不赞同
22		触地时间	非常赞同	赞同	一般	不赞同	很不赞同
23		腾空时间	非常赞同	赞同	一般	不赞同	很不赞同
24		支撑时间占比	非常赞同	赞同	一般	不赞同	很不赞同
25		腾空时间占比	非常赞同	赞同	一般	不赞同	很不赞同
26	终点跑	步长	非常赞同	赞同	一般	不赞同	很不赞同
27		步频	非常赞同	赞同	一般	不赞同	很不赞同
28		步长指数	非常赞同	赞同	一般	不赞同	很不赞同
29		步频指数	非常赞同	赞同	一般	不赞同	很不赞同
30		触地时间	非常赞同	赞同	一般	不赞同	很不赞同
31		腾空时间	非常赞同	赞同	一般	不赞同	很不赞同
32		支撑时间占比	非常赞同	赞同	一般	不赞同	很不赞同
33		腾空时间占比	非常赞同	赞同	一般	不赞同	很不赞同
34	全程总步数	—	非常赞同	赞同	一般	不赞同	很不赞同
35	分段速度	—	非常赞同	赞同	一般	不赞同	很不赞同
36	其他(请说明)						

6. 心理能力下的二级评判指标:

序号	心理能力构成要素指标	赞同程度判别				
1	运动注意	非常赞同	赞同	一般	不赞同	很不赞同
2	意志品质	非常赞同	赞同	一般	不赞同	很不赞同
3	运动动机	非常赞同	赞同	一般	不赞同	很不赞同
4	自信心	非常赞同	赞同	一般	不赞同	很不赞同
5	赛前情绪	非常赞同	赞同	一般	不赞同	很不赞同
6	其他(请说明)					

教练员第一轮指标筛选问卷

相关概念解释

短跑是田径竞赛项目的其中一类,一般包括50 m 跑、60 m 跑、100 m 跑、200 m 跑、400 m 跑、110 m 跨栏跑、100 m 跨栏跑、400 m 跨栏跑、4×100 m 接力跑、4×400 m 接力跑等,其运动特性是人们同时以最快的速度,在田径跑道上跑完规定的距离,并以最快速度跑完者为获胜方。

答题说明

择题请将所选项目加注颜色或打钩,填答题请在空白处填写相应内容。

一、您的基本情况

1. 您的姓名、性别:＿＿＿＿＿＿＿＿＿＿＿＿＿＿＿＿＿＿＿

2. 您的工作单位:＿＿＿＿＿＿＿＿＿＿＿＿＿＿＿＿＿＿＿

3. 您的教练员级别:＿＿＿＿＿＿＿＿＿＿＿＿＿＿＿＿＿

4. 您执教的运动项目:＿＿＿＿＿＿＿＿＿＿＿＿＿＿＿

5. 您执教的队伍:

A. 男队(队员数量:＿＿＿＿＿＿＿＿＿＿＿)

B. 女队(队员数量:＿＿＿＿＿＿＿＿＿＿＿)

C. 男女混合(男队员数量:＿＿＿＿＿＿;女队员数量:＿＿＿＿＿＿)

6. 您执教的年限:＿＿＿＿＿＿＿＿＿＿＿＿＿＿＿＿＿＿

7. 您所带运动队级别(如带多人,请注明):

A. 国际健将(数量:＿＿＿＿＿)   B. 健将(数量:＿＿＿＿＿)

C. 一级选手(数量:＿＿＿＿＿)   D. 二级选手(数量:＿＿＿＿＿)

8. 您曾经是专业选手吗?

A. 是;   B. 不是;   C. 不是,是体育专业院校毕业

9. 若您曾是专业选手,级别是:

A. 国际健将;   B. 健将;   C. 国家一级;   D. 国家二级;   E. 国家三级

10. 您的学历：_____

11. 您的电话：_____，_____

12. 您的通信地址：_____

二、您培养过的选手在各项大赛中所获名次的数量（若无请跳过）

赛事	名次（几人几次）							
	冠军	亚军	季军	第四名	第五名	第六名	第七名	第八名
奥运会								
世锦赛选拔赛								
亚运会								
全运会								
全国锦标赛								
其他（请说明）								

三、关于 100 m 短跑项目的基本认识（在合适的栏中打"√"）

问题	认可程度判别				
您认为 100 m 短跑项目在综合运动会中所占位置的重要程度是	非常认可	认可	一般	不认可	很不认可
您认为对所有的 100 m 短跑项目进行竞技能力特征及其构成因素方面的研究，其价值的重要性是	非常认可	认可	一般	不认可	很不认可
对您执教的 100 m 短跑项目来说，您认为作为教练员具备专业训练经历对其执教起到的作用是	非常认可	认可	一般	不认可	很不认可
对您从事的 100 m 短跑项目而言，您认为作为教练员具备丰富的执教经验对其执教起到的作用是	非常认可	认可	一般	不认可	很不认可
对您从事的 100 m 短跑项目而言，您认为作为教练员具备先进的执教理念对其执教起到的作用是	非常认可	认可	一般	不认可	很不认可

四、关于100 m短跑项目核心竞技能力特征分类层面的认识

1. 对100 m短跑项目根据某种标准进行的二次分类如下,请您对下列6种分类标准的认可度进行判别(在合适的项下打"√"):

序号	分类	认可度					选出4个最具代表性的标准
1	竞技能力主导因素	非常认可	认可	一般	不太认可	很不认可	
2	运动速度的快慢	非常认可	认可	一般	不太认可	很不认可	
3	机体能量供应	非常认可	认可	一般	不太认可	很不认可	
4	人体运动的时间	非常认可	认可	一般	不太认可	很不认可	
5	运动的动作结构	非常认可	认可	一般	不太认可	很不认可	
6	运动的成绩评定	非常认可	认可	一般	不太认可	很不认可	

2. 在所有的核心竞技能力影响因素中,选手自身竞技能力的发展程度应该是最重要的因素。您认为您执导的100 m短跑项目的核心竞技能力特征表现在哪些层面? 请就以下内容给出您的意见。

(1)请对核心竞技能力特征一级指标的程度进行判别(在合适的项下打"√"):

一级指标	赞同程度判别				
身体形态	非常赞同	赞同	一般	不赞同	很不赞同
生理机能	非常赞同	赞同	一般	不赞同	很不赞同
身体素质	非常赞同	赞同	一般	不赞同	很不赞同
运动技术	非常赞同	赞同	一般	不赞同	很不赞同
运动战术	非常赞同	赞同	一般	不赞同	很不赞同
运动心理	非常赞同	赞同	一般	不赞同	很不赞同
其他(请说明)					

（2）请对核心竞技能力专项体能下的身体形态指标的赞同程度进行判别（在合适的项下打"√"）：

身体形态指标	赞同程度判别				
身高	非常赞同	赞同	一般	不赞同	很不赞同
体重	非常赞同	赞同	一般	不赞同	很不赞同
下肢长 A	非常赞同	赞同	一般	不赞同	很不赞同
下肢长 B	非常赞同	赞同	一般	不赞同	很不赞同
下肢长 A/身高 ×100	非常赞同	赞同	一般	不赞同	很不赞同
（下肢长 B－小腿长 A）/小腿长 A×100	非常赞同	赞同	一般	不赞同	很不赞同
下肢长 C/下肢长 H×100	非常赞同	赞同	一般	不赞同	很不赞同
克雷尔指数	非常赞同	赞同	一般	不赞同	很不赞同
髂宽/肩宽 ×100	非常赞同	赞同	一般	不赞同	很不赞同
髂宽/髋宽 ×100	非常赞同	赞同	一般	不赞同	很不赞同
踝围/跟腱长 ×100	非常赞同	赞同	一般	不赞同	很不赞同
体重/身高 ×1000	非常赞同	赞同	一般	不赞同	很不赞同
体型指数［（肩宽－髂宽）/髂宽 ×身高］	非常赞同	赞同	一般	不赞同	很不赞同
克托莱指数（体重/身高 ×1000）	非常赞同	赞同	一般	不赞同	很不赞同
其他（请说明）					

（3）请对核心竞技能力专项体能下的生理机能指标的赞同程度进行判别（在合适的项下打"√"）：

生理机能指标	赞同程度判别				
肺活量	非常赞同	赞同	一般	不赞同	很不赞同
血乳酸（BLA）	非常赞同	赞同	一般	不赞同	很不赞同
血红蛋白（HGB）	非常赞同	赞同	一般	不赞同	很不赞同
血清肌酸激酶（CK）	非常赞同	赞同	一般	不赞同	很不赞同
血清睾酮（T）	非常赞同	赞同	一般	不赞同	很不赞同
血管外周阻力	非常赞同	赞同	一般	不赞同	很不赞同
血液循环指数	非常赞同	赞同	一般	不赞同	很不赞同
血管顺应性	非常赞同	赞同	一般	不赞同	很不赞同
血液黏度	非常赞同	赞同	一般	不赞同	很不赞同
血睾酮/皮质醇（T/C）	非常赞同	赞同	一般	不赞同	很不赞同

续表

生理机能指标	赞同程度判别				
血尿素氮（BUN）	非常赞同	赞同	一般	不赞同	很不赞同
血小板（PLT）	非常赞同	赞同	一般	不赞同	很不赞同
神经系统功能	非常赞同	赞同	一般	不赞同	很不赞同
每搏血量	非常赞同	赞同	一般	不赞同	很不赞同
每分血量	非常赞同	赞同	一般	不赞同	很不赞同
其他（请说明）					

（4）请对核心竞技能力专项体能下的身体素质指标的赞同程度进行判别（在合适的项下打"√"）：

身体素质指标	赞同程度判别				
力量素质	非常赞同	赞同	一般	不赞同	很不赞同
速度素质	非常赞同	赞同	一般	不赞同	很不赞同
耐力素质	非常赞同	赞同	一般	不赞同	很不赞同
灵敏素质	非常赞同	赞同	一般	不赞同	很不赞同
柔韧素质	非常赞同	赞同	一般	不赞同	很不赞同
其他（请说明）					

①请对身体素质指标下的各素质指标的程度进行判别（在合适的项下打"√"）：

各项指标	赞同程度判别				
最大力量	非常赞同	赞同	一般	不赞同	很不赞同
快速力量	非常赞同	赞同	一般	不赞同	很不赞同
力量耐力	非常赞同	赞同	一般	不赞同	很不赞同
反应速度	非常赞同	赞同	一般	不赞同	很不赞同
加速速度	非常赞同	赞同	一般	不赞同	很不赞同
最大速度	非常赞同	赞同	一般	不赞同	很不赞同
速度耐力	非常赞同	赞同	一般	不赞同	很不赞同
柔韧素质	非常赞同	赞同	一般	不赞同	很不赞同
灵敏素质	非常赞同	赞同	一般	不赞同	很不赞同
其他（请说明）					

②请对力量素质指标下的各指标的程度进行判别(在合适的项下打"√"):

三级指标	赞同程度判别				
深蹲	非常赞同	赞同	一般	不赞同	很不赞同
半蹲	非常赞同	赞同	一般	不赞同	很不赞同
连续快速抓举	非常赞同	赞同	一般	不赞同	很不赞同
高翻	非常赞同	赞同	一般	不赞同	很不赞同
立定跳远	非常赞同	赞同	一般	不赞同	很不赞同
立定三级跳	非常赞同	赞同	一般	不赞同	很不赞同
平板卧推	非常赞同	赞同	一般	不赞同	很不赞同
立定十级跳	非常赞同	赞同	一般	不赞同	很不赞同
其他(请说明)					

③请对速度素质指标下的各指标的程度进行判别(在合适的项下打"√"):

三级指标	赞同程度判别				
站立式 30 m 跑	非常赞同	赞同	一般	不赞同	很不赞同
蹲踞式 60 m 听枪起跑	非常赞同	赞同	一般	不赞同	很不赞同
行进间 30 m 跑	非常赞同	赞同	一般	不赞同	很不赞同
站立式 150 m 跑	非常赞同	赞同	一般	不赞同	很不赞同
蹲踞式 30 m 听枪起跑	非常赞同	赞同	一般	不赞同	很不赞同
站立式 60 m 跑	非常赞同	赞同	一般	不赞同	很不赞同
行进间 60 m 跑	非常赞同	赞同	一般	不赞同	很不赞同
站立式 300 m 跑	非常赞同	赞同	一般	不赞同	很不赞同
其他					

④请对耐力素质指标下的各指标的程度进行判别(在合适的项下打"√"):

三级指标	赞同程度判别				
60 m 间歇跑	非常赞同	赞同	一般	不赞同	很不赞同
100 m—300 m 计时跑	非常赞同	赞同	一般	不赞同	很不赞同
150 m 间歇跑	非常赞同	赞同	一般	不赞同	很不赞同
100 m—150 m 组合跑	非常赞同	赞同	一般	不赞同	很不赞同
100 m—300 m 加速跑	非常赞同	赞同	一般	不赞同	很不赞同

续表

三级指标	赞同程度判别				
不同短段落变速跑	非常赞同	赞同	一般	不赞同	很不赞同
越野跑	非常赞同	赞同	一般	不赞同	很不赞同
其他（请说明）					

⑤请对柔韧素质指标下的各指标的程度进行判别（在合适的项下打"√"）：

三级指标	赞同程度判别				
横叉	非常赞同	赞同	一般	不赞同	很不赞同
竖叉	非常赞同	赞同	一般	不赞同	很不赞同
坐位体前屈	非常赞同	赞同	一般	不赞同	很不赞同
其他（请说明）					

⑥请对灵敏素质指标下的各指标的程度进行判别（在合适的项下打"√"）：

三级指标	赞同程度判别				
20 m 后退跑	非常赞同	赞同	一般	不赞同	很不赞同
30 s 立卧撑	非常赞同	赞同	一般	不赞同	很不赞同
跨栏架（8 个）	非常赞同	赞同	一般	不赞同	很不赞同
其他（请说明）					

（5）请对 100 m 短跑项目的专项技术能力指标的程度进行判别（在合适的项下打"√"）：

二级指标	赞同程度判别				
全程节奏技术	非常赞同	赞同	一般	不赞同	很不赞同
起跑加速技术	非常赞同	赞同	一般	不赞同	很不赞同
途中加速技术	非常赞同	赞同	一般	不赞同	很不赞同
最大速度的保持技术	非常赞同	赞同	一般	不赞同	很不赞同
冲刺技术	非常赞同	赞同	一般	不赞同	很不赞同
其他（请说明）					

（6）请对专项技术能力下的各技术指标参数程度进行判别（在合适的项下打"√"）：

三级指标	赞同程度判别				
分段速度	非常赞同	赞同	一般	不赞同	很不赞同
平均步长	非常赞同	赞同	一般	不赞同	很不赞同
平均步频	非常赞同	赞同	一般	不赞同	很不赞同
步长指数	非常赞同	赞同	一般	不赞同	很不赞同
步频指数	非常赞同	赞同	一般	不赞同	很不赞同
触地时间	非常赞同	赞同	一般	不赞同	很不赞同
腾空时间	非常赞同	赞同	一般	不赞同	很不赞同
触地时间占比	非常赞同	赞同	一般	不赞同	很不赞同
腾空时间占比	非常赞同	赞同	一般	不赞同	很不赞同
全程总步数	非常赞同	赞同	一般	不赞同	很不赞同
分段速度	非常赞同	赞同	一般	不赞同	很不赞同

（7）请对核心竞技能力下的战术能力指标的程度进行判别（在合适的项下打"√"）：

二级指标	赞同程度判别				
战术知识	非常赞同	赞同	一般	不赞同	很不赞同
战术行为	非常赞同	赞同	一般	不赞同	很不赞同
战术方案的执行力	非常赞同	赞同	一般	不赞同	很不赞同
战术的实效性	非常赞同	赞同	一般	不赞同	很不赞同
战术训练方法的遴选	非常赞同	赞同	一般	不赞同	很不赞同
其他（请说明）					

（8）请对核心竞技能力下的心理指标的程度进行判别（在合适的项下打"√"）：

二级指标	赞同程度判别				
心理稳定性	非常赞同	赞同	一般	不赞同	很不赞同
赛场突发事件的应变能力	非常赞同	赞同	一般	不赞同	很不赞同
竞赛意志品质	非常赞同	赞同	一般	不赞同	很不赞同
竞赛态度	非常赞同	赞同	一般	不赞同	很不赞同
其他（请说明）					

(9)请对核心竞技能力下的智能指标的程度进行判别(在合适的项下打"√"):

二级指标	赞同程度判别				
选手应用知识的能力	非常赞同	赞同	一般	不赞同	很不赞同
选手处理问题的能力	非常赞同	赞同	一般	不赞同	很不赞同
其他(请说明)					

五、关于中国优秀男子100 m 短跑选手运动训练方面的认识

中国优秀男子 100 m 短跑选手全程技术结构可以分为(　　)个阶段,本问卷主要探寻这几个阶段中您对于选手的日常训练安排及竞赛安排。

1.您在执教的训练过程中,是否从其他项目中借鉴过运动训练方面的经验?

A. 是;　　　　　　　　　B. 否

如借鉴过,请写出借鉴的项目名称,并简单介绍借鉴了什么运动训练经验:

_____

_____

_____

2. 请结合您从事的项目对以下训练内容的程度进行评判(在合适的项下打"√"):

二级指标	赞同程度判别				
体能训练	非常赞同	赞同	一般	不赞同	很不赞同
技能训练	非常赞同	赞同	一般	不赞同	很不赞同
战术训练	非常赞同	赞同	一般	不赞同	很不赞同
心理训练	非常赞同	赞同	一般	不赞同	很不赞同
智能训练	非常赞同	赞同	一般	不赞同	很不赞同
意志品质训练	非常赞同	赞同	一般	不赞同	很不赞同
思想作风训练	非常赞同	赞同	一般	不赞同	很不赞同
时差倒置训练	非常赞同	赞同	一般	不赞同	很不赞同
其他(请说明)					

3.您是否按照区别对待的原则有针对性地设计适用于每名选手的训练计划？（如带多个队员请分别回答）

A.是；   B.否

4.您执教的100 m短跑项目，是否出现过中止或者改变原定训练计划的情况？

A.没有；   B.出现过

如出现过，请写出您的训练计划不能顺利进行的原因：

_____

5.从中国100 m短跑项目的最优秀与国际最优秀相比较，您执教项目是否与国际最优秀具有显著性差距？

A.是；   B.否

如果您认为存在显著性差距，依中国顶尖水平的100 m短跑项目选手频繁参与国际竞赛层面而言，您认为影响因素体现在哪些层面？请对下列因素抒发您的观点（在合适的项下打"√"）：

影响因素	影响度程度判别				
人种差别	有很大影响	有较大影响	有影响	不太影响	不影响
缺乏制胜因素的把握	有很大影响	有较大影响	有影响	不太影响	不影响
缺乏制胜规律的把握	有很大影响	有较大影响	有影响	不太影响	不影响
训练内容针对性不强	有很大影响	有较大影响	有影响	不太影响	不影响
训练方法不合理	有很大影响	有较大影响	有影响	不太影响	不影响
训练负荷不合理	有很大影响	有较大影响	有影响	不太影响	不影响
训练安排不科学	有很大影响	有较大影响	有影响	不太影响	不影响
选手管理欠妥	有很大影响	有较大影响	有影响	不太影响	不影响
教练员管理欠妥	有很大影响	有较大影响	有影响	不太影响	不影响
科技攻关服务不理想	有很大影响	有较大影响	有影响	不太影响	不影响
缺乏资金保障	有很大影响	有较大影响	有影响	不太影响	不影响

谢谢您的配合！

教练员第二轮指标筛选问卷

相关概念解释

短跑是田径竞赛项目的其中一类,一般包括50 m 跑、60 m 跑、100 m 跑、200 m 跑、400 m 跑、110 m 跨栏跑、100 m 跨栏跑、400 m 跨栏跑、4×100 m 接力跑、4×400 m 接力跑等,其运动特性是人们同时以最快的速度,在田径跑道上跑完规定的距离,并以最快速度跑完者为获胜方。

答题说明

选择题请将所选项目加注颜色或打钩,填答题请在空白处填写相应内容。

一、您的基本情况

1. 您的姓名、性别:＿＿＿＿＿＿＿＿＿＿＿＿＿＿＿＿＿＿＿＿＿＿

2. 您的工作单位:＿＿＿＿＿＿＿＿＿＿＿＿＿＿＿＿＿＿＿＿＿＿＿

3. 您的教练员级别:＿＿＿＿＿＿＿＿＿＿＿＿＿＿＿＿＿＿＿＿＿

4. 您执教的运动项目:＿＿＿＿＿＿＿＿＿＿＿＿＿＿＿＿＿＿＿＿

5. 您执教队伍的性别:＿＿＿＿＿＿＿＿＿＿＿＿＿＿＿＿＿＿＿＿

A. 男队(队员数量是:＿＿＿＿＿＿＿＿＿＿＿＿＿＿＿)

B. 女队(队员数量是:＿＿＿＿＿＿＿＿＿＿＿＿＿＿＿)

C. 男女混合(男队员数量:＿＿＿＿＿＿＿女队员数量:＿＿＿＿＿＿＿)

6. 您执教的年限:＿＿＿＿＿＿＿＿＿＿＿＿＿＿＿＿＿＿＿＿＿＿

7. 您所带运动队级别(如带多人,请注明):

A. 国际健将(数量:＿＿＿＿＿)   B. 健将(数量:＿＿＿＿＿)

C. 一级选手(数量:＿＿＿＿＿)   D. 二级选手(数量:＿＿＿＿＿)

8. 您曾经是专业选手吗?

A. 是;   B. 不是;   C. 不是,是体育专业院校毕业

9. 若您曾是专业选手,级别是:

A. 国际健将;   B. 健将;   C. 国家一级;   D. 国家二级;   E. 国家三级

10. 您的学历：＿＿＿＿＿＿＿＿＿＿＿＿＿＿＿＿＿＿＿＿＿＿

11. 您的电话：＿＿＿＿＿＿＿＿＿＿；E-mail：＿＿＿＿＿＿＿＿＿

12. 您的通信地址：＿＿＿＿＿＿＿＿＿＿＿＿＿＿＿＿＿＿＿＿＿

二、您培养过的选手在各项大赛中所获名次的数量（没有请跳过）

赛事	名次（几人几次）							
	冠军	亚军	季军	第四名	第五名	第六名	第七名	第八名
奥运会								
世锦赛选拔赛								
亚运会								
全运会								
全国锦标赛								

三、关于 100 m 短跑项目的基本认识（在合适的栏中打"√"）

问题	认可程度判别				
您认为 100 m 短跑项目在综合运动会中的是	非常认可	认可	一般	不认可	很不认可
您认为对 100 m 短跑项目进行核心竞技能力特征及其构成因素方面的研究，其价值的重要性是	非常认可	认可	一般	不认可	很不认可
对您执教的 100 m 短跑项目来说，您认为作为教练员具备专业训练经历对其执教起到的作用是	非常认可	认可	一般	不认可	很不认可
对您从事的 100 m 短跑项目而言，您认为作为教练员具备丰富的执教经验对其执教起到的作用是	非常认可	认可	一般	不认可	很不认可
对您从事的 100 m 短跑项目而言，您认为作为教练员具备先进的执教理念对其执教起到的作用是	非常认可	认可	一般	不认可	很不认可

四、关于100 m短跑项目核心竞技能力特征分类层面的认识

1. 如果对100 m短跑项目根据某种标准进行二次分类,请您对下列6种分类标准的认可程度进行判别(在合适的项下打"√")。

序号	分类标准	认可程度评判					选出4个最具代表性的标准
1	竞技能力主导因素	非常认可	认可	一般	不太认可	很不认可	
2	运动速度的快慢	非常认可	认可	一般	不太认可	很不认可	
3	机体能量供应	非常认可	认可	一般	不太认可	很不认可	
4	人体运动的时间	非常认可	认可	一般	不太认可	很不认可	
5	运动的动作结构	非常认可	认可	一般	不太认可	很不认可	
6	运动的成绩评定	非常认可	认可	一般	不太认可	很不认可	

2. 在所有的核心竞技能力影响因素中,选手自身竞技能力的发展程度应该是最重要因素。您认为您执教的100 m短跑项目的核心竞技能力特征表现在哪些层面? 请对以下内容发表出您的意见。

(1)请对核心竞技能力特征一级指标的程度进行判别(在合适的项下打"√"):

核心竞技能力下的一级指标	各指标程度判别				
身体形态	非常赞同	赞同	一般	不赞同	很不赞同
身体机能	非常赞同	赞同	一般	不赞同	很不赞同
身体素质	非常赞同	赞同	一般	不赞同	很不赞同
运动技术	非常赞同	赞同	一般	不赞同	很不赞同
运动心理	非常赞同	赞同	一般	不赞同	很不赞同
其他(请说明)					

(2)请对核心竞技能力专项体能下的身体形态指标的赞同程度进行判别(在合适的项下打"√"):

三级指标	赞同程度判别				
身高	非常赞同	赞同	一般	不赞同	很不赞同
体重	非常赞同	赞同	一般	不赞同	很不赞同
下肢长	非常重要	赞同	一般	不赞同	很不赞同
髂宽/肩宽×100	非常赞同	赞同	一般	不赞同	很不赞同

三级指标	赞同程度判别				
骼宽/髋宽×100	非常赞同	赞同	一般	不赞同	很不赞同
踝围/跟腱长×100	非常赞同	赞同	一般	不赞同	很不赞同
体重/身高×1000	非常赞同	赞同	一般	不赞同	很不赞同
克托莱指数(体重/身高×1000)	非常赞同	赞同	一般	不赞同	很不赞同
其他(请说明)					

(3)请对核心竞技能力专项体能下的身体机能指标的程度进行判别(在合适的项下打"√"):

三级指标	赞同程度判别				
肺活量	非常赞同	赞同	一般	不赞同	很不赞同
血红蛋白(HGB)	非常赞同	赞同	一般	不赞同	很不赞同
血清肌酸激酶(CK)	非常赞同	赞同	一般	不赞同	很不赞同
血清睾酮(T)	非常赞同	赞同	一般	不赞同	很不赞同
血液黏度	非常赞同	赞同	一般	不赞同	很不赞同
血睾酮/皮质醇(T/C)	非常赞同	赞同	一般	不赞同	很不赞同
血尿素氮(BUN)	非常赞同	赞同	一般	不赞同	很不赞同
血小板(PLT)	非常赞同	赞同	一般	不赞同	很不赞同
平均红细胞体积	非常赞同	赞同	一般	不赞同	很不赞同
平均红细胞血红蛋白含量	非常赞同	赞同	一般	不赞同	很不赞同
红细胞平均血红蛋白浓度	非常赞同	赞同	一般	不赞同	很不赞同
红细胞体积分布宽度	非常赞同	赞同	一般	不赞同	很不赞同

(4)请对核心竞技能力专项体能下的身体素质指标的程度进行判别(在合适的项下打"√"):

身体素质指标	赞同程度判别				
力量素质	非常赞同	赞同	一般	不赞同	很不赞同
速度素质	非常赞同	赞同	一般	不赞同	很不赞同
耐力素质	非常赞同	赞同	一般	不赞同	很不赞同
灵敏素质	非常赞同	赞同	一般	不赞同	很不赞同
柔韧素质	非常赞同	赞同	一般	不赞同	很不赞同
其他(请说明)					

①请对身体素质指标下的各素质指标的程度进行判别（在合适的项下打"√"）：

各项指标	赞同程度判别				
最大力量	非常赞同	赞同	一般	不赞同	很不赞同
快速力量	非常赞同	赞同	一般	不赞同	很不赞同
力量耐力	非常赞同	赞同	一般	不赞同	很不赞同
反应速度	非常赞同	赞同	一般	不赞同	很不赞同
加速速度	非常赞同	赞同	一般	不赞同	很不赞同
最大速度	非常赞同	赞同	一般	不赞同	很不赞同
速度耐力	非常赞同	赞同	一般	不赞同	很不赞同
柔韧素质	非常赞同	赞同	一般	不赞同	很不赞同
灵敏素质	非常赞同	赞同	一般	不赞同	很不赞同

②请对力量素质指标下的各指标的程度进行判别（在合适的项下打"√"）：

三级指标	赞同程度判别				
深蹲	非常赞同	赞同	一般	不赞同	很不赞同
半蹲	非常赞同	赞同	一般	不赞同	很不赞同
连续快速抓举	非常赞同	赞同	一般	不赞同	很不赞同
高翻	非常赞同	赞同	一般	不赞同	很不赞同
立定跳远	非常赞同	赞同	一般	不赞同	很不赞同
立定三级跳	非常赞同	赞同	一般	不赞同	很不赞同
平板卧推	非常赞同	赞同	一般	不赞同	很不赞同
立定十级跳	非常赞同	赞同	一般	不赞同	很不赞同
其他（请说明）					

③请对速度素质指标下的各指标的程度进行判别（在合适的项下打"√"）：

三级指标	赞同程度判别				
站立式30 m跑	非常赞同	赞同	一般	不赞同	很不赞同
蹲踞式60 m听枪起跑	非常赞同	赞同	一般	不赞同	很不赞同
行间30 m跑	非常赞同	赞同	一般	不赞同	很不赞同
站立式150 m跑	非常赞同	赞同	一般	不赞同	很不赞同

三级指标	赞同程度判别				
蹲踞式 30 m 听枪起跑	非常赞同	赞同	一般	不赞同	很不赞同
站立式 60 m 跑	非常赞同	赞同	一般	不赞同	很不赞同
行进间 60 m 跑	非常赞同	赞同	一般	不赞同	很不赞同
站立式 300 m 跑	非常赞同	赞同	一般	不赞同	很不赞同
其他(请说明)					

④请对耐力素质指标下的各指标的程度进行判别(在合适的项下打"√"):

三级指标	赞同程度判别				
60 m 间歇跑	非常赞同	赞同	一般	不赞同	很不赞同
100 m – 300 m 计时跑	非常赞同	赞同	一般	不赞同	很不赞同
150 m 间歇跑	非常赞同	赞同	一般	不赞同	很不赞同
100 m – 150 m 组合跑	非常赞同	赞同	一般	不赞同	很不赞同
100 m – 300 m 加速跑	非常赞同	赞同	一般	不赞同	很不赞同
不同短段落变速跑	非常赞同	赞同	一般	不赞同	很不赞同
越野跑	非常赞同	赞同	一般	不赞同	很不赞同
其他(请说明)					

⑤请对柔韧素质指标下的各指标的程度进行判别(在合适的项下打"√"):

三级指标	赞同程度判别				
横叉	非常赞同	赞同	一般	不赞同	很不赞同
竖叉	非常赞同	赞同	一般	不赞同	很不赞同
坐位体前屈	非常赞同	赞同	一般	不赞同	很不赞同
其他(请说明)					

⑥请对灵敏素质指标下的各指标的程度进行判别(在合适的项下打"√"):

三级指标	赞同程度判别				
20 m 后退跑	非常赞同	赞同	一般	不赞同	很不赞同
30 s 立卧撑	非常赞同	赞同	一般	不赞同	很不赞同
跨栏架(8 个)	非常赞同	赞同	一般	不赞同	很不赞同
其他(请说明)					

（5）请对 100 m 短跑项目选手核心竞技能力专项运动技术能力指标的程度进行判别（在合适的项下打"√"）：

二级指标	赞同程度判别				
全程节奏技术	非常赞同	赞同	一般	不赞同	很不赞同
起跑加速技术	非常赞同	赞同	一般	不赞同	很不赞同
途中加速技术	非常赞同	赞同	一般	不赞同	很不赞同
最大速度的保持技术	非常赞同	赞同	一般	不赞同	很不赞同
冲刺技术	非常赞同	赞同	一般	不赞同	很不赞同
其他（请说明）					

（6）请对核心竞技能力专项运动技术能力下的各技术指标参数程度进行判别（在合适的项下打"√"）：

三级指标	赞同程度判别				
分段速度	非常赞同	赞同	一般	不赞同	很不赞同
平均步长	非常赞同	赞同	一般	不赞同	很不赞同
平均步频	非常赞同	赞同	一般	不赞同	很不赞同
步长指数	非常赞同	赞同	一般	不赞同	很不赞同
步频指数	非常赞同	赞同	一般	不赞同	很不赞同
触地时间	非常赞同	赞同	一般	不赞同	很不赞同
腾空时间	非常赞同	赞同	一般	不赞同	很不赞同
触地时间占比	非常赞同	赞同	一般	不赞同	很不赞同
腾空时间占比	非常赞同	赞同	一般	不赞同	很不赞同
总步数	非常赞同	赞同	一般	不赞同	很不赞同
分段时间	非常赞同	赞同	一般	不赞同	很不赞同

（7）请对核心竞技能力下的运动心理指标的程度进行判别（在合适的项下打"√"）：

二级指标	赞同程度判别				
心理稳定性	非常赞同	赞同	一般	不赞同	很不赞同
赛场突发事件的应变能力	非常赞同	赞同	一般	不赞同	很不赞同
竞赛意志品质	非常赞同	赞同	一般	不赞同	很不赞同
竞赛情绪	非常赞同	赞同	一般	不赞同	很不赞同
其他（请说明）					

五、关于中国优秀男子100 m短跑选手运动训练方面的认识

中国优秀男子100 m短跑选手全程技术结构可以分为（　　）个阶段，本问卷主要探寻这几个阶段中您对于选手的日常训练安排及竞赛安排。

1.您在执教的训练过程中，是否从其他项目中借鉴过运动训练方面的经验？

A.是；　　　　　　　　　B.否

如借鉴过，请写出借鉴的项目名称，并简单介绍借鉴了什么运动训练经验：

_____

_____

_____

2.请结合您从事的项目对以下训练内容的重要程度进行评判（在合适的项下打"√"）：

二级指标	赞同程度判别				
体能训练	非常重要	重要	一般	不重要	很不重要
技能训练	非常重要	重要	一般	不重要	很不重要
心理训练	非常重要	重要	一般	不重要	很不重要
意志品质训练	非常重要	重要	一般	不重要	很不重要
思想作风训练	非常重要	重要	一般	不重要	很不重要
时差倒置训练	非常重要	重要	一般	不重要	很不重要
其他（请说明）					

3.您是否按照区别对待的原则有针对性地设计适用于每名选手的训练计划？（如带多个队员请分别回答）

A.是；　　　　　　　　　B.否

4.您执教的100 m短跑项目，是否出现过中止或者改变原定训练计划的情况？

A.没有；　　　　　　　　B.出现过

如出现过,请写出您的训练计划不能顺利进行的原因:

_____

5.从中国100 m短跑项目的最优秀与国际最优秀相比较来看,您执教项目是否与国际最优秀具有显著性差距?

A.是;   B.否

如果存在显著性差距,依中国顶尖水平的100 m短跑项目选手频繁参与国际竞赛层面而言,您认为影响因素体现在哪些层面?请对下列因素抒发您的观点(在合适的项下打"√",非常影响5分;影响4分;一般影响3分;不影响2分;很不影响1分):

影响因素	不同影响度认知判别				
人种差别	5	4	3	2	1
训练内容针对性不强	5	4	3	2	1
训练方法不合理	5	4	3	2	1
训练负荷不合理	5	4	3	2	1
训练安排不科学	5	4	3	2	1
教练员管理欠妥	5	4	3	2	1
科技攻关服务不理想	5	4	3	2	1

谢谢您的配合!

教练员第三轮指标筛选问卷

答题说明

选择题请将所选项目加注颜色或打钩,填答题请在空白处填写相应内容。

一、您的基本情况:

1.您的姓名、性别:_____

2.您的工作单位:_____

3. 您的教练员级别：＿＿＿＿＿＿＿＿＿＿＿＿＿＿＿＿＿＿＿＿＿＿＿

4. 您执教的运动项目：＿＿＿＿＿＿＿＿＿＿＿＿＿＿＿＿＿＿＿＿＿＿

5. 您执教队伍的性别：＿＿＿＿＿＿＿＿＿＿＿＿＿＿＿＿＿＿＿＿＿＿

A. 男队（队员数量：＿＿＿＿＿＿＿＿＿＿＿＿＿＿）

B. 女队（队员数量：＿＿＿＿＿＿＿＿＿＿＿＿＿＿）

C. 男女混合（男队员数量：＿＿＿＿＿＿＿，女队员数量：＿＿＿＿＿＿）

6. 您执教的年限：＿＿＿＿＿＿＿＿＿＿＿＿＿＿＿＿＿＿＿＿＿＿＿＿

7. 您所带运动队级别（如带多人，请注明）：

A. 国际健将（数量：＿＿＿＿＿＿）　　　B. 健将（数量：＿＿＿＿＿＿）

C. 一级选手（数量：＿＿＿＿＿）　　　D. 二级选手（数量：＿＿＿＿＿）

8. 您曾经是专业选手吗？

A. 是；　B. 不是；　C. 不是，是体育专业院校毕业

9. 若您曾是专业选手，级别是：

A. 国际健将；　B. 健将；　C. 国家一级；　D. 国家二级；　E. 国家三级

10. 您的学历：

11. 您的电话：＿＿＿＿＿＿＿＿＿＿＿，E-mail：＿＿＿＿＿＿＿＿＿＿

12. 您的通信地址：＿＿＿＿＿＿＿＿＿＿＿＿＿＿＿＿＿＿＿＿＿＿＿

二、您培养过的选手在各项大赛中所获名次的数量（如没有请跳过）

赛事	名次（几人几次）							
	冠军	亚军	季军	第四名	第五名	第六名	第七名	第八名
奥运会								
世锦赛选拔赛								
亚运会								
全运会								
全国锦标赛								
其他								

三、关于 100 m 短跑项目的基本认识(在合适的栏中打"√")

问题	认可程度判别				
您认为 100 m 短跑项目在综合运动会中所占位置的重要程度是	非常认可	认可	一般	不认可	很不认可
您认为对所有的 100 m 短跑项目进行核心竞技能力特征及其构成因素方面的研究,其价值的重要性是	非常认可	认可	一般	不认可	很不认可
对您执教的 100 m 短跑项目来说,您认为作为教练员具备专业训练经历对其执教起到的作用是	非常认可	认可	一般	不认可	很不认可
对您从事的 100 m 短跑项目而言,您认为作为教练员具备丰富的执教经验对其执教起到的作用是	非常认可	认可	一般	不认可	很不认可
对您从事的 100 m 短跑项目而言,您认为作为教练员具备先进的执教理念对其执教起到的作用是	非常认可	认可	一般	不认可	很不认可

四、关于 100 m 短跑项目核心竞技能力特征分类层面的认识

1. 如果对 100 m 短跑项目根据某种标准进行二次分类,请您对下列 4 种分类标准的认可程度进行判别(在合适的项下打"√"):

序号	分类标准	认可程度评判				
1	竞技能力主导因素	非常认可	认可	一般	不太认可	很不认可
2	运动速度的快慢	非常认可	认可	一般	不太认可	很不认可
3	运动的动作结构	非常认可	认可	一般	不太认可	很不认可
4	运动的成绩评定	非常认可	认可	一般	不太认可	很不认可

2. 在所有的核心竞技能力影响因素中,选手自身竞技能力的发展程度应该是最重要因素。您认为您执教的 100 m 短跑项目的核心竞技能力特征表现在哪些层面? 请对以下内容发表出您的意见。

（1）请对核心竞技能力特征一级指标的程度进行判别（在合适的项下打"√"）：

竞技能力下的一级指标	重要程度判别				
身体形态	非常重要	重要	一般	不重要	很不重要
身体机能	非常重要	重要	一般	不重要	很不重要
身体素质	非常重要	重要	一般	不重要	很不重要
运动技术	非常重要	重要	一般	不重要	很不重要
运动战术	非常重要	重要	一般	不重要	很不重要
运动心理	非常重要	重要	一般	不重要	很不重要
运动智能	非常重要	重要	一般	不重要	很不重要
其他（请说明）					

（2）请对核心竞技能力下身体形态指标的重要程度进行判别（在合适的项下打"√"）：

三级指标	赞同程度判别				
身高	非常重要	重要	一般	不重要	很不重要
体重	非常重要	重要	一般	不重要	很不重要
下肢长 A	非常重要	重要	一般	不重要	很不重要
下肢长 B	非常重要	重要	一般	不重要	很不重要
克雷尔指数	非常重要	重要	一般	不重要	很不重要
髂宽/肩宽 ×100	非常重要	重要	一般	不重要	很不重要
髂宽/髋宽 ×100	非常重要	重要	一般	不重要	很不重要
踝围/跟腱长 ×100	非常重要	重要	一般	不重要	很不重要
体重/身高 ×1000	非常重要	重要	一般	不重要	很不重要
克托莱指数（体重/身高 ×1000）	非常重要	重要	一般	不重要	很不重要
其他（请说明）					

（3）请对核心竞技能力下身体机能指标的程度进行判别（在合适的项下打"√"）：

三级指标	赞同程度判别				
肺活量	非常重要	重要	一般	不重要	很不重要
血乳酸（BLA）	非常重要	重要	一般	不重要	很不重要

续表

三级指标	赞同程度判别				
血红蛋白（HGB）	非常重要	重要	一般	不重要	很不重要
血清肌酸激酶（CK）	非常重要	重要	一般	不重要	很不重要
血清睾酮（T）	非常重要	重要	一般	不重要	很不重要
血小板（PLT）	非常重要	重要	一般	不重要	很不重要
平均红细胞体积	非常重要	重要	一般	不重要	很不重要
平均红细胞血红蛋白量	非常重要	重要	一般	不重要	很不重要
红细胞平均血红蛋白浓度	非常重要	重要	一般	不重要	很不重要
血尿素氮（BUN）	非常重要	重要	一般	不重要	很不重要
红细胞体积分布宽度	非常重要	重要	一般	不重要	很不重要
磷酸肌酸激酶（稀释 10 倍后）	非常重要	重要	一般	不重要	很不重要

（4）请对核心竞技能力下的身体素质指标的程度进行判别（在合适的项下打"√"）：

指标	赞同程度判别				
力量素质	非常重要	重要	一般	不重要	很不重要
速度素质	非常重要	重要	一般	不重要	很不重要
耐力素质	非常重要	重要	一般	不重要	很不重要
灵敏素质	非常重要	重要	一般	不重要	很不重要
柔韧素质	非常重要	重要	一般	不重要	很不重要
其他（请说明）					

①请对身体素质指标下的各素质指标的程度进行判别（在合适的项下打"√"）：

指标	赞同程度判别				
最大力量	非常重要	重要	一般	不重要	很不重要
快速力量	非常重要	重要	一般	不重要	很不重要
力量耐力	非常重要	重要	一般	不重要	很不重要
反应速度	非常重要	重要	一般	不重要	很不重要
加速速度	非常重要	重要	一般	不重要	很不重要
最大速度	非常重要	重要	一般	不重要	很不重要

指标	赞同程度判别				
速度耐力	非常重要	重要	一般	不重要	很不重要
柔韧素质	非常重要	重要	一般	不重要	很不重要
灵敏素质	非常重要	重要	一般	不重要	很不重要
其他(请说明)					

②请对力量及力量耐力素质指标下的各指标的程度进行判别(在合适的项下打"√"):

三级指标	赞同程度判别				
深蹲	非常重要	重要	一般	不重要	很不重要
半蹲	非常重要	重要	一般	不重要	很不重要
连续快速抓举	非常重要	重要	一般	不重要	很不重要
挺举	非常重要	重要	一般	不重要	很不重要
立定跳远	非常重要	重要	一般	不重要	很不重要
平板卧推	非常重要	重要	一般	不重要	很不重要
立定三级跳	非常重要	重要	一般	不重要	很不重要
高翻	非常重要	重要	一般	不重要	很不重要
立定十级跳	非常重要	重要	一般	不重要	很不重要
其他(请说明)					

③请对速度及速度耐力素质指标下的各指标的程度进行判别(在合适的项下打"√"):

三级指标	赞同程度判别				
站立式 30 m 跑	非常重要	重要	一般	不重要	很不重要
蹲踞式 60 m 听枪起跑	非常重要	重要	一般	不重要	很不重要
行进间 30 m 跑	非常重要	重要	一般	不重要	很不重要
站立式 150 m 跑	非常重要	重要	一般	不重要	很不重要
蹲踞式 30 m 听枪起跑	非常重要	重要	一般	不重要	很不重要
站立式 60 m 跑	非常重要	重要	一般	不重要	很不重要
行进间 60 m 跑	非常重要	重要	一般	不重要	很不重要
站立式 300 m 跑	非常重要	重要	一般	不重要	很不重要
其他(请说明)					

④请对柔韧素质指标下的各指标的程度进行判别（在合适的项下打"√"）：

三级指标	赞同程度判别				
坐位体前屈	非常重要	重要	一般	不重要	很不重要
横叉	非常重要	重要	一般	不重要	很不重要
纵叉	非常重要	重要	一般	不重要	很不重要
其他（请说明）					

⑤请对灵敏素质指标下的各指标的程度进行判别（在合适的项下打"√"）：

三级指标	赞同程度判别				
20 m 后退跑	非常重要	重要	一般	不重要	很不重要
跨栏架（8 个）	非常重要	重要	一般	不重要	很不重要
20 s 立卧撑	非常重要	重要	一般	不重要	很不重要
30 s 象限跳	非常重要	重要	一般	不重要	很不重要
其他（请说明）					

（5）请对100 m 短跑项目选手的专项技术能力指标的重要程度进行判别（在合适的项下打"√"）：

二级指标	赞同程度判别				
全程节奏技术	非常重要	重要	一般	不重要	很不重要
起跑加速技术	非常重要	重要	一般	不重要	很不重要
途中加速技术	非常重要	重要	一般	不重要	很不重要
最大速度的保持技术	非常重要	重要	一般	不重要	很不重要
冲刺技术	非常重要	重要	一般	不重要	很不重要
其他（请说明）					

（6）请对专项技术能力下的各技术指标参数重要程度进行判别（在合适的项下打"√"）：

三级指标	赞同程度判别				
分段速度	非常重要	重要	一般	不重要	很不重要
平均步长	非常重要	重要	一般	不重要	很不重要

三级指标	赞同程度判别				
平均步频	非常重要	重要	一般	不重要	很不重要
步长指数	非常重要	重要	一般	不重要	很不重要
步频指数	非常重要	重要	一般	不重要	很不重要
触地时间	非常重要	重要	一般	不重要	很不重要
腾空时间	非常重要	重要	一般	不重要	很不重要
触地时间占比	非常重要	重要	一般	不重要	很不重要
支撑时间占比	非常重要	重要	一般	不重要	很不重要

(7)请对核心竞技能力下的心理指标的重要程度进行判别(在合适的项下打"√"):

二级指标	赞同程度判别				
心理稳定性	非常重要	重要	一般	不重要	很不重要
赛场突发事件的应变能力	非常重要	重要	一般	不重要	很不重要
竞赛意志品质	非常重要	重要	一般	不重要	很不重要
参赛情绪	非常重要	重要	一般	不重要	很不重要
竞赛意志	非常重要	重要	一般	不重要	很不重要

五、关于中国优秀男子 100 m 短跑选手运动训练方面的认识

中国优秀男子 100 m 短跑选手全程技术结构可以分为(　　)个阶段,本问卷主要探寻这几个阶段中您对于选手的日常训练安排及竞赛安排。

1.您在执教的训练过程中,是否从其他项目中借鉴过运动训练方面的经验?

A. 是;　　　　　　　　B. 否

如借鉴过,请写出借鉴的项目名称,并简单介绍借鉴了什么运动训练经验:

_____

_____

_____

2. 请结合您从事的项目对以下训练内容的重要程度进行评判(在合适的项下打"√"):

二级指标	赞同程度判别				
体能训练	非常重要	重要	一般	不重要	很不重要
运动技术训练	非常重要	重要	一般	不重要	很不重要
心理能力训练	非常重要	重要	一般	不重要	很不重要

3. 您是否按照区别对待的原则来针对性地设计适用于每名选手的训练计划?(如带多个队员请分别回答)

A. 是;   B. 否

4. 您执教的100 m短跑项目,是否出现过中止或者改变原定训练计划的情况

A. 没有;   B. 出现过

如出现过,请写出您的训练计划不能顺利进行的原因:

_____

5. 从中国100 m短跑项目的最优秀与国际最优秀相比较来看,您执教项目是否与国际最优秀具有显著性差距?

A. 是;   B. 否

如果存在显著性差距,依中国顶尖水平的100 m短跑项目选手频繁参与国际竞赛层面而言,您认为影响因素体现在哪些层面请对下列因素抒发您的观点(在合适的项下打"√",非常影响5分;影响4分;一般影响3分;不影响2分;很不影响1分):

影响因素	不同影响度认知判别				
人种差别	5	4	3	2	1
缺乏制胜规律的把握	5	4	3	2	1
训练内容针对性不强	5	4	3	2	1
训练方法不合理	5	4	3	2	1
训练负荷不合理	5	4	3	2	1
训练安排不科学	5	4	3	2	1

影响因素	不同影响度认知判别				
教练员管理欠妥	5	4	3	2	1
科技攻关服务不理想	5	4	3	2	1
缺乏资金保障	5	4	3	2	1
主管部门不重视	5	4	3	2	1
其他(请说明)					

感谢您的配合,祝您工作顺利,平安健康!

运动认知特质焦虑测试问卷

您好! 我是北京体育大学的博士研究生,现正在进行《中国优秀男子100 m短跑选手核心竞技能力特征研究》学位论文的相关调研工作,特就中国优秀男子100 m短跑选手核心竞技能力特征研究的相关问题向您咨询。您是这方面的专家,您的回答对本课题的研究将具有重要作用,期盼您能在百忙中填写该问卷并提出您宝贵的意见和建议。您的回答仅作为学术研究之用,不做其他用途,衷心感谢您的支持!

这个问卷列举了运动员面临比赛时,常有的一些心情。每个运动员的心情不完全相同,对于下面问题的回答自然不同,因而回答没有正确与错误之分。请在回答栏里选择一个最相近的回答,画上一个圆圈表示。

问题	很合适	大致合适	不大合适	很不合适
1.关心比赛当天的天气	A	B	C	D
2.关心对手的强处	A	B	C	D
3.担心在比赛中受伤	A	B	C	D
4.担心自己的竞赛表现不好	A	B	C	D
5.担心发挥不出最大的力量	A	B	C	D
6.关心赛场的状况	A	B	C	D

续表

问题	很合适	大致合适	不大合适	很不合适
7.因为以前受过伤,害怕受伤	A	B	C	D
8.比赛还没有开始就只想到输	A	B	C	D
9.担心让教练、同伴失望	A	B	C	D
10.默契是集体运动项目必不可少的要素	A	B	C	D
11.担忧能否发挥出平时的水平	A	B	C	D
12.觉得自己和对手的水平相当并感到不安	A	B	C	D
13.和比赛的结果相比,更担心受伤	A	B	C	D
14.担心能否取得好成绩	A	B	C	D
15.想到只要取得好成绩就行了,对受伤不在乎	A	B	C	D
16.担心输了的后果	A	B	C	D
17.关心别人会怎样看待自己的竞赛表现	A	B	C	D
18.和初次交手的对手比赛时,感到不安	A	B	C	D
19.和以前战胜过自己的对手比赛时,想到上次比赛,便感到不安	A	B	C	D
20.许多国家的优秀选手都参加奥运会的比赛	A	B	C	D
21.担心在比赛中出丑	A	B	C	D
22.担心教练、队友会怎样看待自己是否能完成自己的任务	A	B	C	D
23.担心在比赛中紧张时能否控制	A	B	C	D
24.担忧平时训练不足	A	B	C	D
25.担心比赛能否按自己的计划进行	A	B	C	D
26.担心竞技状态是否已经调整好	A	B	C	D
27.担心观众认为自己的竞赛表现糟糕	A	B	C	D
28.觉得比赛像是要失败了,感到不安	A	B	C	D
29.担心比赛中出现预想不到的事	A	B	C	D
30.胜败是运动竞赛之常事	A	B	C	D
31.关心对手有多强	A	B	C	D
32.担心准备活动是否已经做充分	A	B	C	D
33.有时担心比赛不好,避开竞争	A	B	C	D

记分方法

原始分的记分方法:A=4,B=3,C=2,D=1。

加总以下编号条目得分,得出运动认知特质焦虑量表各测度的得分。

社会评价焦虑为 27、17、22、21、16、28;比赛准备焦虑为 26、32、25、23、24、29;竞技水平发挥焦虑为 5、4、11、9、14;失败焦虑为 8、19、12、33、18;对方实力焦虑为 2、31、6、1;受伤焦虑为 3、7、13、15;测谎分数为 10、20、30。

此外,编号 15 的条目为逆向记分条目,即 A=1,B=2,C=3,D=4。

优秀运动员意志品质量表测试问卷

您好!我是北京体育大学的博士研究生,现正在进行《中国优秀男子100 m 短跑选手核心竞技能力特征研究》学位论文的相关调研工作,特就中国优秀男子 100 m 短跑选手核心竞技能力特征研究的相关问题向您咨询。您是这方面的专家,您的回答对本课题的研究将具有重要作用,期盼您能在百忙中填写该问卷并提出您宝贵的意见和建议。您的回答仅作为学术研究之用,不做其他用途。

衷心感谢您的支持!

下述表格之内的情况是关于选手生活、训练以及比赛情况的一些描述,每一题目右边提供 7 个选项,请您仔细阅读每一题目,然后根据自身的实际情况,尽可能准确地选择其中 1 个,并在相应的选项上画"√"(请参考例题)。题目没有对错之分,请您在 15 分钟内做完,真诚地感谢您对此次问卷调查的热忱支持!

姓名:_____　性别:_____　年龄:_____　运动专项:_____

运动级别(国际健将、国家级健将、一级、二级):_____

以下是对您日常生活和训练情况的一些描述,请您仔细阅读每一项,然后根据自己的实际情况在每一项右边提供的五个答案(①、②、③、④、⑤)中选择一个并画"√"。

注意:题目没有对错之分,不必在每道题上过多思索。

序号	描述	完全不符合	不太符合	说不清楚	比较符合	完全符合
1	只要是一件有意义的事,我就会去做	①	②	③	④	⑤
2	在一天的训练中,即使是重复同一动作,我也会一丝不苟地完成	①	②	③	④	⑤
3	一件事完成以后,我经常后悔自己为何不早下决心	①	②	③	④	⑤
4	一堂练习课结束后,只要我自己感到没有练到位,我会要求继续练下去	①	②	③	④	⑤
5	只要决定做一件事,我总会善始善终	①	②	③	④	⑤
6	和家人、朋友、队友相处时,我没有无缘无故发过脾气	①	②	③	④	⑤
7	我在没有任何人要求、有伤有病的情况下也会坚持训练或比赛	①	②	③	④	⑤
8	面临重大比赛任务时,我会自己加运动量或延长训练时间	①	②	③	④	⑤
9	我很少因为失败而灰心	①	②	③	④	⑤
10	当遇到意外的情况时,我能够很快采取相应的对策	①	②	③	④	⑤
11	除周末以外,我一般能按时睡觉、按时起床	①	②	③	④	⑤
12	尽管我清楚妨碍自己进步的毛病,但总是难以改掉	①	②	③	④	⑤
13	我会想尽办法完成困难的任务	①	②	③	④	⑤
14	在以往的比赛中,因为犹豫我错过了许多良机	①	②	③	④	⑤
15	遇到生气的事时,我能很快地平静下来	①	②	③	④	⑤
16	做错事后,自己只要意识到便会主动承认错误	①	②	③	④	⑤
17	遇到重大的事情我能迅速做出决定	①	②	③	④	⑤
18	教练的不公正批评,我当时能忍,但事后会找教练说清楚	①	②	③	④	⑤
19	见到队友的不良行为,我能及时制止	①	②	③	④	⑤

序号	描述	完全 不符合	不太 符合	说不 清楚	比较 符合	完全 符合
20	极度的疲劳状态下,我也能坚持完成任务	①	②	③	④	⑤
21	我有能力面对各种困难	①	②	③	④	⑤
22	我决定做一件事时,常常是说干就干,绝不拖拉或让它落空	①	②	③	④	⑤
23	我常常为做决定犯难	①	②	③	④	⑤
24	比赛一开始,我会注意观察对手的弱点,一旦发现就给予重点攻击	①	②	③	④	⑤
25	遇到棘手的事情,我常常举棋不定,拿不定主意	①	②	③	④	⑤
26	对集训中的大运动量,我能以乐观的态度去面对	①	②	③	④	⑤
27	外出就餐时我会花很多时间点菜	①	②	③	④	⑤
28	我主动找过教练商量下一步的练习计划	①	②	③	④	⑤
29	如果见到有人落水,我会马上去救他	①	②	③	④	⑤
30	我的作息时间没有什么规律,经常随自己的情绪和兴致而变化	①	②	③	④	⑤
31	我曾经故意称病而逃避耐力训练	①	②	③	④	⑤
32	我经常做完一件事后才后悔	①	②	③	④	⑤
33	我认为做事情不必太认真,做得成就做,做不成便罢	①	②	③	④	⑤
34	我曾因晚归队而被罚过	①	②	③	④	⑤
35	我自己认定的事情,不管别人怎么说,我都能坚持下去	①	②	③	④	⑤
36	要让我改掉某种错误动作很困难	①	②	③	④	⑤
37	我下决心办成的事情一般都能办成	①	②	③	④	⑤
38	和别人发生争执时,我有时明知自己不对,但还是要强词夺理	①	②	③	④	⑤

特质运动自信心量表测试问卷

您好！这是一份关于您在训练和比赛过程中经常出现的心理状况的调查问卷。答题时无须过多思考，请您根据自己的实际情况迅速作答。在您认为与自己的主观感受一致的答案上打"√"，我们将对您的资料进行保密。谢谢！

序号	题项	完全符合	基本符合	有点符合	有点不符	基本不符	完全不符
1	即使压力很大，我也能很好地发挥自己的水平	①	②	③	④	⑤	⑥
2	无论胜负，我都相信自己能达到心中的目标	①	②	③	④	⑤	⑥
3	我通常在比赛中都有出色表现	①	②	③	④	⑤	⑥
4	我喜欢并且盼望和对手进行比赛	①	②	③	④	⑤	⑥
5	我确信可以完全实现自己制订的训练和比赛目标	①	②	③	④	⑤	⑥
6	在比赛中无论发生什么情况，我都能应付自如	①	②	③	④	⑤	⑥
7	我相信我的运动能力能在比赛中稳定或超水平发挥	①	②	③	④	⑤	⑥
8	我有信心面对比赛的挑战	①	②	③	④	⑤	⑥
9	我很有信心，因为在训练中我已经打下了足够的基础	①	②	③	④	⑤	⑥
10	比赛前我就相信我会有出色表现	①	②	③	④	⑤	⑥
11	我相信自己是一个比赛型的运动员	①	②	③	④	⑤	⑥
12	我通常能够在较大压力下完成比赛任务	①	②	③	④	⑤	⑥
13	我有信心集中注意力并正常发挥水平	①	②	③	④	⑤	⑥
14	我有信心成功适应多变的比赛环节	①	②	③	④	⑤	⑥
15	我有信心应对比赛中的各种意外事件	①	②	③	④	⑤	⑥
16	我有信心面对竞争激烈、富有挑战性的比赛	①	②	③	④	⑤	⑥

ASCI – 8 × 6

您好！这是一份关于您在训练和比赛过程中经常出现的心理状况的调查问卷。答题时无须过多思考，请您根据自己的实际情况迅速作答。在您认为与自己的主观感受一致的答案上打"√"，我们将为您的资料进行保密。谢谢！

序号	题项	完全符合	基本符合	有点符合	有点不符	基本不符	完全不符
1	即使压力很大，我也能很好地发挥自己的水平	①	②	③	④	⑤	⑥
2	在比赛中无论发生什么情况，我都能应付自如	①	②	③	④	⑤	⑥
3	我通常在比赛中都有出色表现	①	②	③	④	⑤	⑥
4	比赛前我就相信我会有出色表现	①	②	③	④	⑤	⑥
5	我相信我的运动能力能在比赛中稳定或超水平发挥	①	②	③	④	⑤	⑥
6	我有信心集中注意力并正常发挥水平	①	②	③	④	⑤	⑥
7	我很有信心，因为在训练中我已经打下了足够的基础	①	②	③	④	⑤	⑥
8	我有信心面对竞争激烈、富有挑战性的比赛	①	②	③	④	⑤	⑥

测量细则

一、身体形态测量

1. 身高（单位：cm）

测量器材：身高坐高计。

测量准备：测试前用标准钢尺进行校对（误差小于 0.2 cm），检查立柱是否垂直，刻度尺面向光源。

测量方法：受试者立正姿势赤足站在身高坐高计的底板上（上肢自然下垂，足跟并拢，足尖分开成 60 度角）。足跟、骶骨部及两肩胛区与立柱相接触，躯干自然挺直，头部正直。测量人员站在受试者左侧，轻移水平板至受试者头顶,测量人员双眼与水平板呈水平面等高进行读数,记录时以 cm 为单位,测量误差不得超过 0.5 cm。严格遵循"三点靠立柱""两点呈水平"的测量姿势要求。

2. 体重(单位:kg)

测量器材:体重计。

测量准备:测量工作前进行校准(误差小于 50 g),将体重计放置于平坦的地面上。

测量方法:男受量者只穿短裤,双脚赤足站立在秤台中央,测量人员等待刻度尺平衡后读取数值并记录,记录时以 kg 为单位,测量误差不得超过 0.1 kg。

3. 坐高(单位:cm)

测量器材:身高坐高计。

测量准备:测量前用标准钢尺进行校对(误差小于 0.2 cm),检查立柱是否垂直,刻度尺面向光源。

测量方法:受量者坐于身高坐高计座板上,头部和躯干自然正直,骶骨部及两肩胛区与立柱相接触,躯干自然挺直,头部正直,测量流程及结果的记录同身高。

4. 下肢长 A(单位:cm)

测量器材:马丁尺。

测量方法:受量者只穿短裤,双脚赤足分开站立与髋同宽,测量人员站立于受量者左侧,钢尺垂直于地面,测量左侧髂前上棘点至地面的垂直距离,记录时以 cm 为单位,测量误差不超过 0.5 cm。

5. 下肢长 B(单位:cm)

测量器材:马丁尺。

测量方法:受量者只穿短裤,双脚赤足分开站立与肩宽同宽,测量人员站立于受量者左侧,钢尺垂直于地面,测量左下肢股骨大转子上缘至地面的垂直距离,记录时以 cm 为单位,测量误差不超过 0.5 cm。

6. 大腿长(单位:cm)

测量器材:马丁尺。

测量方法:下肢长 B - 小腿长 A(小腿 + 足高)。

7. 大腿围(单位:cm)

测量器材:标准卷尺。

测量方法:受量者自然站立,两脚分开与肩同宽,重心落于两腿中间,测量人员将带尺置于大腿臀大肌皱纹(臀纹点)处水平环绕一周,量其围度。记录时以 cm 为单位,测量误差不超过 0.5 cm。

8. 跟腱长(单位:cm)

测量器材:马丁尺。

测量方法:受量者两脚并拢,扶墙并提踵使左小腿三头肌充分收缩(充分显露出腓肠肌的外形),测量人员在受量者腓肠肌内侧肌腹下缘画一测量标志(注意不要推动皮肤),让受量者还原成站立位,测量内侧肌腹下缘到跟骨结节间的垂直距离。记录时以 cm 为单位,测量误差不超过 0.5 cm。

9. 踝围(单位:cm)

测量器材:标准卷尺。

测量方法:受量者自然站立,两脚分开与肩同宽,重心落于两腿中间,测试人员将带尺水平绕过内外踝上方,测量小腿跟腱处最细处绕行一周的水平围长。记录时以 cm 为单位,测量误差不超过 0.5 cm。

10. 髂宽(骨盆宽,单位:cm)

测量器材:马丁尺。

测量方法:受量者两脚自然分开与肩同宽,重心落于两腿中间,测量人员面对受量者,用食指触摸到髂脊最高处外缘中点,用测径规测量两点间的水平距离。记录时以 cm 为单位,测量误差不超过 0.5 cm。

11. 肩宽(单位:cm)

测量器材:马丁尺。

测量方法:受量者自然站立,肩部放松,两臂自然下垂,测量人员站立在受量者背面,两手食指触摸到受试者肩峰外缘突出点,用测径规测量两点之间的距离,测量误差不超过 0.2 cm。

12. 体脂百分比(皮褶厚度测量法,单位:%)

测量器材:皮褶厚度测试计。

测量准备:压强保持在 10 g/mm²,测量前应将校验砝码挂于钳口,将指针调整至红色标记刻度的 15—25 mm 范围内,每次测量前将指针调至零点。

测量方法:受量者两脚自然分开与肩同宽,重心落于两腿中间,测量人员用左手拇指、食指和中指将被测部位皮肤及皮下组织夹提起来(不要将肌肉提夹住),用皮褶厚度计在测量点测量 3 次,取测量中两次相同的值或中间值为最终的测量数据并记录,以 mm 为单位。

测量部位:肩胛下皮褶和肱三头肌皮褶。可通过长岭 – 铃木皮褶厚度推算出身体密度。

肩背部:测量受量者肩胛骨下角下方 1 cm 处斜向皮褶厚度(与脊柱的夹角约为 45 度)。

上臂部:测量受量者肩峰与尺骨鹰嘴连线中点处的皮褶厚度(纵向皮褶)。

长岭—铃木皮褶厚度推算身体密度公式

年龄	男
19—26 岁	$D = 1.0358 - 0.00187X$
26—33 岁	$D = 1.0856 - 0.00175X$

注:X = 上部皮褶厚度(mm) + 背部皮褶厚度(mm),D = 体密度。

体脂百分比公式:体脂百分比($F\%$) = $(4.570/D - 4.142) \times 100$。

二、生理机能指标

1.肺活量(单位:mL)

测量器材:电子肺活量(FCS – 10000 型)2 个,吹嘴(一次性)若干。

2.血液指标的测试

血液指标的测试包括血尿素氮、磷酸肌酸激酶、血小板、血清皮质醇、白细胞、血睾酮、红细胞浓度、红细胞比容、血红蛋白等血液指标测量分析。抽血时间均安排在上午。

生理机能指标数据由运动员和教练员提供。

三、身体素质测量

1.蹲踞式 30 m 听枪起跑、站立式 30 m 跑、行进间 30 m 跑、蹲踞式 60 m

听枪起跑、站立式60 m跑、行进间60 m跑、站立式150 m跑、站立式300 m跑测量(单位:s)

测量场地和器材:田径场跑道,法令旗,秒表、钢尺和皮尺。

测量方法:受量者穿钉鞋,站立式起跑,每组不少于2人,发令员发令后即开表计时,待受量者躯干任何部分到达终点线内沿的垂直平面时停止计时。以s为单位,精确到1/100s(数据由运动员和教练员提供)。

2. 立定跳远(单位:m)

测量场地和器材:沙坑(与起跳位置齐平),皮尺、平沙耙子、彩色胶带。

测量方法:受量者双脚自然分开,站在起跳线后(白色胶带),屈膝摆臂向前跳起后双脚落地(不得出现垫步),丈量起跳线至落地点后沿的垂直距离,每人跳3次,取最好成绩并记录,记录以m为单位,精确到0.01cm。

3. 立定三级跳(单位:m)

测量场地和器材:沙坑(与起跳位置齐平),皮尺、平沙耙子、彩色胶带。

测量方法:受量者站在沙坑前起跳线处(根据受量者水平调节距离),双脚起跳,第一跳单脚落地,第二跳另一脚落地,第三跳双脚落地,测量和记录成绩方法同上。

4. 立定十级跳(单位:m)

测量场地和器材:同上。

测量方法:同上。

5. 抬腿过栏架(单位:s)

测量器材:8个栏架(15cm、23cm)。

测量方法:受量人员自然站立,当发令员说开始时,受量者从第一个栏架向前完成原地高抬腿的动作(躯干应和大腿呈约90度角),向最后一个栏架前进,当受量者脚越过最后一个栏架着地后计时终止。测2次,中间间歇1分钟,取最好成绩并记录。

6. 绳梯协调灵敏测量

测量器材:绳梯(长5 m,10格)、秒表。

测量方法:受量者正对绳梯站在绳梯第一格的后侧,上体略微前倾,测量人员发令,受量者以最快的速度向绳梯终点方向跑去,要求前脚掌着地,两步一格向前跑,注意手臂的摆动协调配合,控制好跑动的节奏,跑动中不要有空格出现,违例需重测。每名受量者跑 2 次,每次间歇 1 分钟,取最好成绩并记录。

四、技术测试

摄像机型号:松下(Panasonic)LUMIX-DMC-FZ300 高速相机(Osaka, Japan)。

参数:频率 = 240 幅/s,分辨率 ≥720 × 480 kbps,焦距 ≥600 mm。

图像解析软件名称:Dartfish 8.0。

数据处理软件:Excel 2010、SPSS22.0 等。

100 m 技术分析录像数据采集方案与程序:根据《体育科学研究方法》测试方法的基本原则和原理,本书咨询了北京体育大学运动生物力学测量与评价以及短跑领域的专家教授,根据专家建议,选取 2017 年第 13 届天津全运会、2018 年全国田径大奖赛首站(肇庆站)以及 2019 年田径世锦赛选拔赛(沈阳站)男子 100 m 决赛进行现场拍摄。

录像机的机位具体安置情况:9 台相同型号的高速相机在看台最高点位置进行拍摄。5 号相机安置于 100 m 跑道 5 m、15 m 以及 25 m 处的垂直位置进行定点定焦拍摄(帧速率 240 fps),取景范围各是 0—10 m、10—20 m、20—30 m、47—55.5 m 以及 55.5—64 m,同时将 6—9 号相机安置于 100 m 跑道 21.5 m、47 m、72.5 m 以及 100 m 处的垂直位置进行扫描拍摄,取景范围都是 0—100 m。全部相机的快门速度(shutter speed)至少要高于 1/1000 s,在光线允许的前提下,要重点考虑 1/1600 s 以上的快门速度,标定重点运用二维标定框架分别对 100 m 决赛 0—10 m、10—20 m、20—30 m、47—55.5 m 以及 55.5—64 m 段落分道次进行分别贴点标定(30—100 m 段落以女子 100 m 栏间 8.5 m 的分割线作为标定点),标定框架拍摄时间不低于 10 s,准确明晰标定点的顺序,比赛前、后分别标定 1 次。1—9 号相机要从"各就位"开始直到完成比赛,不停机连续拍摄,6—9 号相机需先拍摄到发令枪闪光后再开始连续跟拍场上比赛中短跑选手。

2017 年第 13 届全运会、2018 年全国田径大奖赛首站(肇庆站)、2019 年田径世锦赛选拔赛(沈阳站)男子 100 m 决赛拍摄现场的具体标记点和机位布局如下图所示。

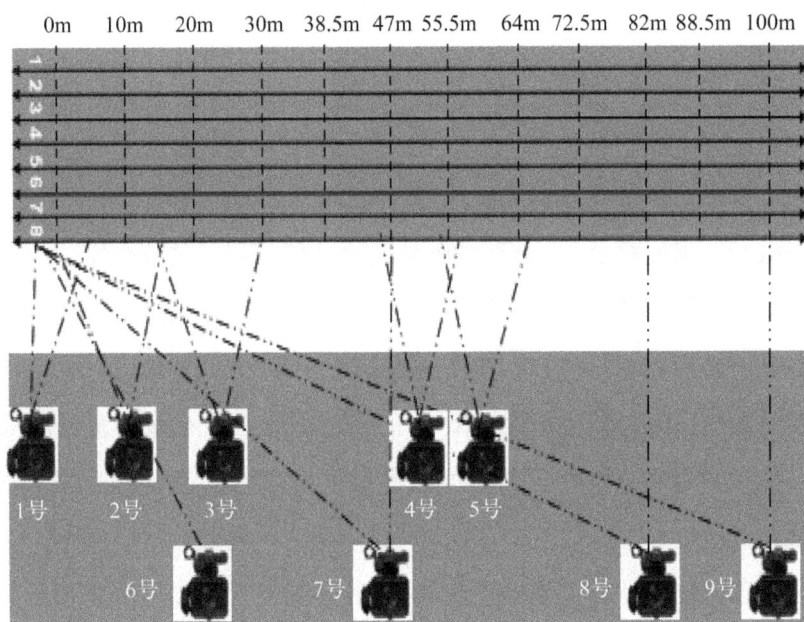

拍摄现场机位架设与布局

主要运动学指标参数:运动员的 100 m 全程步态参数,即步长、步频、步长指数、步频指数、支撑时间、腾空时间、缓冲时间、支撑腾空比等。

五、心理学素质指标所依赖的测试问卷

(1)运动认知特质焦虑量表测试问卷

(2)优秀运动员意志品质量表测试问卷

(3)特质运动自信心量表测试问卷

后　记

经过岁月的锤炼和光阴的洗礼,我早已洗去青涩。首先,感谢我的导师曲淑华教授。玉壶存冰心,朱笔写师魂,殷殷似友亲,轻盈数行字,浓抹一生人,寄望后来者,成功报师尊。导师时刻鼓励我们"幸福是靠奋斗出来的"。导师治学严谨专业,身体力行,率先垂范,始终用爱心、耐心、责任心推动着我们求学的每一步,激发着我们砥砺前行的动力。教诲如春风,师恩深似海!导师在学习、生活、科研方面均彰显出了良师的风范,学生衷心地向您致以感谢。

衷心感谢北京体育大学李铁录教授,灯标引领,教导之恩,当衔环相报。感谢北京体育大学谢慧松教授、章碧玉教授、柴国荣教授、米靖教授、刘卉教授、曲峰教授、张英波教授、詹建国教授、张莉清教授、周越教授、唐建军教授、张力为教授、张培珍教授、许占鸣副教授、袁晓毅副教授自硕士研究生入学以来的倾心教授和关爱。感谢国家体育总局体科所陈小平教授、苑廷刚研究员、姜自立博士的悉心指导和帮助。感谢米靖教授在论文撰写期间的悉心指导。感谢清华大学李庆教授、首都体育学院尹军教授和华东师范大学尹志华教授对于论文的指导与帮助。

感谢武文强院长对我的鼓励和帮助,感谢蔡有志院长、徐刚副院长、马良老师和刘亚京老师在学习方面的帮助。感谢张怀川师兄、梁美富师兄、赵文姜师姐、马雪君师姐、吴智强师弟、陈栋师兄、邓茹师妹、林慧君师妹、尹贻杰师弟和苗广超师弟在测试中的倾力相助。

感谢中国田径协会领导和教练员,同时非常感谢苏炳添、谢震业、梁劲生、江亨南、许周政等选手给予的协助与配合。感谢好友邹吉玲博士、厉素霞老师、李月博士、王国杰博士、马卉君博士、高明博士、李阳博士、王文龙师弟、薛智化师妹、潘玲师妹、孙钰婷师妹多年以来的鼓励与帮助。

最后,感谢"父爱如山、母爱似水"的父母双亲无私的爱和养育、栽培之恩情,以及爱人的供读和不离不弃的陪伴,情谊永记心怀!

魏 婷

2023 年 7 月 30 日

于巴彦淖尔